CONVERSATIONAL CHINESE DIALOGUES

Over 100 Chinese Conversations and Short Stories

Conversational Chinese
Dual Language Books

www.LingoMastery.com

CONTENTS

INTRODUCTION

So, you want to learn Chinese, beloved reader? Excellent — if you've purchased this book then you're already well on your way to doing so. Mandarin Chinese is the language with the most native speakers in the whole world and is up there with English as the most spoken language of them all, which means that its influence reaches all the expanses of the globe. 918 million people consider it to be their mother tongue while more than **1.1 billion** million people speak it in total. With this book you can make this number bigger by at least one point!

And most importantly, you can do it in a fun and really efficient way. If there's something we know for sure after years in the language learning world, it is that many students choose — or are provided with — the wrong means of study, with professors giving them boring textbooks full of rules they'll never learn or need in a real-world situation; while others may overwhelm them with reading material that only serves to make them feel uncomfortable and doubtful of their own skills and level as a Chinese learner.

Our goal with this book is to allow you, the reader, to encounter useful, entertaining conversations that adapt very well into dozens of real-life situations that you can and certainly *will* encounter in the Chinese-speaking world, giving you a chance to fend for yourself when you come across them!

Vocabulary is crucial to learning *any* new language, and the conversations in this book will *guarantee* you pick up plenty of it and watch how it is applied to real life.

What this book is about and how it works:

This book will ensure you practice your conversational skills in Chinese through the use of **one hundred and five examples of conversations,** written in both Chinese *and* English to allow you to fully understand what's going on in each and every one of them.

Each new chapter is an entirely new, fresh conversation between two people of an everyday situation you may tackle sooner or later. You'll be able to observe how to handle yourself when it comes to checking in at a hotel, asking for directions, meeting an old friend or ordering food at a restaurant, among many others.

If you want to ensure proper understanding of the story, we recommend you read the story in both languages and follow the narrative in a way that gives you the chance to cross-reference what's going on in Chinese by checking out the story in clear, concise English.

How was this book created?

The dialogues you'll find inside is the result of collaboration between both English and Chinese native speakers. Once written in natural English the stories were translated into Chinese and we feel it crucial to give a brief explanation of how it was done.

To begin with, we want you to know that we understand how tough it can be to handle reading Chinese characters when you're not experienced in this aspect of your learning. For that reason, we've provided an important guide to each line of conversation in the form of the *pinyin* romanization system, allowing you to improve your pronounciation without initially worrying about the characters. You will quickly learn how to pronounce each and every character, and soon it will become a breeze to know what each of them means!

Also, since we want you to sound natural, we avoided a word for word translation, so you may come across situations when

- Translations are shorter or longer than the original;
- Some translations are descriptive. For example, there's no way in Chinese to say "a red-eye flight" in two words;
- One and the same word is translated differently in different sentences.

For this reason, it might be a good idea to learn whole phrases sometimes, rather than separate words.

So, wake up your inner linguist, analyze, make your own discoveries and get amazed at how different languages work!

Now you know what it is the book will provide you... what are the best ways to use it?

Tips and recommendations for readers of *Conversational Dialogues in Chinese:*

This book is certainly easy to pick up and use as many times as you need to, but there are effective ways of applying it to your learning that will get the most out of it. Remember, being effective will not only increase the amount you learn, but also decrease the time you need to spend on doing so!

So, what should you do to improve your learning with *Conversational Dialogues in Chinese?*

Well, you can always:

1. Roleplay these conversations, whether it's alone or with a friend — pretending to actually set up a bank account with a friend may actually do much more for your knowledge of Chinese than any formal classroom lesson will. This book provides you with plenty of material, so go ahead and act! Your pronunciation, fluency and confidence will all benefit from it!
2. Look up the words you don't understand — there will always be vocabulary and specific terms you may not get and which aren't translated exactly word-for-word (for our purposes of making the conversation realistic in both

languages), so you may need a dictionary. Don't feel upset or ashamed of jotting down those words you don't understand for a quick search on the internet later on!

3. Make your own conversations! — Once you're done with this book, pick any conversation from the *hundred and five* examples you have and adapt it to your own version. Why not make it so that the receptionist of the hotel *didn't* have rooms? Or maybe the friends meeting each other *weren't* so friendly, eh? Find something you like and create something new!

4. Don't be afraid to look for more conversations once you've finished reading and practicing with this book — only through practice can you reach perfection, or at least as closest as you can get to it!

Well, that's all we had to tell you, reader. Now go ahead and show the world you can handle anything! Work hard and keep it up, and before long you'll breeze past any Chinese lesson.

Believe in yourself, it's all you need to achieve even the impossible!

FREE BOOK!

Free Book Reveals The 6 Step Blueprint That Took Students
From Language Learners To Fluent In 3 Months

One last thing before we start. If you haven't already, head over to LingoMastery.com/hacks and grab a copy of our free Lingo Hacks book that will teach you the important secrets that you need to know to become fluent in a language as fast as possible.

Now, without further ado, enjoy these conversational Chinese stories!

Good luck, reader!

1

点餐 (A1) - ORDERING DINNER
-
DIǍN CĀN

服务生: 嗨，您好吗？

fú wù shēng: hāi, Nín hǎo má?

阿米拉: 我很好，谢谢。你呢？

ā mǐ lā: wǒ hěn hǎo, xiè xiè. nǐ ne?

服务生: 我很不错。谢谢您的问侯。您想喝什么？

fú wù shēng: wǒ hěn bù cuò. xiè xiè nín de wèn hòu. nín xiǎng hē shén me?

阿米拉: 只要水。

ā mǐ lā: zhǐ yào shuǐ.

服务生: 好的。这是菜单。我拿水给您，马上回来。

fú wù shēng: hǎo de. zhè shì cài dān. wǒ ná shuǐ gěi nín, mǎ shàng huí lái.

阿米拉: 谢谢。

ā mǐ lā: xiè xiè.

服务生: 给您。您准备好点餐了吗？

fú wù shēng: gěi nín. nín zhǔn bèi hǎo diǎn cān le ma?

阿米拉: 没有，我还需要几分钟。

ā mǐ lā: méi yǒu, wǒ hái xū yào jǐ fēn zhōng.

服务生: 没问题。慢慢看。

fú wù shēng: méi wèn tí. màn màn kàn.

(三分钟之后......)

(sān fēn zhōng zhī hòu......)

服务生: 您还需要再看看吗？

fú wù shēng: nín hái xū yào zài kàn kàn ma?

阿米拉: 不用，我选好了。

ā mǐ lā: bù yòng, wǒ xuǎn hǎo le.

服务生：很好。您想要什么？

fú wù shēng: hěn hǎo. nín xiǎng yào shén me?

阿米拉：我能要这个青菜鸡肉沙拉吗？

ā mǐ lā: wǒ néng yào zhè gè qīng cài jī ròu shā lā ma?

服务生：当然。沙拉有配汤。你想要奶油番茄汤还是意大利杂菜汤？

fú wù shēng: dāng rán. shā lā yǒu pèi tāng. nǐ xiǎng yào nǎi yóu fān qié tāng hái shì yì dà lì zá cài tāng?

阿米拉：嗯，奶油番茄汤。

ā mǐ lā: ǹ, nǎi yóu fān qié tāng.

服务生：品味真好。您还需要其他的吗？

fú wù shēng: Pǐnwèi zhēn hǎo. nín hái xū yào qí tā de ma?

阿米拉：不用了，就这些。

ā mǐ lā: bù yòng le, jiù zhè xiē.

服务生：很好！

fú wù shēng: hěn hǎo!

(五分钟之后......)

(wǔ fēn zhōng zhī hòu......)

服务生：好的，这是您的汤和沙拉。

fú wù shēng: hǎo de, zhè shì nín de tāng hé shā lā.

阿米拉：谢谢你。

ā mǐ lā: xiè xiè nǐ.

服务生：不客气。如果有其他需要请叫我。

fú wù shēng: bù kè qì. rú guǒ yǒu qí tā xū yào qǐng jiào wǒ.

阿米拉：好的。

ā mǐ lā: hǎo de.

(十五分钟之后......)

(shí wǔ fēn zhōng zhī hòu......)

服务生：请问用餐完毕了吗

fú wù shēng: Qǐngwèn yòngcān wánbìle ma

阿米拉：是的！

ā mǐ la: shì de!

服务生：您要看甜品菜单吗？

fú wù shēng: nín yào kàn tián pǐn cài dān ma?

阿米拉: 不用了，谢谢。请结账吧。

ā mǐ lā: bù yòng le, xiè xiè. qǐng jié zhàng ba.

服务生: 当然。这是您的账单。

fú wù shēng: dāng rán. zhè shì nín de zhàng dān.

阿米拉: 谢谢你!

ā mǐ lā: xiè xiè nǐ!

ORDERING DINNER

Waiter: Hi, how are you?

Amira: I'm good, thanks. How are you?

Waiter: I'm great. Thanks for asking. What would you like to drink?

Amira: Just water, please.

Waiter: Okay. Here is the menu. I'll be right back with your water.

Amira: Thanks.

Waiter: Here you go. Are you ready to order?

Amira: No, I need a couple more minutes.

Waiter: No problem. Take your time.

(Three minutes later...)

Waiter: Do you need more time?

Amira: No, I'm ready.

Waiter: Perfect. What would you like?

Amira: Can I have the spring greens salad with chicken?

Waiter: Sure. The salad comes with a soup. Would you like creamy tomato or minestrone?

Amira: Umm, creamy tomato.

Waiter: Good choice. Would you like anything else?

Amira: No, that's it.

Waiter: Great!

(Five minutes later...)

Waiter: All right, here is your soup and salad.

Amira: Thank you.

Waiter: No problem. Let me know if you need anything else.

Amira: Okay.

(Fifteen minutes later...)

Waiter: Are you done with your meal?

Amira: Yep!

Waiter: Would you like to see the dessert menu?

Amira: No, thanks. Just the check, please.

Waiter: Of course. Here it is.

Amira: Thank you!

2

冰激凌口味 (A1) - ICE CREAM FLAVORS

-

BĪNG JĪ LÍNG KǑU WÈI

杰瑞: 您好，欢迎！

罗宾: 你好。

jié ruì: nín hǎo, huān yíng!

luō bīn: nǐ hǎo.

杰瑞: 您想尝尝冰激凌吗？

jié ruì: nín xiǎng cháng cháng bīng jī líng ma?

罗宾: 是的。但我不知道要选哪个。

luō bīn: shì de. dàn wǒ bù zhī dào yào xuǎn nǎ gè.

杰瑞: 您有喜欢的冰激凌口味吗？

jié ruì: nín yǒu xǐ huān de bīng jī líng kǒu wèi ma?

罗宾: 是的，我有。我喜欢巧克力、草莓和香草口味。

luō bīn: shì de, wǒ yǒu. wǒ xǐ huān qiǎo kè lì, cǎo méi hé xiāng cǎo kǒu wèi.

杰瑞: 您想尝尝我们巧克力、草莓和香草口味的冰激凌吗？

jié ruì: nín xiǎng cháng cháng wǒ mén qiǎo kè lì, cǎo méi hé xiāng cǎo kǒu wèi de bīng jī líng ma?

罗宾: 好的，麻烦了。谢谢你！

luō bīn: hǎo de, má fán le. xiè xiè nǐ!

杰瑞: 好的。这是巧克力的。

jié ruì: hǎo de. zhè shì qiǎo kè lì de.

罗宾: 谢谢你。

luō bīn: xiè xiè nǐ.

杰瑞: 您觉得怎么样？

jié ruì: nín jué dé zěn me yàng?

罗宾: 我觉得太甜了。接下来我能尝尝香草口味的吗？

luō bīn: wǒ jué dé tài tián le. jiē xià lái wǒ néng cháng cháng xiāng cǎo kǒu wèi de ma?

杰瑞： 当然。给您。

jié ruì: dāng rán. gěi nǐn.

罗宾： 谢谢你。

luō bīn: xiè xiè nǐ.

杰瑞： 您喜欢香草的吗？

jié ruì: nǐ xǐ huān xiāng cǎo de ma?

罗宾： 喜欢。与巧克力味的相比，我更喜欢它。

luō bīn: xǐ huān. yǔ qiǎo kè lì wèide xiāng bǐ, wǒ gèng xǐ huān tā.

杰瑞： 您想尝尝草莓口味的冰激凌吗？

jié ruì: nǐn xiǎng cháng cháng cǎo méi kǒu wèi de bīng jī líng ma?

罗宾： 是的，我想。谢谢你。

luō bīn: shì de, wǒ xiǎng. xiè xiè nǐ.

杰瑞： 给您。草莓是最受我们顾客欢迎的口味。

jié ruì: gěi nǐn. cǎo méi shì zuì shòu wǒ mén gù kè huān yíng de kǒu wèi.

罗宾： 嗯！这个很美味！

luō bīn: ǹ! zhè gè hěn měi wèi!

杰瑞： 太棒了！您想要哪种冰激凌？

jié ruì: tài bàng le! nǐn xiǎng yào nǎ zhǒng bīng jī líng?

罗宾： 我要草莓口味的，麻烦你。

luō bīn: wǒ yào cǎo méi kǒu wèi de, má fán nǐ.

杰瑞： 您想要甜筒还是杯装？

jié ruì: nǐn xiǎng yào tián tǒng hái shì bēi zhuāng?

罗宾： 请给我甜筒。多少钱？

luō bīn: qǐng gěi wǒ tián tǒng. duō shǎo qián?

杰瑞： 三块五。

jié ruì: sān kuài wǔ.

罗宾： 给你。

luō bīn: gěi nǐ.

杰瑞： 谢谢您。请享用！

jié ruì: xiè xiè nǐn. qǐng xiǎng yòng!

ICE CREAM FLAVORS

Jerry: Hello and welcome!

Robin: Hi.

Jerry: Would you like to try some ice cream?

Robin: Yes, but I don't know which one to get.

Jerry: Do you have a favorite ice cream flavor?

Robin: Yes, I do. I like chocolate, strawberry, and vanilla.

Jerry: Would you like to taste our chocolate, strawberry, and vanilla ice creams?

Robin: Yes, please. Thank you!

Jerry: Okay. Here is the chocolate one.

Robin: Thank you.

Jerry: What do you think?

Robin: I think it's too sweet. May I try the vanilla next?

Jerry: Sure. Here you go.

Robin: Thank you.

Jerry: Do you like the vanilla?

Robin: Yes. I like it more than the chocolate.

Jerry: Would you like to try the strawberry ice cream?

Robin: Yes, I would. Thank you.

Jerry: Here you go. The strawberry flavor is a favorite with our customers.

Robin: Mmm! This one is delicious!

Jerry: Great! Which ice cream would you like?

Robin: I will take the strawberry flavor, please.

Jerry: Would you like a cone or a cup?

Robin: I will have a cone, please. How much is it?

Jerry: That'll be $3.50.

Robin: Here you go.

Jerry: Thank you. Enjoy!

3

选一辆新车 (A1) - CHOOSING A NEW CAR
-
XUĂN YĪ LIÀNG XĪN CHĒ

尼克: 我们需要一辆新车。

ní kè: wǒ mén xū yào yī liàng xīn chē.

安德里亚: 我同意。什么样子的车?

ān dé lǐ yà: wǒ tóng yì. shén me yàng zi de chē?

尼克: 便宜但可靠的。

ní kè: pián yí dàn kě kào de.

安德里亚: 是的。我们上网看看。

ān dé lǐ yà: shì de. wǒ mén shàng wǎng kàn kàn.

尼克: 好主意。看看这一款。价格四千块,而且只有一万里程。

ní kè: hǎo zhǔ yì. kàn kàn zhè yī kuǎn. jià gé sì qiān kuài, ér qiě zhǐ yǒu yī wàn lǐ chéng.

安德里亚: 嗯......太便宜了。也许车子有问题?

ān dé lǐ yà: ǹ......tài pián yí le. yě xǔ chē zi yǒu wèn tí?

尼克: 有可能。我们再看看。

ní kè: yǒu kě néng. wǒ mén zài kàn kàn.

安德里亚: 这里又有一款。这辆车三千五百块,六万七千里程。非常好。

ān dé lǐ yà: zhè lǐ yòu yǒu yī kuǎn. zhè liàng chē sān qiān wǔ bǎi kuài, liù wàn qī qiān lǐ chéng. fēi cháng hǎo.

尼克: 是的,确实。是两个门的还是四个门的?

ní kè: shì de, què shí. shì liǎng gè mén de hái shì sì gè mén de?

安德里亚: 是四个门的。

ān dé lǐ yà: shì sì gè mén de.

尼克: 哪年出厂的?

ní kè: nǎ nián chū chǎng de?

安德里亚: 是 2010 年的。

ān dé lǐ yà: shì 2010 nián de.

尼克: 还不算太旧。

ní kè: hái bù suàn tài jiù.

安德里亚: 不，不旧。

ān dé lǐ yà: bù, bù jiù.

尼克: 什么颜色的？

ní kè: shén me yán sè de?

安德里亚: 银色。

ān dé lǐ yà: yín sè.

尼克: 哦，这是个不错的颜色。把这辆车加到我们的清单上。

ní kè: ó, zhè shì gè bù cuò de yán sè. bǎ zhè liàng chē jiā dào wǒ mén de qīngdān shàng.

安德里亚: 好的。这里又有一辆车。价格两千七百块，有十万一千里程。

ān dé lǐ yà: hǎo de. zhè lǐ yòu yǒu yī liàng chē. jià gé liǎng qiān qī bǎi kuài, yǒu shí wàn yī qiān lǐ chéng.

尼克: 里程太多了。

ní kè: lǐ chéng tài duō le.

安德里亚: 是的。但这个公司的车寿命长。

ān dé lǐ yà: shì de. dàn zhè gè gōng sī de chē shòu mìng cháng.

尼克: 也是。这辆车的状况良好吗？

ní kè: yěshì. zhè liàng chē de zhuàng kuàng liáng hǎo ma?

安德里亚: 后保险杠上有一个小凹痕。但其他看上去都很好。

ān dé lǐ yà: òu bǎo xiǎn gàng shàng yǒu yī gè xiǎo āo hén. dàn qí tā kàn shàng qù dōu hěn hǎo. h

尼克: 好的，把这辆也加到我们的清单上。

ní kè: hǎo de, bǎ zhè liàng yě jiā dào wǒ mén de qīngdān shàng.

安德里亚: 听起来不错。

ān dé lǐ yà: tīng qi lai bù cuò.

CHOOSING A NEW CAR

Nick: We need a new car.

Andrea: I agree. What kind of car?

Nick: Something cheap but reliable.

Andrea: Yeah. Let's look online.

Nick: Good idea. Look at this one. It's $4,000 and it only has ten thousand miles on it.

Andrea: Hmm... that's so cheap. Maybe the car has a problem?

Nick: Maybe. Let's keep looking.

Andrea: Here is another option. This car is $3,500 with sixty-seven thousand miles. That's pretty good.

Nick: Yeah, that is. Is it a two-door or four-door?

Andrea: It's a four-door.

Nick: What year is it?

Andrea: It's a 2010.

Nick: That's not too old.

Andrea: No, it's not.

Nick: What color is it?

Andrea: Silver.

Nick: Oh, that's a good color. Let's add that car to our list.

Andrea: Okay. And here's another car. It's $2,700 and it has 101,000 miles.

Nick: That's a lot of miles.

Andrea: Yes, but cars from this company last a long time.

Nick: That's true. Is the car in good condition?

Andrea: There is a small dent on the back bumper. But everything else looks good.

Nick: All right, let's add that to our list, too.

Andrea: Sounds good.

4

我发现一只小猫（A1）- I FOUND A KITTEN - WǑ FĀ XIÀN YĪ ZHĪ XIǍO MĀO

安迪: 米拉，看!

ān dí: mǐ lā, kàn!

米拉: 什么?

mǐ lā: shén me?

安迪: 过来看这个!

ān dí: guò lái kàn zhè ge!

米拉: 你发现了什么?

mǐ lā: nǐ fā xiàn le shén me?

安迪: 有一只小猫!

ān dí: yǒu yī zhī xiǎo māo!

米拉: 哦天哪! 真可爱! 它妈妈在哪儿?

mǐ lā: ò tiān na! zhēn kě ài! tā mā mā zài nǎ er?

安迪: 我不知道，牠太小了。

ān dí: wǒ bù zhī dào, tā tài xiǎo le.

米拉: 可怜的家伙! 让我们找找牠的妈妈。

mǐ lā: kě lián de jiā huo! ràng wǒ men zhǎo zhǎo tā de mā mā.

安迪: 好的。我抱着牠，我们可以在这附近四处找找。

ān dí: hǎo de. wǒ bào zhe tā, wǒ men kě yǐ zài zhè fù jìn sì chù zhǎo zhǎo.

米拉: 好的。你走那边，我走这边。我们十五分钟后回来这里集合。

mǐ lā: hǎo de. nǐ zǒu nà biān, wǒ zǒu zhè biān. wǒ men shí wǔ fēn zhōng hòu huí lái zhè lǐ jí hé.

安迪: 好主意。

ān dí: hǎo zhǔ yì.

（十五分钟之后......）

(shí wǔ fēn zhōng zhī hòu……)

米拉: 你找到牠的妈妈了吗?

mǐ lā: nǐ zhǎo dào tā de mā mā le ma?

安迪: 没有。你呢?

ān dí: méi yǒu. nǐ ne?

米拉: 没有。我们应该做一些"失猫招领"的告示,放在这附近。

mǐ lā: méi yǒu. wǒ men yīng gāi zuò yī xiē "shī māo zhāo lǐng" de gào shì, fàng zài zhè fù jìn.

安迪: 是的。你的字写得好看。你想写吗?

ān dí: shì de. nǐ de zì xiě dé hǎo kàn. nǐ xiǎng xiě ma?

米拉: 当然。

mǐ lā: dāng rán.

安迪: 我检查一下社交媒体,看是否有人丢失了小猫。

ān dí: wǒ jiǎn chá yī xià shè jiāo méi tǐ, kàn shì fǒu yǒu rén diū shī le xiǎo māo.

米拉: 我来开始做告示!

mǐ lā: wǒ lái kāi shǐ zuò gào shì!

安迪: 我希望我们能找到这只小猫的家!如果找不到,我们可以把牠送去市中心的宠物收养中心。

ān dí: wǒ xī wàng wǒ men néng zhǎo dào zhè zhī xiǎo māo de jiā! rú guǒ zhǎo bù dào, wǒ men kě yǐ bǎ tā sòng qù shì zhōng xīn de chǒng wù shōu yǎng zhōng xīn.

米拉: 对!那牠就可以找到一个好家。我希望他们用我的名字米拉给牠命名。

mǐ lā: duì! nà tā jiù kě yǐ zhǎo dào yī gè hǎo jiā. wǒ xī wàng tā men yòng wǒ de míng zì mǐ lā gěi tā mìng míng.

安迪: 哈哈,他们也许会的!

ān dí: hā hā, tā men yě xǔ huì de!

I FOUND A KITTEN

Andy: Mira, look!

Mira: What?

Andy: Come over here and look at this!

Mira: What did you find?

Andy: It's a kitten!

Mira: Oh my gosh! It's adorable! Where is its mom?

Andy: I don't know. It's so tiny.

Mira: Poor thing! Let's look for its mother.

Andy: Okay. I will hold it and we can look around the area.

Mira: All right. You walk that way and I will walk this way. Let's meet back here in fifteen minutes.

Andy: Good idea.

(Fifteen minutes later...)

Mira: Did you find its mother?

Andy: No. Did you?

Mira: No. We should make "lost kitten" signs and put them up in the neighborhood.

Andy: Yeah. You have good handwriting. Do you want to do that?

Mira: Sure.

Andy: I will check social media to see if anyone has lost a kitten.

Mira: And I'll start making signs!

Andy: I hope we find this kitten's home! If we don't find it, we can take her to the animal adoption center downtown.

Mira: Yes! Then she will find a good home. I hope they name her "Mira" after me.

Andy: Ha ha. Maybe they will!

5

最好的比萨 (A1) - THE BEST PIZZA

-

ZUÌ HǍO DE BǏ SÀ

拉斐拉: 不敢置信我们到了纽约市!

lā fěi lā: bù gǎn zhìxìn wǒ men dào le niǔ yuē shì!

麦基: 我知道!

mài jī: wǒ zhī dào!

拉斐拉: 我非常兴奋，來探索这座城市!

lā fěi lā: wǒ fēi cháng xīng fèn, lái tàn suǒ zhè zuò chéng shì!

麦基: 我也是。我现在非常开心。

mài jī: wǒ yě shì. wǒ xiàn zài fēi cháng kāi xīn.

拉斐拉: 那你想要先做什么?

lā fěi lā: nà nǐ xiǎng yào xiān zuò shén me?

麦基: 我很饿。我们去吃东西吧?

mài jī: wǒ hěn è. wǒ men qù chī dōng xī ba?

拉斐拉: 好主意! 你想吃什么?

lā fěi lā: hǎo zhǔ yì! nǐ xiǎng chī shén me?

麦基: 我们在纽约，所以我们该吃比萨!

mài jī: wǒ men zài niǔ yuē, suǒ yǐ wǒ men gāi chī bǐ sà!

拉斐拉: 我听说纽约有最好的比萨。

lā fěi lā: wǒ tīng shuō niǔ yuē yǒu zuì hǎo de bǐ sà.

麦基: 我也听说了。我们去街对面的餐厅吧。

mài jī: wǒ yě tīng shuō le. wǒ men qù jiē duì miàn de cān tīng ba.

拉斐拉: 我已经能闻到比萨的味道了!

lā fěi lā: wǒ yǐ jīng néng wén dào bǐ sà de wèi dào le!

麦基: 我应该点哪一种?

mài jī: wǒ yīng gāi diǎn nǎ yī zhǒng?

拉斐拉：我觉得芝士比萨看起来不错。

lā fēi lā: wǒ jué dé zhī shì bǐ sà kàn qǐ lai bù cuò.

麦基：同意。你想要什么？

mài jī: tóngyì. nǐ xiǎng yào shén me?

拉拉：我要意大利香肠比萨。

lā fēi lā: wǒ yào yì dà lì xiāng cháng bǐ sà.

麦基：我们应该买多少？

mài jī: wǒ men yīng gāi mǎi duō shǎo?

拉斐拉：我们要两块芝士比萨和两块意大利香肠比萨吧。

lā fēi lā: wǒ men yào liǎng kuài zhī shì bǐ sà hé liǎng kuài yì dà lì xiāng cháng bǐ sà ba.

麦基：好主意！我们都可以尝一块芝士比萨和一块意大利香肠比萨。

mài jī: hǎo zhǔ yì! wǒ men dōu kě yǐ cháng yī kuài zhī shì bǐ sà hé yī kuài yì dà lì xiāng cháng bǐ sà.

拉斐拉：看！我们点的餐好了。

lā fēi lā: kàn! wǒ men diǎn de cān hǎo le.

麦基：我现在要尝尝这个。

mài jī: wǒ xiàn zài yào cháng cháng zhè gè.

拉斐拉：怎么样？

lā fēi lā: zěn me yàng?

麦基：这比萨很美味！

mài jī: zhè bǐ sà hěn měi wèi!

拉斐拉：哇，这太棒了！

lā fēi lā: wà, zhè tài bàng le!

麦基：我觉得这是我吃过最好吃的比萨！

mài jī: wǒ jué dé zhè shì wǒ chī guò zuì hào chī de bǐ sà!

拉斐拉：我也这么觉得！我爱这比萨！

lā fēi lā: wǒ yě zhè me jué dé! wǒ ài zhè bǐ sà!

THE BEST PIZZA

Rafaella: I can't believe we are here in New York City!

Mikey: I know!

Rafaella: I am so excited to explore this city!

Mikey: Me too. I'm very happy right now.

Rafaella: So, what would you like to do first?

Mikey: I'm very hungry. Should we get food?

Rafaella: That is a great idea! What do you want to eat?

Mikey: We are in New York so we should get pizza!

Rafaella: I heard New York has the best pizza.

Mikey: I heard that too. Let's go to the restaurant across the street.

Rafaella: I can smell the pizza already!

Mikey: Which one should I order?

Rafaella: I think the cheese pizza looks good.

Mikey: I think so, too. What are you going to get?

Rafaella: I will get the pepperoni pizza.

Mikey: How many should we get?

Rafaella: Let's get two slices of the cheese pizza and two slices of the pepperoni pizza.

Mikey: Good idea! We can both try a cheese pizza and a pepperoni pizza.

Rafaella: Look! Our order is ready.

Mikey: I'm going to try one now.

Rafaella: How is it?

Mikey: This pizza is delicious!

Rafaella: Wow, this is amazing!

Mikey: I think this is the best pizza I've ever had!

Rafaella: I think so, too! I love this pizza!

6

新室友（A1）- NEW ROOMMATE

-

XĪN SHÌ YǑU

利兹: 嗨，德里克!

lì zī: hāi, dé lǐ kè!

德里克: 嗨，利兹! 妳过得如何?

dé lǐ kè: hāi, lì zī! nǐ guò dé rú hé?

利兹: 我很好，但我有点压力。

lì zī: wǒ hěn hǎo, dàn wǒ yǒu diǎn yā lì.

德里克: 为什么?

dé lǐ kè: wèi shén me?

利兹: 我需要尽快找一个新室友。

lì zī: wǒ xū yào jìn kuài zhǎo yī gè xīn shì yǒu.

德里克: 莎拉搬出去了吗?

dé lǐ kè: shā lā bān chū qù le ma?

利兹: 是的。她在洛杉矶找到了一份工作。

lì zī: shì de. tā zài luò shān jī zhǎo dào le yī fèn gōng zuò.

德里克: 哦，那太好了! 对她来说……

dé lǐ kè: ò, nà tài hǎo le! duì tā lái shuō……

利兹: 是的，对她来说! 她是个完美的室友。我真不知道如何再找到像她那么好的人。

lì zī: shì de, duì tā lái shuō! tā shì gè wán měi de shì yǒu. wǒ zhēn bù zhī dào rú hé zài zhǎo dào xiàng tā nà me hǎo de rén.

德里克: 嗯，也许妳没法找到完美的室友，但妳会找到不错的人的!

dé lǐ kè: ǹ, yě xǔ nǐ méi fǎ zhǎo dào wán měi de shì yǒu, dàn nǐ huì zhǎo dào bù cuò de rén de!

利兹: 希望如此。你有没有认识的人需要住的地方?

lì zī: xī wàng rú cǐ. nǐ yǒu méi yǒu rèn shi de rén xū yào zhù de dì fāng?

德里克：嗯……我会问问我的朋友丽贝卡。她想住得离城市近点。我尽快告诉妳！

dé lǐ kè: ǹ ……wǒ huì wèn wèn wǒ de péng yǒu lì bèi kǎ. tā xiǎng zhù dé lí chéng shì jìn diǎn. wǒ jìn kuài gào sù nǐ!

利兹：好的！非常感谢你，德里克！

lì zī: hǎo de! fēi cháng gǎn xiè nǐ, dé lǐ kè!

（三天后……）

(sān tiān hòu……)

德里克：嗨，利兹，妳还在找室友吗？

dé lǐ kè: hāi, lì zī, nǐ hái zài zhǎo shì yǒu ma?

利兹：是的！

lì zī: shì de!

德里克：我和丽贝卡谈了，她说她有兴趣和妳一起住。她想和妳聊聊，并看看公寓。

dé lǐ kè: wǒ hé lì bèi kǎ tán le, tā shuō tā yǒu xìng qù hé nǐ yī qǐ zhù. tā xiǎng hé nǐ liáo liáo, bìng kàn kàn gōng yù.

利兹：这是个好消息！当然，给她我的电话号码。

lì zī: zhè shì gè hǎo xiāo xī! dāng rán, gěi tā wǒ de diàn huà hào mǎ.

德里克：我会的。只有一个问题。

dé lǐ kè: wǒ huì de. zhǐ yǒu yī gè wèn tí.

利兹：啊哦，是什么呢？

lì zī: ā ō, shì shén me ne?

德里克：她有一只猫，我知道妳讨厌猫。

dé lǐ kè: tā yǒu yī zhī māo, wǒ zhī dào nǐ tǎo yàn māo.

利兹：呃。

lì zī: è.

德里克：是的…

dé lǐ kè: shì de

利兹：好吧…那只猫好吗？

lì zī: hǎo ba… nà zhǐ māo hǎo ma?

德里克：说实话，是的。那只猫真的很酷，表现得像只狗。

dé lǐ kè: shuō shí huà, shì de. nà zhī māo zhēn de hěn kù, biǎo xiàn dé xiàng zhī gǒu.

利兹：真的吗！

lì zī: zhēn de ma?

德里克：真的.

dé lǐ kè: zhēn de.

利兹： 好吧。我会见见丽贝卡和那只猫。谁知道呢？也许我会开始喜欢猫的！

lì zī: hǎo ba. wǒ huì jiàn jiàn lì bèi kǎ hé nà zhī māo. shuí zhī dào ne? yě xǔ wǒ huì kāi shǐ xǐ huān māo de!

德里克：哈哈，对的！保持开放的心态。妳真的需要一个室友。

dé lǐ kè: hā hā, duì de! bǎo chí kāi fàng de xīn tài. nǐ zhēn de xū yào yī gè shì yǒu.

利兹： 你说得对，我会的。

lì zī: nǐ shuō dé duì, wǒ huì de.

NEW ROOMMATE

Liz: Hi, Derek!

Derek: Hey, Liz! How are you?

Liz: I'm good, but I'm a little stressed.

Derek: Why?

Liz: I need to find a new roommate quickly.

Derek: Did Sarah move out?

Liz: Yeah. She got a job in L.A.

Derek: Oh, that's great! For her...

Liz: Yeah, for her! She was the perfect roommate. I don't know how I will find someone as good as her.

Derek: Well, maybe you won't find the perfect roommate, but you can find someone good!

Liz: I hope so. Do you know anyone who needs a place to live?

Derek: Hmm... I'll ask my friend Rebecca. She wants to live closer to the city. I'll let you know soon!

Liz: Okay! Thanks so much, Derek!

(Three days later...)

Derek: Hey, Liz. Are you still trying to find a roommate?

Liz: Yes!

Derek: I talked to Rebecca and she said she is interested in living with you. She wants to talk to you and see the apartment.

Liz: That's great news! Sure. Give her my number.

Derek: I will. There's only one problem.

Liz: Uh oh. What is it?

Derek: She has a cat. I know you hate cats.

Liz: Ugh.

Derek: Yeah...

Liz: Well... is the cat nice?

Derek: Actually, yes. The cat is really cool. It acts like a dog.

Liz: Really?

Derek: Yes.

Liz: Okay. I'll meet Rebecca and the cat. Who knows? Maybe I will start to like cats!

Derek: Ha ha, yes! Keep an open mind. You really need a roommate.

Liz. You're right. I will.

7

一次夏日野餐（A1）- A SUMMER PICNIC
-
YĪ CÌ XIÀ RÌ YĚ CĀN

琼: 我喜欢住在南加州。这里的夏天太美好了！

qióng: wǒ xǐ huān zhù zài nán jiā zhōu. zhè lǐ de xià tiān tài měi hǎo le!

保罗: 我同意。今天的天气真好。

bǎo luó: wǒ tóng yì. jīn tiān de tiān qì zhēn hǎo.

琼: 我今天想做一些户外活动，你要加入吗？

qióng: wǒ jīn tiān xiǎng zuò yī xiē hù wài huó dòng, nǐ yào jiā rù ma?

保罗: 当然。妳想做什么？

bǎo luó: dāng rán. nǐ xiǎng zuò shén me?

琼: 我想野餐。我有一个野餐篮和一块野餐布。

qióng: wǒ xiǎng yě cān. wǒ yǒu yī gè yě cān lán hé yī kuài yě cān bù.

保罗: 完美。我们可以去公园。

bǎo luó: wán měi. wǒ men kě yǐ qù gōng yuán.

琼: 公园听起来很棒！我们野餐应该吃什么呢？

qióng: gōng yuán tīng qǐ lai hěn bàng! wǒ men yě cān yīng gāi chī shén me ne?

保罗: 我们可以吃三明治。

bǎo luó: wǒ men Kě yǐ chī sān míng zhì.

琼: 我可以在面包店买新鲜的面包。

qióng: wǒ kě yǐ zài miàn bāo diàn mǎi xīn xiān de miàn bāo.

保罗: 我有火腿和火鸡片。还有生菜和番茄。

bǎo luó: wǒ yǒu huǒ tuǐ hé huǒ jī piàn. hái yǒu shēng cài hé fān qié.

琼: 你家里有芥末吗？

qióng: nǐ jiā lǐ yǒu jiè mò ma?

保罗: 没有。妳呢？

bǎo luó: méi yǒu. nǐ ne?

琼：没有。我去买芥末。

qióng: méi yǒu. wǒ qù mǎi jiè mò.

保罗：妳喜欢蛋黄酱吗？

bǎo luó: nǐ xǐ huān dàn huáng jiàng ma?

琼：喜欢。你有蛋黄酱吗？

qióng: xǐ huān. nǐ yǒu dàn huáng jiàng ma?

保罗：我有。我会带蛋黄酱。

bǎo luó: wǒ yǒu. wǒ huì dài dàn huáng jiàng.

琼：你野餐想喝什么？

qióng: nǐ yě cān xiǎng hē shén me?

保罗：嗯……水和汽水？

bǎo luó: ǹ...shuǐ hé qì shuǐ?

琼：我有水，但没有汽水。

qióng: wǒ yǒu shuǐ, dàn méi yǒu qì shuǐ.

保罗：我家里有汽水。你可以带水，我来带汽水。

bǎo luó: wǒ jiā lǐ yǒu qì shuǐ. nǐ kě yǐ dài shuǐ, wǒ lái dài qì shuǐ.

琼：听起来不错。

qióng: tīng qǐ lai bù cuò.

保罗：我们几点在公园见面？

bǎo luó: wǒ men jǐ diǎn zài gōng yuán jiàn miàn?

琼：我们可以上午十点见。

qióng: wǒ men kě yǐ shàng wǔ shí diǎn jiàn.

保罗：好的。那里见！

bǎo luó: hǎo de. nà lǐ jiàn!

A SUMMER PICNIC

June: I love living in southern California. The summers here are so nice!

Paolo: I agree. The weather is beautiful today.

June: I want to do something outside today. Would you like to join me?

Paolo: Sure. What do you want to do?

June: I want to have a picnic. I already have a picnic basket and a picnic blanket.

Paolo: Perfect. We can go to the park.

June: The park sounds great! What should we eat at our picnic?

Paolo: We should eat sandwiches.

June: I can buy fresh bread at the bakery.

Paolo: I have ham and sliced turkey. I also have lettuce and tomatoes.

June: Do you have mustard at home?

Paolo: No. Do you?

June: No. I will buy the mustard.

Paolo: Do you like mayonnaise?

June: Yes. Do you have mayonnaise?

Paolo: Yes, I do. I will bring the mayonnaise.

June: What would you like to drink at our picnic?

Paolo: Hmmm… maybe water and soda?

June: I have water but I don't have soda.

Paolo: I have soda at home. You can bring the water and I will bring the soda.

June: That sounds good.

Paolo: What time should we meet at the park?

June: We should meet at 10 a.m.

Paolo: Okay, I'll see you there!

8

你来自哪里？（A1）- WHERE ARE YOU FROM? - NǏ LÁI ZÌ NǍ LǏ?

奥莉: 嗨，我是奥莉维娅，叫我奥莉就好。

ào lì: hāi, wǒ shì ào lì wéi yà, jiào wǒ ào lì jiù hǎo .

弗兰克: 嗨，奥莉。我是弗兰克。很高兴认识妳。

fú lán kè: hāi, ào lì. wǒ shì fú lán kè. hěn gāo xìng rèn shì nǐ.

奥莉: 我也很高兴认识你。

ào lì: wǒ yě hěn gāo xìng rèn shì nǐ.

弗兰克: 妳来自哪里？

fú lán kè: nǐ lái zì nǎ lǐ?

奥莉: 英国。你呢？

ào lì: yīngguó. nǐ ne?

弗兰克: 我来自阿拉斯加。

fú lán kè: wǒ lái zì ā lā sī jiā.

奥莉: 哦，阿拉斯加？我见过阿拉斯加的照片。那里很漂亮。

ào lì: ó, ā lā sī jiā? wǒ jiàn guò ā lā sī jiā de zhào piān. nà lǐ hěn piào liàng.

弗兰克: 非常漂亮。妳来自英国的哪里？

fú lán kè: fēi cháng piào liàng. nǐ lái zì yīng guó de nǎ lǐ?

奥莉: 一个叫奥尔弗里斯顿的小镇。距离伦敦大约两个半小时的路程。

ào lì: yī gè jiào ào ěr fú lǐ sī dùn de xiǎo zhèn. jù lí lún dūn dà yuē liǎng gè bàn xiǎo shí de lù chéng.

弗兰克: 了解。奥尔弗里斯顿是什么样的？

fú lán kè: liǎo jiě. ào ěr fú lǐ sī dùn shì shén me yang de?

奥莉: 相当迷人且古老。很多建筑都是 14 世纪的。

ào lì: xiāng dāng mí rén qiě gǔ lǎo. hěn duō jiàn zhù dōu shì shí sì shì jì de.

弗兰克: 哦，哇！

fú lán kè: ò, wà!

奥莉： 是的，这个真的很迷人。那里也有一些传统英国酒吧。

ào lì: shì de, zhè gè zhēn de hěn mí rén. nà lǐ yě yǒu yī xiē chuán tǒng yīng guó jiǔ bā.

弗兰克： 听起来很好。我希望有一天能去看看！

fú lán kè: tīng qǐ lai hěn hǎo. wǒ xī wàng yǒu yī tiān néng qù kàn kàn!

奥莉： 你应该去！那么，你来自阿拉斯加的哪里？

ào lì: nǐ yīng gāi qù! nà me, nǐ lái zì ā lā sī jiā de nǎ lǐ?

弗兰克： 安克雷奇，最大的那个城市。

fú lán kè: ān kè léi qí, zuì dà de nà gè chéng shì.

奥莉： 有多少人住在那里？

ào lì: yǒu duō shǎo rén zhù zài nà lǐ?

弗兰克： 我想差不多有 30 万人。

fú lán kè: wǒ xiǎng chà bù duō yǒu sān shí wàn rén.

奥莉： 哇。那有点少。

ào lì: wà. nà yǒu diǎn shǎo.

弗兰克： 哈哈，是的。阿拉斯加人口不多。

fú lán kè: hā hā, shì de. ā lā sī jiā rén kǒu bù duō.

奥莉： 在安克雷奇能做什么有趣的事？

ào lì: zài ān kè léi qí néng zuò shén me yǒu qù de shì?

弗兰克： 你可以去参观阿拉斯加原住民遗产中心。是一个关于阿拉斯加原住民的博物馆。还可以开车去一些漂亮的地方，例如地震公园、格伦艾尔普斯小道，以及沃荣佐夫角公园。

fú lán kè: nǐ kě yǐ qù cān guān ā lā sī jiā yuán zhù mín yí chǎn zhōng xīn. shì yī gè guān yú ā lā sī jiā yuán zhù mín de bó wù guǎn. hái kě yǐ kāi chē qù yī xiē piào liàng de dì fāng, lì rú dì zhèn gōng yuán, gé lún ài ěr pǔ sī xiǎo dào, yǐ jí wò róng zuǒ fū jiǎo gōng yuán.

奥莉： 你有那些地方的照片吗？

ào lì: nǐ yǒu nà xiē dì fāng de zhào piān ma?

弗兰克： 有的！我拿给你看。

fú lán kè: yǒu de! wǒ ná gěi nǐ kàn.

WHERE ARE YOU FROM?

Ollie: Hi. I'm Olivia, but you can call me Ollie.

Frank: Hey, Ollie. I'm Frank. Nice to meet you.

Ollie: Nice to meet you, too.

Frank: Where are you from?

Ollie: England. What about you?

Frank: I'm from Alaska.

Ollie: Oh, Alaska? I've seen pictures of Alaska. It's beautiful there.

Frank: It's very beautiful. Where in England are you from?

Ollie: A small town called Alfriston. It's about two and a half hours outside of London.

Frank: I see. What is Alfriston like?

Ollie: It's really cute and old. Many of the buildings are from the 1300s.

Frank: Oh, wow.

Ollie: Yeah, the town is really charming. There are some traditional English pubs there, too.

Frank: Sounds great. I would love to see it someday!

Ollie: You should go! So, where in Alaska are you from?

Frank: Anchorage, the biggest city.

Ollie: How many people live there?

Frank: I think almost three hundred thousand

Ollie: Wow. That's kind of small.

Frank: Ha ha, yeah. Alaska's population isn't very big.

Ollie: What are some fun things to do in Anchorage?

Frank: You can visit the Alaska Native Heritage Center. It is a museum about the indigenous people of Alaska. There are also some beautiful places you can drive to, like Earthquake Park, Glen Alps Trailhead, and Point Woronzof.

Ollie: Do you have pictures of those places?

Frank: Yes! I'll show you.

9

让我们来一次自驾游（A1）- LET'S TAKE A ROAD TRIP
-
RÀNG WǑ MEN LÁI YĪ CÌ ZÌ JIÀ YÓU

基根: 我觉得无聊。

jī gēn: wǒ jué dé wú liáo.

珍妮: 我也是。

zhēn nī: wǒ yě shì.

基根: 我们能做什么？

jī gēn: wǒ men néng zuò shén me?

珍妮: 我不知道。

zhēn nī: wǒ bù zhī dào.

基根: 嗯……

jī gēn: ǹ …….

珍妮: 我想去个地方。

zhēn nī: wǒ xiǎng qù gè dì fāng.

基根: 哪里？

jī gēn: nǎ lǐ?

珍妮: 我不确定。但我知道我想开车去个地方。

zhēn nī: wǒ bù què dìng. dàn wǒ zhī dào wǒ xiǎng kāi chē qù gè dì fāng.

基根: 好主意！让我们来一次自驾游！

jī gēn: hǎo zhǔ yì! ràng wǒ men lái yī cì zì jià yóu!

珍妮: 听起来不错。我们应该去哪里？

zhēn nī: tīng qǐ lái bù cuò. wǒ men yīng gāi qù nǎ lǐ?

基根: 我不知道。我觉得我们应该往北开。

jī gēn: wǒ bù zhī dào. wǒ jué dé wǒ men yīng gāi wǎng běi kāi.

珍妮: 好的。我们可以沿着海岸线开，去旧金山。

zhēn nī: hǎo de. wǒ men kě yǐ yán zhe hǎi àn xiàn kāi, qù jiù jīn shān.

基根: 我喜欢这个主意。我们也可以在蒙特利停一下！

jī gēn: wǒ xǐ huān zhè gè zhǔ yì. wǒ men yě kě yǐ zài méng tè lì tíng yī xià!

珍妮: 是的！我想去蒙特利水族馆。

zhēn nī: shì de! wǒ xiǎng qù méng tè lì shuǐ zú guǎn.

基根: 我也是。我想去蒙特利水族馆看海獭。

jī gēn: wǒ yě shì. wǒ xiǎng qù méng tè lì shuǐ zú guǎn kàn hǎi tǎ.

珍妮: 海獭太可爱了！

zhēn nī: hǎi tǎ tài kě ài le!

基根: 我同意。

jī gēn: wǒ tóng yì.

珍妮: 你想什么时候去？

zhēn nī: nǐ xiǎng shén me shí hòu qù?

基根: 我现在就想去。妳现在能走吗？

jī gēn: wǒ xiàn zài jiù xiǎng qù. nǐ xiàn zài néng zǒu ma?

珍妮: 当然！但我们还需要自驾路上的零食。

zhēn nī: dāng rán! dàn wǒ men hái xū yào zì jià lù shàng de líng shí.

基根: 妳喜欢什么零食？

jī gēn: nǐ xǐ huān shén me líng shí?

珍妮: 我想要牛肉干和薯片。

zhēn nī: wǒ xiǎng yào niú ròu gān hé shǔ piàn.

基根: 牛肉干是自驾的绝配！

jī gēn: niú ròu gān shì zì jià de jué pèi!

珍妮: 我同意。

zhēn nī: wǒ tóng yì.

基根: 我太兴奋了！

jī gēn: wǒ tài xīng fèn le!

珍妮: 走吧！

zhēn nī: zǒu ba!

LET'S TAKE A ROAD TRIP

Keegan: I'm bored.

Jennie: Me too.

Keegan: What can we do?

Jennie: I don't know.

Keegan: Hmm...

Jennie: I want to go somewhere.

Keegan: Where?

Jennie: I'm not sure. I know I want to drive somewhere.

Keegan: Great idea! Let's go on a road trip!

Jennie: That sounds good. Where should we go?

Keegan: I don't know. I think we should drive north.

Jennie: Okay. We can drive along the coast and visit San Francisco.

Keegan: I like that idea. We can also stop at Monterey!

Jennie: Yes! I want to go to the Monterey Aquarium.

Keegan: Me too. I want to see the sea otters at the Monterey Aquarium.

Jennie: Sea otters are so cute!

Keegan: I agree.

Jennie: When do you want to go?

Keegan: I want to go right now. Can you go right now?

Jennie: Yep! We need snacks for the road trip though.

Keegan: Which snacks would you like?

Jennie: I want to get beef jerky and potato chips.

Keegan: Beef jerky is perfect for road trips!

Jennie: I agree.

Keegan: I'm so excited!

Jennie: Let's go!

10

后院的烧烤 （A1） - BACKYARD BBQ

-

HÒU YUÀN DE SHĀO KǍO

基尔: 嗨，威尔逊。你好吗?

jī ěr: hāi, wēi ěr xùn. nǐ hǎo ma?

威尔逊: 嗨，你好，邻居！我很好。你过的如何?

wēi ěr xùn: hāi, nǐ hǎo, lín jū! wǒ hěn hǎo. nǐ guò de rúhé?

基尔: 很好，谢谢！你这个周末有空吗?

jī ěr: hěn hǎo, xiè xiè! nǐ zhè gè zhōu mò yǒu kōng ma?

威尔逊: 没有。这个周末待在家。你呢?

wēi ěr xùn: méi yǒu. zhè gè zhōu mò dài zài jiā. nǐ ne?

基尔: 蒂姆想要在我们后院办烧烤。你想要来我们的烧烤吗?

jī ěr: dì mǔ xiǎng yào zài wǒ men hòu yuàn bàn shāo kǎo. nǐ xiǎng yào lái wǒ men de shāo kǎo ma?

威尔逊: 我想！什么时候?

wēi ěr xùn: wǒ xiǎng! shén me shí hòu?

基尔: 周六中午。

jī ěr: zhōu liù zhōng wǔ.

威尔逊: 很好！你们烧烤有什么吃的?

wēi ěr xùn: hěn hǎo! nǐ men shāo kǎo yǒu shén me chī de?

基尔: 我们会有热狗、汉堡，还有烤鸡。

jī ěr: wǒ men huì yǒu rè gǒu, hàn bǎo, hái yǒu kǎo jī.

威尔逊: 听起来很好吃！

wēi ěr xùn: tīng qǐ lai hěn hǎo chī!

基尔: 希望如此。

jī ěr: xī wàng rú cǐ.

威尔逊: 我需要带什么东西吗?

wēi ěr xùn: wǒ xū yào dài shén me dōng xī ma?

基尔: 要，你可以给每个人带沙拉或甜点。

jī ěr: yào, nǐ kě yǐ gěi měi gè rén dài shā lā huò tián diǎn.

威尔逊: 我会的。会有多少人来参加烧烤？

wēi ěr xùn: wǒ huì de. huì yǒu duō shǎo rén lái cān jiā shāo kǎo?

基尔: 我想大概十五人。

jī ěr: wǒ xiǎng dà gài shí wǔ rén.

威尔逊: 很多人！

wēi ěr xùn: hěn duō rén!

基尔: 是的，我们邀请了许多朋友。

jī ěr: shì de, wǒ men yāo qǐng le xǔ duō péng yǒu.

威尔逊: 我可以带个朋友吗？

wēi ěr xùn: wǒ kě yǐ dài gè péng yǒu ma?

基尔: 当然可以，是谁？

jī ěr: dāng rán kě yǐ, shì shuí?

威尔逊: 她叫玛丽。我在超市里认识她的。

wēi ěr xùn: tā jiào mǎ lì. wǒ zài chāo shì lǐ rèn shì tā de.

基尔: 哦，哇！你喜欢她吗？

jī ěr: ò, wà! nǐ xǐ huān tā ma?

威尔逊: 是的，我喜欢。我想让你们见见她。

wēi ěr xùn: shì de, wǒ xǐ huān. wǒ xiǎng ràng nǐ men jiàn jiàn tā.

基尔: 听起来很好。我真为你感到兴奋！

jī ěr: tīng qǐ lai hěn hǎo. wǒ zhēn wèi nǐ gǎn dào xīng fèn!

威尔逊: 谢谢。

wēi ěr xùn: xiè xiè.

基尔: 不客气。我现在必须得回家了，但我周六会见到你。

jī ěr: bù kè qì. wǒ xiàn zài bì xū děi huí jiā le, dàn wǒ zhōu liù huì jiàn dào nǐ.

威尔逊: 对，周六见！我很期待。

wēi ěr xùn: duì, zhōu liù jiàn! wǒ hěn qī dài.

基尔: 我也是。再见！

jī ěr: wǒ yě shì. zài jiàn!

威尔逊: 到时见。

wēi ěr xùn: dào shí jiàn.

BACKYARD BBQ

Jill: Hi, Wilson. How are you doing?

Wilson: Hi there, neighbor! I'm doing well. How are you?

Jill: Fine, thanks! Do you have plans this weekend?

Wilson: No. I'm staying home this weekend. What about you?

Jill: Tim wants to have a barbecue in our backyard. Would you like to come to our barbeque?

Wilson: I would love to! When is it?

Jill: Saturday at noon.

Wilson: Great! Which foods will you have at the barbecue?

Jill: We will have hot dogs, hamburgers, and barbecued chicken.

Wilson: That sounds delicious!

Jill: I hope so.

Wilson: Should I bring anything?

Jill: Yes, you can bring a salad or dessert for everyone.

Wilson: I'll do that. How many people are coming to the barbeque?

Jill: I think about fifteen.

Wilson: That is a lot of people!

Jill: Yes, we invited many of our friends.

Wilson: May I bring a friend?

Jill: Sure, who is it?

Wilson: Her name is Mary. I met her at the supermarket.

Jill: Oh, wow! Do you like her?

Wilson: Yes, I do. I want you to meet her.

Jill: That sounds good. I'm excited for you!

Wilson: Thank you.

Jill: You're welcome! I have to go home now, but I will see you this Saturday.

Wilson: Yes, see you this Saturday! I'm looking forward to it.

Jill: Me too. Goodbye!

Wilson: See you later.

11

第二次初次约会 (A1) - A SECOND FIRST DATE - DÌ ÈR CÌ CHŪ CÌ YUĒ HUÌ

达利斯: 嗨，妳是卡珊德拉吗？

dá lì sī: hāi, nǐ shì kǎ shān dé lā ma?

卡珊德拉: 是的！你是达利斯吗？

kǎ shān dé lā: shì de! nǐ shì dá lì sī ma?

达利斯: 是的，很高兴见到妳！

dá lì sī: shì de, hěn gāo xìng jiàn dào nǐ!

卡珊德拉: 我也很高兴见到你。你今天过得怎么样？

kǎ shān dé lā: wǒ yě hěn gāo xìng jiàn dào nǐ. nǐ jīn tiān guò dé zěn me yàng?

达利斯: 非常忙。妳过得怎么样？

dá lì sī: fēi cháng máng. nǐ guò dé zěn me yàng?

卡珊德拉: 我也很忙。

kǎ shān dé lā: wǒ yě hěn máng.

达利斯: 好吧，我希望妳觉得饿了。

dá lì sī: hǎo ba, wǒ xī wàng nǐ jué dé è le.

卡珊德拉: 我好饿，已经准备好吃东西了。

kǎ shān dé lā: wǒ hǎo è, yǐ jīng zhǔn bèi hǎo chī dōng xī le.

达利斯: 太好了！妳想吃什么？

dá lì sī: tài hǎo le! nǐ xiǎng chī shén me?

卡珊德拉: 我觉得鱼不错。

kǎ shān dé lā: wǒ jué dé yú bù cuò.

达利斯: 我也觉得鱼不错。我来帮我们点鱼。

dá lì sī: wǒ yě jué dé yú bù cuò. wǒ lái bāng wǒ men diǎn yú.

卡珊德拉: 好的！

kǎ shān dé lā: hǎo de!

达利斯: 跟我聊聊你自己。妳做什么工作？

dá lì sī: gēn wǒ liáo liáo nǐ zì jǐ. nǐ zuò shén me gōng zuò?

卡珊德拉: 我在一家律师事务所工作。我是一名律师。

kǎ shān dé lā: wǒ zài yī jiā lǜ shī shì wù suǒ gōng zuò. wǒ shì yī míng lǜ shī.

达利斯: 哦，酷。妳喜欢妳的工作吗？

dá lì sī: ò, kù. nǐ xǐ huān nǐ de gōng zuò ma?

卡珊德拉: 非常辛苦，但我热爱当律师。我也爱我的公司。

kǎ shān dé lā: fēi cháng xīn kǔ, dàn wǒ rè ài dāng lǜ shī. wǒ yě ài wǒ de gōng sī.

达利斯: 妳喜欢公司的什么？

dá lì sī: nǐ xǐ huān gōng sī de shén me?

卡珊德拉: 公司里的每个人都很友善。我们还有咖啡机，可以做二十多种不同的咖啡饮品。

kǎ shān dé lā: gōng sī lǐ de měi gè rén dōu hěn yǒu shàn. wǒ men hái yǒu kā fēi jī, kě yǐ zuò èr shí duō zhǒng bù tóng de kā fēi yǐn pǐn.

达利斯: 哇！等等......咖啡机是白色的吗？

dá lì sī: wà! děng děng......kā fēi jī shì bái sè de ma?

卡珊德拉: 是的，你怎么知道？

kǎ shān dé lā: shì de, nǐ zěn me zhī dào?

达利斯: 这是妳的老板为所有人买的咖啡机吧？

dá lì sī: zhè shì nǐ de lǎo bǎn wèi suǒ yǒu rén mǎi de kā fēi jī ba?

卡珊德拉: 是的......等等，你是在银行工作吗？

kǎ shān dé lā: shì de......děng děng, nǐ shì zài yín háng gōng zuò ma?

达利斯: 是的......

dá lì sī: shì de......

卡珊德拉: 我们是不是曾经约会过？

kǎ shān dé lā: wǒ men shì bù shì céng jīng yuē huì guò?

达利斯: 是的......我想我们约会过。这很奇怪。好吧，很高兴再次见到妳！

dá lì sī: shì de......wǒ xiǎng wǒ men yuē huì guò. zhè hěn qí guài. hǎo ba, hěn gāo xìng zài cì jiàn dào nǐ!

卡珊德拉: 呃，我也很高兴再次见到你！

kǎ shān dé lā: è, wǒ yě hěn gāo xìng zài cì jiàn dào nǐ!

A SECOND FIRST DATE

Darius: Hey. Are you Cassandra?

Cassandra: Yes! Are you Darius?

Darius: Yes, nice to meet you!

Cassandra: Nice to meet you, too. How was your day?

Darius: Pretty busy. How was your day?

Cassandra: Mine was busy, too.

Darius: Well, I hope you're hungry.

Cassandra: I'm hungry and ready to eat.

Darius: Great! What would you like to eat?

Cassandra: I think the fish looks good.

Darius: I think the fish looks good, too. I'll order the fish for us.

Cassandra: Okay!

Darius: So tell me about yourself. What do you do for work?

Cassandra: I work at a law firm. I'm a lawyer.

Darius: Oh, cool. Do you like your job?

Cassandra: It's very hard, but I love being a lawyer. I also love my firm.

Darius: What do you love about your firm?

Cassandra: Everyone is very nice at my firm. Also, we have a coffee machine that makes twenty different kinds of coffee drinks.

Darius: Wow! Wait... is this coffee machine white?

Cassandra: Yes, how did you know?

Darius: Did your boss buy the coffee machine for everyone?

Cassandra: Yes... wait. Do you work at a bank?

Darius: Yes...

Cassandra: Did we go on a date before?

Darius: Yes... I think we did. This is awkward. Well, nice to meet you again!

Cassandra: Uh, nice to meet you again, too!

12

你和谁一起住？- WHO DO YOU LIVE WITH? - NǏ HÉ SHUÍ YĪ QǏ ZHÙ?

洛伦佐: 嗨，艾琳娜。妳累吗？

luò lún zuǒ: hāi, ài lín nà. nǐ lèi ma?

艾琳娜: 是的，有点累。我昨晚没什么睡。

ài lín nà: shì de, yǒu diǎn lèi. wǒ zuó wǎn méi shén me shuì.

洛伦佐: 真的吗？为什么没睡？

luò lún zuǒ: zhēn de ma? wèi shén me méi shuì?

艾琳娜: 我妹妹的孩子哭了一整晚。

ài lín nà: wǒ mèi mei de hái zi kū le yī zhěng wǎn.

洛伦佐: 哦，糟糕。这对任何人都不是好事。

luò lún zuǒ: ò, zāo gāo. zhè duì rèn hé rén dōu bù shì hǎo shì.

艾琳娜: 不，不好。

ài lín nà: bù, bù hǎo.

洛伦佐: 孩子多大了？

luò lún zuǒ: hái zi duō dà le?

艾琳娜: 他三个月了。

ài lín nà: tā sān gè yuè le.

洛伦佐: 哦，他太小了！的确，这个年龄的宝宝们经常哭。

luò lún zuǒ: ò, tā tài xiǎo le! dí què, zhè ge nián líng de bǎo bǎo men jīng cháng kū.

艾琳娜: 对。我想自己住，但这个城市的公寓太贵了。

ài lín nà: duì. wǒ xiǎng zì jǐ zhù, dàn zhè gè chéng shì de gōng yù tài guì le.

洛伦佐: 是的，沒錯。

luò lún zuǒ: shì de, méi cuò.

艾琳娜: 你和谁一起住？

ài lín nà: nǐ hé shuí yī qǐ zhù?

洛伦佐: 我的朋友马提奥。我们是一个两居室。

luò lún zuǒ: wǒ de péng yǒu mǎ tí ào. wǒ men shì yī gè liǎng jū shì.

艾琳娜: 酷。他是个好室友吗？

ài lín nà: kù. tā shì gè hǎo shì yǒu ma?

洛伦佐: 是的，他真的是个好室友，但他打呼噜很大声！

luò lún zuǒ: shì de, tā zhēn de shì gè hǎo shì yǒu, dàn tā dǎ hū hěn dà shēng!

艾琳娜: 哦，真假？

ài lín nà: ó, zhēn jiǎ?

洛伦佐: 是的。我几乎每晚都戴着耳塞。有时候我也睡不好。

luò lún zuǒ: shì de. wǒ jī hū měi wǎn dōu dài zhe ěr sāi. yǒu shí hòu wǒ yě shuì bù hǎo.

艾琳娜: 那我们有类似的问题了！只不过我的室友是个小宝宝。

ài lín nà: nà wǒ men yǒu lèi sì de wèn tí le! zhǐ bù guò wǒ de shì yǒu shì gè xiǎo bǎo bǎo.

洛伦佐: 哈哈，确实！希望再过几个月后，妳的室友就不那么经常哭了。我不知道马提奥会不会停止打呼！

luò lún zuǒ: hā hā, què shí! xī wàng zài guò jǐ gè yuè hòu, nǐ de shì yǒu jiù bù nà me jīng cháng kū le. wǒ bù zhī dào mǎ tí ào huì bù huì tíng zhǐ dǎ hū !

艾琳娜: 希望如此！但我喜欢我的侄子，他太可爱了。

ài lín nà: xī wàng rú cǐ! dàn wǒ xǐ huān wǒ de zhí zi, tā tài kě ài le.

洛伦佐: 妳很幸运，可以有那么多时间和他在一起。

luò lún zuǒ: nǐ hěn xìng yùn, kě yǐ yǒu nà me duō shí jiān hé tā zài yī qǐ.

艾琳娜: 我知道。

ài lín nà: wǒ zhī dào.

洛伦佐: 好吧，我必须得走了。希望妳今晚能睡着！

luò lún zuǒ: hǎo ba, wǒ bì xū děi zǒu le. xī wàng nǐ jīn wǎn néng shuì zháo!

艾琳娜: 我也是！

ài lín nà: wǒ yě shì!

WHO DO YOU LIVE WITH?

Lorenzo: Hey, Elena. Are you tired?

Elena: Yeah, a little. I didn't sleep much last night.

Lorenzo: Really? Why not?

Elena: My sister's baby was crying all night.

Lorenzo: Oh, no. That's not fun for anyone.

Elena: No, it's not.

Lorenzo: How old is the baby?

Elena: He's three months.

Lorenzo: Oh, he's super young! Yeah, babies cry a lot at that age.

Elena: Yep. I want to live alone but apartments in this city are so expensive.

Lorenzo: Yes, they are.

Elena: Who do you live with?

Lorenzo: My friend Matteo. We have a two-bedroom apartment.

Elena: Cool. Is he a good roommate?

Lorenzo: Yeah, he's a really good roommate. But he snores loudly!

Elena: Oh, he does?

Lorenzo: Yeah. I wear ear plugs almost every night. Sometimes I don't sleep very well.

Elena: So we have a similar problem! Except my roommate is a baby.

Lorenzo: Ha ha, true! And hopefully in a few months your roommate will stop crying so much. I don't know if Matteo will stop snoring!

Elena: I hope so! I love my nephew, though. He's so cute.

Lorenzo: You're lucky that you can spend so much time with him.

Elena: I know.

Lorenzo: Okay, well, I have to go. I hope you can sleep tonight!

Elena: Me too!

13

我最喜欢的老师（A1）- MY FAVORITE TEACHER
-
WǑ ZUÌ XǏ HUĀN DE LǍO SHĪ

卡丽： 嗨，拉杰什，你好吗？

kǎ lì: hāi, lā jié shí, Nǐ hǎo ma?

拉杰什： 嗨，卡丽。我很不错。妳在忙什么呢？

lā jié shí: hāi, kǎ lì. wǒ hěn bù cuò. nǐ zài máng shén me ne?

卡丽： 我在看高中时的照片。

kǎ lì: wǒ zài kàn gāo zhōng shí de zhào piān.

拉杰什： 哦，酷。我能看看吗？

lā jié shí: ò, kù. wǒ néng kàn kàn ma?

卡丽： 当然可以。

kǎ lì: dāng rán kě yǐ.

拉杰什： 这些女孩是谁？

lā jié shí: zhè xiē nǚ hái shì shuí?

卡丽： 那些是我的朋友们，阿拉纳和瑞秋。她们是我在高中时最好的朋友。

kǎ lì: nà xiē shì wǒ de péng yǒu men, ā lā nà hé ruì qiū. tā men shì wǒ zài gāo zhōng shí zuì hǎo de péng yǒu.

拉杰什： 很好！妳现在还和她们是朋友吗？

lā jié shí: hěn hǎo! nǐ xiàn zài hái hé tā men shì péng yǒu ma?

卡丽： 是的。阿拉纳住在波特兰，所以我一直都能见到她。我上周见过瑞秋。她住在纽约，但回到波特兰看望家人，我们在一起吃了顿饭。我一年只能见到她两次，所以能见到她很好。

kǎ lì: shì de. ā lā nà zhù zài bō tè lán, suǒ yǐ wǒ yī zhí dōu néng jiàn dào tā. wǒ shàng zhōu jiàn guò ruì qiū. tā zhù zài niǔ yuē, dàn huí dào bō tè lán kàn wàng jiā rén, wǒ men zài yī qǐ chī le dùn fàn. wǒ yī nián zhǐ néng jiàn dào tā liǎng cì, suǒ yǐ néng jiàn dào tā hěn hǎo.

拉杰什： 太棒了。我大部分的高中朋友都住在不同的城市，所以我不能常见到他们。

lā jié shí: tài bàng le. wǒ dà bù fèn de gāo zhōng péng yǒu dōu zhù zài bù tóng de chéng shì, suǒ yǐ wǒ bù néng cháng jiàn dào tā men.

卡丽: 啊，那太糟糕了。

kǎ lì: à, nà tài zāo gāo le.

拉杰什: 是的，但我们一直保持联系，所以还好。

lā jié shí: shì de, dàn wǒ men yī zhí bǎo chí lián xì, suǒ yǐ hái hǎo.

卡丽: 很好

kǎ lì: hěn hǎo.

拉杰什: 那个人是谁？

lā jié shí: nà gè rén shì shuí?

卡丽: 那是伯恩先生。他当时是我的摄影老师。

kǎ lì: nà shì bó ēn xiān shēng. tā dāng shí shì wǒ de shè yǐng lǎo shī.

拉杰什: 哦，妳上过摄影课吗？

lā jié shí: ó, nǐ shàng guò shè yǐng kè ma?

卡丽: 是的！我在高中时热爱摄影。事实上我在大学学的是艺术。

kǎ lì: shì de! wǒ zài gāo zhōng shí rè ài shè yǐng. shì shí shàng wǒ zài dà xué xué de shì yì shù.

拉杰什: 真假？

lā jié shí: zhēn jiǎ?

卡丽: 是的，但我两年后就换了主修。我决定我只想以兴趣从事摄影，而不是当成工作。

kǎ lì: shì de, dàn wǒ liǎng nián hòu jiù huàn le zhǔ xiū. wǒ jué dìng wǒ zhǐ xiǎng yǐ xìng qù cóng shì shè yǐng, ér bù shì dàng chéng gōng zuò.

拉杰什: 这可能是个好主意。妳现在还有和伯恩先生联系吗？

lā jié shí: zhè kě néng shì gè hǎo zhǔ yì. nǐ xiàn zài hái yǒu hé bó ēn xiān shēng lián xì ma?

卡丽: 事实上，是的！他是我最喜欢的老师！我是因为他爱上摄影的。

kǎ lì: shì shí shàng, shì de! tā shì wǒ zuì xǐ huān de lǎo shī! wǒ shì yīn wèi tā ài shàng shè yǐng de.

拉杰什: 太酷了！我和我最喜欢的老师没有联系了，但我非常感激她。

lā jié shí: tài kù le! wǒ hé wǒ zuì xǐ huān de lǎo shī méi yǒu lián xì le, dàn wǒ fēi cháng gǎn jī tā.

卡丽: 老师们很棒。

kǎ lì: lǎo shī men hěn bàng.

拉杰什: 是的，他们确实很棒！

lā jié shí: shì de, tā men què shí hěn bàng!

MY FAVORITE TEACHER

Carrie: Hey, Rajesh. How are you?

Rajesh: Hi, Carrie. I'm pretty good. What are you up to?

Carrie: I'm looking at pictures from high school.

Rajesh: Oh, cool. Can I see some?

Carrie: Sure.

Rajesh: Who are those girls?

Carrie: Those are my friends, Alana and Rachel. They were my best friends in high school.

Rajesh: Nice! Are you still friends with them?

Carrie: Yeah. Alana lives in Portland, so I see her all the time. And I saw Rachel last week. She lives in New York but she came back to Portland to visit her family, and we all had dinner. I only see her once or twice a year, so it was nice to see her.

Rajesh: That's awesome. Most of my friends from high school live in different cities so I don't see them very often.

Carrie: Aw, that's too bad.

Rajesh: Yeah, but we keep in touch, so it's okay.

Carrie: Good.

Rajesh: Who's that guy?

Carrie: That's Mr. Byrne. He was my photography teacher.

Rajesh: Oh, you took photography?

Carrie: Yep! I loved photography in high school. I actually studied art in college.

Rajesh: You did?

Carrie: Yeah, but I changed majors after two years. I decided I only wanted to do photography for fun, not as a job.

Rajesh: That was probably a good idea. Do you still talk to Mr. Byrne?

Carrie: Actually, yes! He was my favorite teacher! I love photography because of him.

Rajesh: That's so cool! I didn't keep in touch with my favorite teacher, but I am very grateful for her.

Carrie: Teachers are amazing.

Rajesh: Yes, they are!

14

海滩上散步（A1）- A WALK ON THE BEACH - HĂI TĀN SHÀNG SÀN BÙ

林恩: 真是美好的一天!

lín ēn: zhēn shi měi hǎo de yī tiān!

阿达姆: 是的，沒錯。完美的天气，适合在海滩散步!

ā dá mǔ: shì de, méi cuò. wán měi de tiān qì, shì hé zài hǎi tān sàn bù!

林恩: 我们真是幸运，住得离海滩很近。

lín ēn: wǒ men zhēn shì xìng yùn, zhù dé lí hǎi tān hěn jìn.

阿达姆: 是的。我们应该经常来。

ā dá mǔ: shì de. wǒ men yīng gāi jīng cháng lái.

林恩: 是的，我们应该常来。我喜欢沙子在我脚下的感觉。

lín ēn: shì de, wǒ men yīng gāi cháng lái. wǒ xǐ huān shā zi zài wǒ jiǎo xià de gǎn jué.

阿达姆: 我也是。但有时候沙子会很烫!

ā dá mǔ: wǒ yě shì. dàn yǒu shí hòu shā zi huì hěn tàng!

林恩: 确实。但现在感觉不错。

lín ēn: què shí. dàn xiàn zài gǎn jué bù cuò.

阿达姆: 是的。

ā dá mǔ: shì de.

林恩: 我想收集一些贝壳。

lín ēn: wǒ xiǎng shōu jí yī xiē bèi ké.

阿达姆: 听起来很有趣。我想要去游泳，海水看上去太诱人了。

ā dá mǔ: tīng qǐ lai hěn yǒu qù. wǒ xiǎng yào qù yóu yǒng, hǎi shuǐ kàn shàng qù tài yòu rén le.

林恩: 好的! 小心!

lín ēn: hǎo ḍe! xiǎo xīn!

阿达姆: 我不会游出去很远的。只想游几分钟，而且我是个游泳高手。

ā dá mǔ: wǒ bù huì yóu chū qù hěn yuǎn de. zhǐ xiǎng yóu jǐ fēn zhōng, ér qiě wǒ shì gè yóu yǒng gāo shǒu.

林恩： 好吧。

lín ēn: hǎo ba.

(十分钟之后……)

(shí fēn zhōng zhī hòu……)

阿达姆： 真让人神清气爽！妳有找到什么好看的贝壳吗？

ā dá mǔ: zhēn ràng rén shén qīng qì shuǎng! nǐ yǒu zhǎo dào shén me hǎo kàn de bèi ké ma?

林恩： 是的，有一些。看看这个。

lín ēn: shì de, yǒu yī xiē. kàn kàn zhè gè.

阿达姆： 哦，很酷！颜色真丰富。

ā dá mǔ: ò, hěn kù! yán sè zhēn fēng fù.

林恩： 水冰吗？

lín ēn: shuǐ bīng ma?

阿达姆： 一开始有点冰，但接着就觉得挺好的，不过海浪有点大。

ā dá mǔ: yī kāi shǐ yǒu diǎn bīng, dàn jiē zhe jiù jué dé tǐng hǎo de, bù guò hǎi làng yǒu diǎn dà.

林恩： 是的，看上去很强劲！

lín ēn: shì de, kàn shàng qù hěn qiáng jìng!

阿达姆： 我要在沙滩上坐一会儿，把身体晾干。

ā dá mǔ: wǒ yào zài shā tān shàng zuò yī huǐ er, bǎ shēn tǐ liàng gān.

林恩： 好的。我要再去找点贝壳。我很快就回来！

lín ēn: hǎo de. wǒ yào zài qù zhǎo diǎn bèi ké. wǒ hěn kuài jiù huí lái!

阿达姆： 玩得开心！

ā dá mǔ: wán dé kāi xīn!

A WALK ON THE BEACH

Lynn: It's such a beautiful day!

Adamu: Yes, it is. A perfect day for a walk on the beach!

Lynn: We're so lucky that we live close to the beach.

Adamu: Yeah. We should come more often.

Lynn: Yes, we should. I love the feeling of the sand under my feet.

Adamu: Me too. But sometimes the sand is hot!

Lynn: True. It feels nice right now, though.

Adamu: Yeah.

Lynn: I think I will collect some shells.

Adamu: That sounds fun. I think I will go for a swim. The water looks so inviting.

Lynn: Okay! Be careful!

Adamu: I won't go out very far. I just want to swim for a couple minutes. And I'm a good swimmer.

Lynn: All right.

(Ten minutes later...)

Adamu: That was so refreshing! Did you find some good shells?

Lynn: Yes, a few. Look at this one.

Adamu: Oh, that's cool! It's so colorful.

Lynn: Was the water cold?

Adamu: It was cold at first, but then it felt good. The waves were a little strong, though.

Lynn: Yeah, they looked strong!

Adamu: I will sit on the sand for a while so I can dry off.

Lynn: Okay. I will look for some more shells. I will be back soon!

Adamu: Have fun!

15

学一门语言最好的方式（A1）- BEST WAYS TO LEARN A LANGUAGE

-

XUÉ YĪ MÉN YǓ YÁN ZUÌ HǍO DE FĀNG SHÌ

米切尔: 我想提高我的日语水平。

mǐ qiè ěr: wǒ xiǎng tí gāo wǒ de rì yǔ shuǐ píng.

莱西: 你会说日语吗？

lái xī: nǐ huì shuō rì yǔ ma?

米切尔: 是的，一点点。

mǐ qiè ěr: shì de, yī diǎn diǎn.

莱西: 我之前不知道。

lái xī: wǒ zhī qián bù zhī dào.

米切尔: 我三、四年前开始学日语的。

mǐ qiè ěr: wǒ sān, sì nián qián kāi shǐ xué rì yǔ de.

莱西: 真的吗？为什么？

lái xī: zhēn de ma? wèi shén me?

米切尔: 我热爱这门语言和文化。我小时候去过日本，之后我就一直对日本很感兴趣。

mǐ qiè ěr: wǒ rè ài zhè mén yǔ yán hé wén huà. wǒ xiǎo shí hòu qù guò rì běn, zhī hòu wǒ jiù yī zhí duì rì běn hěn gǎn xìng qù.

莱西: 这很有趣。你怎么学日语的？

lái xī: zhè hěn yǒu qù. nǐ zěn me xué rì yǔ de?

米切尔: 我上了一门网上课程，而且手机上有一个小程式。但我没什么进步。

mǐ qiè ěr: wǒ shàng le yī mén wǎng shàng kè chéng, ér qiě shǒu jī shàng yǒu yī gè xiǎo chéng shì. dàn wǒ méi shén me jìn bù.

莱西: 你会看日语电影或电视节目吗？

lái xī: nǐ huì kàn rì yǔ diàn yǐng huò diàn shì jié mù ma?

米切尔: 有时候。

mǐ qiè ěr: yǒu shí hòu.

莱西：可能你该更常看。

lái xī: kě néng nǐ gāi gèng cháng kàn.

米切尔：我会试试看。但有时候很难理解对话。

mǐ qiè ěr: wǒ huì shì shì kàn. dàn yǒu shí hòu hěn nán lǐ jiě duì huà.

莱西：试着看有日语字幕的，那样你就可以在听的同时看日文。这样做有助于提高你的听力和口语能力。

lái xī: shì zhe kàn you rì yǔ zì mù de, nà yàng nǐ jiù kě yǐ zài tīng de tóng shí kàn rì wén. zhè yàng zuò yǒu zhù yú tí gāo nǐ de tīng lì hé kǒu yǔ néng lì.

米切尔：这是个好主意。我还应该做什么呢？

mǐ qiè ěr: zhè shì gè hǎo zhǔ yì. wǒ hái yīng gāi zuò shén me ne?

莱西：你和日本人谈过话吗？

lái xī: nǐ hé rì běn rén tán guò huà ma?

米切尔：算不上。

mǐ qiè ěr: suàn bù shàng.

莱西：我朋友在一个日语和英语语言文化交流小组。你应该加入这个小组。他们每个月见面一次，练习英语和日语。

lái xī: wǒ péng yǒu zài yī gè rì yǔ hé yīng yǔ yǔ yán wén huà jiāo liú xiǎo zǔ. nǐ yīng gāi jiā rù zhè gè xiǎo zǔ. tā men měi gè yuè jiàn miàn yī cì, liàn xí yīng yǔ hé rì yǔ.

米切尔：哦，那听起来太棒了！

mǐ qiè ěr: ó, nà tīng qǐ lai tài bàng le!

莱西：我会帮你拿些资料回来！

lái xī: wǒ huì bāng nǐ ná xiē zī liào huí lai!

BEST WAYS TO LEARN A LANGUAGE

Mitchell: I want to improve my Japanese.

Lacey: You speak Japanese?

Mitchell: Yes, a little.

Lacey: I didn't know that.

Mitchell: I started learning Japanese three or four years ago.

Lacey: Really? Why?

Mitchell: I love the language and the culture. I went to Japan when I was a child. After that, I have always been interested in Japan.

Lacey: That's interesting. How do you study Japanese?

Mitchell: I take an online course and I have an app on my phone. But I'm not really getting better.

Lacey: Do you watch Japanese movies or TV shows?

Mitchell: Sometimes.

Lacey: Maybe you should watch them more often.

Mitchell: I try to. But sometimes it's hard to understand the dialogue.

Lacey: Try watching with Japanese subtitles. Then you can read Japanese and listen at the same time. Doing that will help both your listening and your speaking skills.

Mitchell: That's a good idea. What else should I do?

Lacey: Do you ever speak to Japanese people?

Mitchell: Not really.

Lacey: My friend is in a Japanese and English language and cultural exchange group. You should join the group. They meet once a month and practice English and Japanese.

Mitchell: Oh, that sounds perfect!

Lacey: I will get the information for you!

16

那是什么声音？（A1）- WHAT'S THAT SOUND? - NÀ SHÌ SHÉN ME SHĒNG YĪN?

克莱尔: 那是什么声音？

kè lái ěr: nà shì shén me shēng yīn?

欧内斯托: 什么声音？

ōu nèi sī tuō: shén me shēng yīn?

克莱尔: 你没听到？

kè lái ěr: nǐ méi tīng dào?

欧内斯托: 没有……

ōu nèi sī tuō: méi yǒu……

克莱尔: 听起来像个青蛙。

kè lái ěr: tīng qǐ lai xiàng gè qīng wā.

欧内斯托: 青蛙？

ōu nèi sī tuō: qīng wā?

克莱尔: 是的。

kè lái ěr: shì de.

欧内斯托: 我什么都没听到。

ōu nèi sī tuō: wǒ shén me dōu méi tīng dào.

克莱尔: 但音量很大！

kè lái ěr: dàn yīn liáng hěn dà!

欧内斯托: 也许是妳想象出来的声音。

ōu nèi sī tuō: yě xǔ shì nǐ xiǎng xiàng chū lái de shēng yīn.

克莱尔: 不对，也许只是你听力不好！

kè lái ěr: bù duì, yě xǔ zhǐ shì nǐ tīng lì bù hǎo!

欧内斯托: 我的听力很棒。

ōu nèi sī tuō: wǒ de tīng lì hěn bàng.

克莱尔：听！我又听到了。

kè lái ěr: tīng! wǒ yòu tīng dào le.

欧内斯托：嗯......我也听到了。妳说得对，听起来像个青蛙。

ōu nèi sī tuō: ǹ......wǒ yě tīng dào le. nǐ shuō dé duì, tīng qǐ lai xiàng gè qīng wā.

克莱尔：啊哈！我就告诉你！

kè lái ěr: ā hā! wǒ jiù gào sù nǐ!

欧内斯托：但我们在城市里，这里没有青蛙。

ōu nèi sī tuō: dàn wǒ men zài chéng shì lǐ, zhè lǐ méi yǒu qīng wā.

克莱尔：也许是谁的宠物，从家里逃出来了。

kè lái ěr: yě xǔ shì shuí de chǒng wù, cóng jiā lǐ táo chū lái le.

欧内斯托：我们去找找。

ōu nèi sī tuō: wǒ men qù zhǎo zhǎo.

克莱尔：好的!

kè lái ěr: hǎo de!

欧内斯托：妳来找这栋楼的后面，我来找这栋楼的前面。

ōu nèi sī tuō: nǐ lái zhǎo zhè dòng lóu de hòu miàn, wǒ lái zhǎo zhè dòng lóu de qián miàn.

克莱尔：楼的后面很吓人，我要找楼的前面。

kè lái ěr: lóu de hòu miàn hěn xià rén, wǒ yào zhǎo de lóu qián miàn.

欧内斯托：好吧。用妳手机里的手电筒。

ōu nèi sī tuō: hǎo ba. yòng nǐ shǒu jī lǐ de shǒu diàn tǒng.

克莱尔：好主意。

kè lái ěr: hǎo zhǔ yì.

欧内斯托：我找到它了!

ōu nèi sī tuō: wǒ zhǎo dào tā le!

克莱尔：你找到了？！

kè lái ěr: nǐ zhǎo dào le?!

欧内斯托：哦，等等，没有。只是块石头。

ōu nèi sī tuō: ò, děng děng, méi yǒu. zhǐ shì kuài shí tóu.

克莱尔：我想我找到了!

kè lái ěr: wǒ xiǎng wǒ zhǎo dào le!

欧内斯托：哦天哪！我看看!

ōu nèi sī tuō: ò tiān na! wǒ kàn kàn!

克莱尔: 太可爱了！我们能留着它吗？

kè lái ěr: tài kě ài le! wǒ men néng liú zhe tā ma?

欧内斯托: 不能，我们不能留着野生的动物，就算它们很可爱。

ōu nèi sī tuō: bù néng, wǒ men bù néng liú zhe yě shēng de dòng wù, jiù suàn tā men hěn kě ài.

克莱尔: 呃，好吧。在大自然里散步很有趣！

kè lái ěr: è, hǎo ba. zài dà zì rán lǐ sàn bù hěn yǒu qù!

欧内斯托: 哈哈，是的，确实！

ōu nèi sī tuō: hā hā, shì de, què shí!

WHAT'S THAT SOUND?

Claire: What's that sound?

Ernesto: What sound?

Claire: You don't hear that?

Ernesto: No...

Claire: It sounds like a frog.

Ernesto: A frog?

Claire: Yeah.

Ernesto: I don't hear anything.

Claire: But it's loud!

Ernesto: Maybe you're imagining the sound.

Claire: No, maybe you just have bad hearing!

Ernesto: My hearing is amazing.

Claire: There! I heard it again.

Ernesto: Hmm... I heard that. You're right. It sounds like a frog.

Claire: Aha! I told you!

Ernesto: But we live in the city. There are no frogs here.

Claire: Maybe it was someone's pet and it escaped from their house.

Ernesto: Let's look for it.

Claire: Okay!

Ernesto: You look behind the building. I'll look in front of the building.

Claire: It's scary behind the building. I'll look in front.

Ernesto: Fine. Use the flashlight on your phone.

Claire: Good idea.

Ernesto: I found it!

Claire: You did?!

Ernesto: Oh, wait, no. That's just a rock.

Claire: I think I found it!

Ernesto: Oh my gosh! I see it!

Claire: He's so cute! Can we keep him?

Ernesto: No, we can't keep wild animals, even if they are cute.

Claire: Ugh, fine. Well, this was a fun nature walk!

Ernesto: Ha ha, yes it was!

17

跑步太难了（A1）- RUNNING IS HARD
-
PǍO BÙ TÀI NÁN LE

凯丽: 想和我一起跑步吗，马库斯？

kǎi lì: nǐ xiǎng hé wǒ yī qǐ pǎo bù ma, mǎ kù sī?

马库斯: 嗯......不太想。

mǎ kù sī: ǹ ......bù tài xiǎng.

凯丽: 为什么不?

kǎi lì: wèi shén me bù?

马库斯: 我不喜欢跑步。

mǎ kù sī: wǒ bù xǐ huān pǎo bù.

凯丽: 你不喜欢？但是你身材很好。

kǎi lì: nǐ bù xǐ huān? dàn shì nǐ shēn cái hěn hǎo.

马库斯: 是的，我会去健身房举重，而且我有时会打篮球。但我不喜欢跑长距离。

mǎ kù sī: shì de, wǒ huì qù jiàn shēn fáng jǔ zhòng, ér qiě wǒ yǒu shí huì dǎ lán qiú. dàn wǒ bù xǐ huān pǎo cháng jù lí.

凯丽: 如果你加入我，我们可以慢慢跑，经常休息。

kǎi lì: rú guǒ nǐ jiā rù wǒ, wǒ men kě yǐ màn màn pǎo, jīng cháng xiū xí.

马库斯: 嗯......好吧，我去。

mǎ kù sī: ǹ ......hǎo ba, wǒ qù.

凯丽: 耶!

kǎi lì: yè!

马库斯: 妳什么时候去?

mǎ kù sī: nǐ shén me shí hòu qù?

凯丽: 现在。

kǎi lì: xiàn zài.

马库斯: 啊，真的吗？好吧。让我穿上跑步鞋。

mǎ kù sī: ā, zhēn de ma? hǎo ba. ràng wǒ chuān shàng pǎo bù xié.

凯丽： 好的。

kǎi lì: hǎo de.

马库斯： 准备好了！

mǎ kù sī: zhǔn bèi hǎo le!

凯丽： 我们走吧！

kǎi lì: wǒ men zǒu ba!

马库斯： 嘿，慢点！

mǎ kù sī: hēi, màn diǎn!

凯丽： 我已经慢慢跑了！

kǎi lì: wǒ yǐ jīng màn màn pǎo le!

马库斯： 妳能再慢一点吗？

mǎ kù sī: nǐ néng zài màn yī diǎn ma?

凯丽： 如果再慢一点，我们就是在走路了。

kǎi lì: rú guǒ zài màn yī diǎn, wǒ men jiù shì zài zǒu lù le.

马库斯： 呃，跑步太难了！

mǎ kù sī: è, pǎo bù tài nán le!

凯丽： 一开始很难，但会越来越容易。你应该一周跑步二到三次，只需跑很短的距 离，然后就会简单多了。

kǎi lì: yī kāi shǐ hěn nán, dàn huì yuè lái yuè róng yì. nǐ yīng gāi yī zhōu pǎo bù èr dào sān cì, zhǐ xū pǎo hěn duǎn de jù lí, rán hòu jiù huì jiǎn dān duō le.

马库斯： 好的，我会试试。

mǎ kù sī: hǎo de, wǒ huì shì shì.

凯丽： 你可以帮我练举重，我们可以互相帮助。

kǎi lì: nǐ kě yǐ bāng wǒ liàn jǔ zhòng, wǒ men kě yǐ hù xiāng bāng zhù.

马库斯： 成交！

mǎ kù sī: chéng jiāo!

RUNNING IS HARD

Kylie: Do you want to go running with me, Marcus?

Marcus: Umm… not really.

Kylie: Why not?

Marcus: I don't like running.

Kylie: You don't? But you're in good shape.

Marcus: Yeah, I go to the gym and lift weights. And I play basketball sometimes. But I don't like running long distances.

Kylie: If you go with me, we can run slowly and take lots of breaks.

Marcus: Hmm… okay. I'll go.

Kylie: Yay!

Marcus: When are you going?

Kylie: Now.

Marcus: Ah, really? Okay. Let me put my running shoes on.

Kylie: All right.

Marcus: Ready!

Kylie: Let's go!

Marcus: Hey, slow down!

Kylie: I am going slowly!

Marcus: Can you go more slowly?

Kylie: If we go more slowly, we will be walking.

Marcus: Ugh, running is hard!

Kylie: It's hard in the beginning. But it gets easier. You should try to run two or three times a week, just short distances. And then it will get easier.

Marcus: Okay, I'll try that.

Kylie: And you can help me lift weights. We can help each other.

Marcus: Deal!

18

烤饼干 （A1） - BAKING COOKIES

-

KǍO BǏNG GĀN

贝蒂: 我们很久没有烤饼干了。

bèi dì: wǒ men hěn jiǔ méi yǒu kǎo bǐng gān le.

邓肯: 妳说得对，我现在就想吃饼干。

dèng kěn: nǐ shuō dé duì, wǒ xiàn zài jiù xiǎng chī bǐng gān.

贝蒂: 我也是。

bèi dì: wǒ yě shì.

邓肯: 妳想烤一些吗？

dèng kěn: nǐ xiǎng kǎo yī xiē ma?

贝蒂: 当然!

bèi dì: dāng rán!

邓肯: 我们该烤什么样的饼干？

dèng kěn: wǒ men gāi kǎo shén me yàng de bǐng gān?

贝蒂: 我们可以烤两种吗？

bèi dì: wǒ men kě yǐ kǎo liǎng zhǒng ma?

邓肯: 当然可以! 哪两种？

dèng kěn: dāng rán kě yǐ! nǎ liǎng zhǒng?

贝蒂: 我想要巧克力片饼干和肉桂小酥饼。

bèi dì: wǒ xiǎng yào qiǎo kè lì piàn bǐng gān hé ròu guì xiǎo sū bǐng.

邓肯: 太棒了。我们需要面粉或糖吗？

dèng kěn: tài bàng le. wǒ men xū yào miàn fěn huò táng ma?

贝蒂: 不用。我在冰箱里有冻饼干面团。

bèi dì: bù yòng. wǒ zài bīng xiāng lǐ yǒu dòng bǐng gān miàn tuán.

邓肯: 完美! 那些很容易烤。

dèng kěn: wán měi! nà xiē hěn róng yì kǎo.

贝蒂: 来了。你有烤盘吗?

bèi dì: lái le. nǐ yǒu kǎo pán ma?

邓肯: 有。给妳。

dèng kěn: yǒu. gěi nǐ.

贝蒂: 很好!你现在能把烤箱打开吗?

bèi dì: hěn hǎo! nǐ xiàn zài néng bǎ kǎo xiāng dǎ kāi ma?

邓肯: 好的。

dèng kěn: hǎo de.

贝蒂: 你能把烤箱加热到三百五十华氏度吗?

bèi dì: nǐ néng bǎ kǎo xiāng jiā rè dào sān bǎi wǔ shí huá shì dù ma?

邓肯: 好的。妳需要帮忙弄那些饼干面团吗?

dèng kěn: hǎo de. nǐ xū yào bāng máng nòng nà xiē bǐng gān miàn tuán ma?

贝蒂: 当然!用刀切一小块。

bèi dì: dāng rán! yòng dāo qiē yī xiǎo kuài.

邓肯: 做好了。现在呢?

dèng kěn: zuò hǎo le. xiàn zài ne?

贝蒂: 把那一小块面团弄成球形,然后把面球放到烤盘里。

bèi dì: bǎ nà yī xiǎo kuài miàn tuán nòng chéng qiú xíng, rán hòu bǎ miàn qiú fàng dào kǎo pán lǐ.

邓肯: 好的。饼干面团能吃吗?

dèng kěn: hǎo de. bǐng gān miàn tuán néng chī ma?

贝蒂: 不能。

bèi dì: bù néng.

邓肯: 但饼干面团太美味了!

dèng kěn: dàn bǐng gān miàn tuán tài měi wèi le!

贝蒂: 那对你身体不好!

bèi dì: nà duì nǐ shēn tǐ bù hǎo!

BAKING COOKIES

Betty: We haven't baked cookies in a long time.

Duncan: You're right. I want cookies now.

Betty: Me too.

Duncan: Do you want to bake some?

Betty: Sure!

Duncan: What kind of cookies should we bake?

Betty: Can we bake two different kinds?

Duncan: Sure! Which kinds?

Betty: I want chocolate chip cookies and snickerdoodles.

Duncan: Awesome. Do we have any flour or sugar?

Betty: No, we don't. I have frozen cookie dough in the freezer.

Duncan: Perfect! Those are easy to bake.

Betty: Here you go. Do you have a baking pan?

Duncan: Yes, I do. Here it is.

Betty: Great! Now, can you turn on the oven?

Duncan: Yes.

Betty: Can you heat the oven to three hundred fifty degrees Fahrenheit?

Duncan: Okay. Do you want help with the cookie dough?

Betty: Sure! Cut a small piece with a knife.

Duncan: Got it. What now?

Betty: Make a ball with that small piece. Then, put the ball on the baking pan.

Duncan: Okay. Can we eat the cookie dough?

Betty: No.

Duncan: But the cookie dough is so delicious!

Betty: It's not good for you!

19

赏鲸（A1）- WHALE WATCHING
-
SHǍNG JĪNG

雅尼娜: 我太兴奋了，今天要去赏鲸！

yǎ ní nà: wǒ tài xīng fèn le, jīn tiān yào qù shǎng jīng!

克里桑多: 我也是。

kè lǐ sāng duō: wǒ yě shì.

雅尼娜: 你还记得我们几年前去赏鲸吗？我们看到了五六头鲸鱼！

yǎ ní nà: nǐ hái jì dé wǒ men jǐ nián qián qù shǎng jīng ma? wǒ men kàn dào le wǔ liù tóu jīng yú!

克里桑多: 太酷了。也许我们今天还会很幸运，看到很多鲸鱼！

kè lǐ sāng duō: tài kù le. yě xǔ wǒ men jīn tiān hái huì hěn xìng yùn, kàn dào hěn duō jīng yú!

雅尼娜: 希望如此。

yǎ ní nà: xī wàng rú cǐ.

克里桑多: 妳有带夹克吗？会有一点冷。

kè lǐ sāng duō: nǐ you dài jiá kè ma? huì yǒu yī diǎn lěng.

雅尼娜: 有，而且我还带了围巾和手套。

yǎ ní nà: you, ér qiě wǒ hái dài le wéi jīn hé shǒu tào.

克里桑多: 很好。哦，船开动了！让我们出发吧！

kè lǐ sāng duō: hěn hǎo. ó, chuán kāi dòng le! ràng wǒ men chū fā ba!

雅尼娜: 耶！我也希望能看到海豚。我们上次看到很多海豚！

yǎ ní nà: yè! wǒ yě xī wàng néng kàn dào hǎi tún. wǒ men shàng cì kàn dào hěn duō hǎi tún!

克里桑多: 我知道。我爱海豚。

kè lǐ sāng duō: wǒ zhī dào. wǒ ài hǎi tún.

雅尼娜: 我也是。我想那是我最喜欢的动物。

yǎ ní nà: wǒ yě shì. wǒ xiǎng nà shì wǒ zuì xǐ huān de dòng wù.

克里桑多: 比鲸鱼还喜欢?

kè lǐ sāng duō: bǐ jīng yú hái xǐ huān?

雅尼娜: 是的。

yǎ ní nà: shì de.

克里桑多: 嘘，别那么大声，鲸鱼会伤心的。

kè lǐ sāng duō: xū, bié nà me dà shēng, jīng yú huì shāng xīn de.

雅尼娜: 噗，好吧。

yǎ ní nà: pū, hǎo ba.

(三十分钟后……)

(sān shí fēn zhōng hòu……)

克里桑多: 看!

kè lǐ sāng duō: kàn!

雅尼娜: 哪里?

yǎ ní nà: nǎ lǐ?

克里桑多: 在那里!

kè lǐ sāng duō: zài nà lǐ!

雅尼娜: 我什么也没看见!

yǎ ní nà: wǒ shén me yě méi kàn jiàn!

克里桑多: 在那里。

kè lǐ sāng duō: zài nà lǐ.

雅尼娜: 我看见了！太酷了！

yǎ ní nà: wǒ kàn jiàn le! tài kù le!

克里桑多: 有两头鲸鱼一起！看起来它们好像在向我们招手！

kè lǐ sāng duō: yǒu liǎng tóu jīng yú yī qǐ! kàn qǐ lai tā men hǎo xiàng zài xiàng wǒ men zhāo shǒu!

雅尼娜: 哈哈。嗨，鲸鱼们！

yǎ ní nà: hā hā. hāi, jīng yú men!

克里桑多: 我们每年都应该来赏鲸!

kè lǐ sāng duō: wǒ men měi nián dōu yīng gāi lái shǎng jīng!

雅尼娜: 我同意!

yǎ ní nà: wǒ tóng yì!

WHALE WATCHING

Janina: I'm so excited to go whale watching today!

Crisanto: I am, too.

Janina: Do you remember when we went whale watching a few years ago? We saw five or six whales!

Crisanto: That was so cool. Maybe we will be lucky again and see lots of whales today!

Janina: I hope so.

Crisanto: Did you bring your jacket? It will be a little cold.

Janina: Yes, and I brought a scarf and gloves, too.

Crisanto: Good. Oh, the boat is moving! Here we go!

Janina: Yay! I also hope we see dolphins. We saw so many dolphins last time!

Crisanto: I know. I love dolphins.

Janina: Me too. I think they are my favorite animal.

Crisanto: More than whales?

Janina: Yeah.

Crisanto: Shh. Don't say that so loud. The whales will be sad.

Janina: Oops, okay.

(30 minutes later...)

Crisanto: Look!

Janina: Where?

Crisanto: Over there!

Janina: I don't see anything!

Crisanto: It's there.

Janina: I see it! So cool!

Crisanto: There are two whales together! And it looks like they're waving to us!

Janina: Ha ha. Hi, whales!

Crisanto: We should go whale watching every year!

Janina: I agree!

20

长途飞行（A1）- A LONG FLIGHT

-

CHÁNG TÚ FĒI XÍNG

乔安娜: 呃，我对这次飞行一点也不期待。

qiáo ān nà: è, wǒ duì zhè cì fēi xíng yī diǎn yě bù qí dài .

弗雷德: 为什么不?

fú léi dé: wèi shé me bù?

乔安娜: 因为要飞十个小时那么长!

qiáo ān nà: yīn wèi yào fēi shí gè xiǎo shí nà me cháng!

弗雷德: 是的，但妳可以睡觉。

fú léi dé: shì de, dàn nǐ kě yǐ shuì jiào.

乔安娜: 我在飞机上睡不着。

qiáo ān nà: wǒ zài fēi jī shàng shuì bù zháo.

弗雷德: 真的吗?

fú léi dé: zhēn de ma?

乔安娜: 睡不着。你可以吗?

qiáo ān nà: shuì bù zháo. nǐ kě yǐ ma?

弗雷德: 可以，我能睡得很好。

fú léi dé: kě yǐ, wǒ néng shuì dé hěn hǎo.

乔安娜: 我不行。太不舒服了。

qiáo ān nà: wǒ bù xíng. tài bù shū fú le.

弗雷德: 妳在长途飞行时都做什么?

fú léi dé: nǐ zài cháng tú fēi xíng shí dōu zuò shén me?

乔安娜: 我看书和看电影。

qiáo ān nà: wǒ kàn shū hé kàn diàn yǐng.

弗雷德: 妳会觉得无聊吗?

fú léi dé: nǐ huì jué dé wú liáo ma?

乔安娜： 是的，当然会。但现在飞机上有非常好的电影。我去年在飞行中看了四部电影。

qiáo ān nà: shì de, dāng rán huì. dàn xiàn zài fēi jī shàng yǒu fēi cháng hǎo de diàn yǐng. wǒ qù nián zài fēi xíng zhōng kàn le sì bù diàn yǐng.

弗雷德： 哇。很多电影！妳都看什么类型的电影？

fú léi dé: wà. hěn duō diàn yǐng! nǐ dōu kàn shén me lèi xíng de diàn yǐng?

乔安娜： 一部动作片，两部剧情片，还有一部悲伤的电影。我尽量不在飞机上看悲剧，因为我会流很多眼泪！

qiáo ān nà: yī bù dòng zuò piān, liǎng bù jù qíng piān, hái yǒu yī bù bēi shāng de diàn yǐng. wǒ jǐn liàng bù zài fēi jī shàng kàn shān bēi jù, yīn wèi wǒ huì liú hěn duō yǎn lèi!

弗雷德： 哈哈，真的吗？

fú léi dé: hā hā, zhēn de ma?

乔安娜： 是的，非常尴尬。

qiáo ān nà: shì de, fēi cháng gān gà.

弗雷德： 好吧，有时候我在飞机上睡觉时会打鼾，我觉得这比哭出来更尴尬。

fú léi dé: hǎo ba, yǒu shí hòu wǒ zài fēi jī shàng shuì jiào shí huì dǎ hān, wǒ jué dé zhè bǐ kū chū lái gèng gān gà.

乔安娜： 是的，你赢了。我现在觉得好多了。

qiáo ān nà: shì de, nǐ yíng le. wǒ xiàn zài jué dé hǎo duō le.

弗雷德： 哈哈。我很高兴帮上忙！

fú léi dé: hā hā. wǒ hěn gāo xìng bāng shàng máng!

A LONG FLIGHT

Joanna: Ugh, I'm not excited about this flight.

Fred: Why not?

Joanna: Because it's ten hours long!

Fred: Yeah. But you can just sleep.

Joanna: I can't sleep on planes.

Fred: Really?

Joanna: No. Can you?

Fred: Yeah, I can sleep pretty well.

Joanna: I can't. I'm too uncomfortable.

Fred: What do you do on long flights?

Joanna: I read books and watch movies.

Fred: Do you get bored?

Joanna: Yeah, of course. But planes have pretty good movies these days. I watched four movies on my flight last year.

Fred: Wow. That's a lot of movies! What kind of movies did you watch?

Joanna: An action movie, two dramas, and one sad movie. I try not to watch sad movies on planes because I cry a lot!

Fred: Ha ha, really?

Joanna: Yeah. It's embarrassing.

Fred: Well, sometimes I snore when I sleep on planes! I think that's more embarrassing than crying.

Joanna: Yes, I think you win! I feel better now.

Fred: Ha ha. I'm glad I helped!

21

参加考试（A1）- TAKING TESTS
-
CĀN JIĀ KǍO SHÌ

加布里埃尔: 嗨，卢卡。你在做什么？

jiā bù lǐ āi ěr: hāi, lú kǎ. nǐ zài zuò shén me?

卢卡: 嗨，加布里埃尔。我在复习，你呢？

lú kǎ: hāi, jiā bù lǐ āi ěr. wǒ zài fù xí, nǐ ne?

加布里埃尔: 我现在是两节课中间休息，所以我要坐下来听一听音乐。

jiā bù lǐ āi ěr: wǒ xiàn zài shì liǎng jié kè zhōng jiān xiū xí, suǒ yǐ wǒ yào zuò lái xià tīng yī tīng yīn yuè.

卢卡: 酷。我也想放松，但我必须复习。

lú kǎ: kù. wǒ yě xiǎng fàng sōng, dàn wǒ bì xū fù xí.

加布里埃尔: 你在复习什么？

jiā bù lǐ āi ěr: nǐ zài fù xí shén me?

卢卡: 中国历史。

lú kǎ: zhōng guó lì shǐ.

加布里埃尔: 哦，听起来很难。

jiā bù lǐ āi ěr: ó, tīng qǐ lai hěn nán.

卢卡: 是的。那很酷，但有点难。有太多人名和地名要记！

lú kǎ: shì de. nà hěn kù, dàn yǒu diǎn nán. yǒu tài duō rén míng hé dì míng yào jì!

加布里埃尔: 是什么样的考试？

jiā bù lǐ āi ěr: shì shén me yàng de kǎo shì?

卢卡: 多项选择题，简答题，还有写作。

lú kǎ: duō xiàng xuǎn zé tí, jiǎn dá tí, hái yǒu xiě zuò.

加布里埃尔: 听起来不容易！

jiā bù lǐ āi ěr: tīng qǐ lai bù róng yì!

卢卡: 不容易……教授很好，但她的课很难。不过我学到了很多。

lú kǎ: bù róng yì......jiào shòu hěn hǎo, dàn tā de kè hěn nán. bù guò wǒ xué dào le hěn duō.

加布里埃尔：那很棒。考试多长时间？

jiā bù lǐ āi ěr: nà hěn bàng. kǎo shì duō cháng shí jiān?

卢卡：一个半小时。

lú kǎ: yī gè bàn xiǎo shí.

加布里埃尔：考试时能看笔记吗？

jiā bù lǐ āi ěr: kǎo shì shí néng kàn bǐ jì ma?

卢卡：不能，我们必须把所有内容都记下来。

lú kǎ: bù néng, wǒ men bì xū bǎ suǒ yǒu nèi róng dōu jì xià lái.

加布里埃尔：了解。

jiā bù lǐ āi ěr: liǎo jiě.

卢卡：你考试成绩总是很好。你是怎么做到的？

lú kǎ: nǐ kǎo shì chéng jī zǒng shì hěn hǎo. nǐ shì zěn me zuò dào de?

加布里埃尔：哈哈，不总是。我不知道，我猜是我学习很用功。

jiā bù lǐ āi ěr: hā hā, bù zǒng shì. wǒ bù zhī dào, wǒ cāi shì wǒ xué xí hěn yòng gōng.

卢卡：我也很用功，但有时候成绩不好。我不擅长考试。

lú kǎ: wǒ yě hěn yòng gōng, dàn yǒu shí hòu chéng jì bù hǎo. wǒ bù shàn cháng kǎo shì.

加布里埃尔：如果你愿意，我可以给你一些学习建议。它们可能对你有帮助。

jiā bù lǐ āi ěr: rú guǒ nǐ yuàn yì, wǒ kě yǐ gěi nǐ yī xiē xué xí jiàn yì. tā men kě néng duì nǐ yǒu bāng zhù.

卢卡：我喜欢！

lú kǎ: wǒ xǐ huān!

TAKING TESTS

Gabrielle: Hey, Luca. What are you doing?

Luca: Hi, Gabrielle. I'm studying. What about you?

Gabrielle: I have a break between classes now, so I will sit and listen to some music.

Luca: Cool. I want to relax too, but I have to study.

Gabrielle: What are you studying?

Luca: Chinese history.

Gabrielle: Oh, that sounds hard.

Luca: Yeah. It's cool, but it's a little difficult. There are so many places and names to remember!

Gabrielle: What kind of test is it?

Luca: Multiple choice, short answer, and writing.

Gabrielle: That doesn't sound easy!

Luca: No... the professor is good but her class is tough. I'm learning a lot though.

Gabrielle: That's cool. How long is the test?

Luca: An hour and a half.

Gabrielle: Can you look at your notes during the test?

Luca: No. We have to memorize everything.

Gabrielle: I see.

Luca: You always get good grades on tests. How do you do it?

Gabrielle: Ha ha, not always! I don't know. I guess I study a lot.

Luca: I study a lot, too, but I get bad grades sometimes. I'm not good at tests.

Gabrielle: I can give you some study tips if you want. Maybe they will help you.

Luca: I would love that!

22

我们去健身房吧 （A1） - LET'S GO TO THE GYM

-

WǑ MEN QÙ JIÀN SHĒN FÁNG BA

罗恩: 嗨，莱斯利。你现在忙吗？

luō ēn: hāi, lái sī lì. nǐ xiàn zài máng ma?

莱斯利: 嗨，罗恩。不，我不忙。怎么了？

lái sī lì: hāi, luō ēn. bù, wǒ bù máng. zěn me le?

罗恩: 我想去健身房。你要跟我一起去吗？

luō ēn: wǒ xiǎng qù jiàn shēn fáng. nǐ yào gēn wǒ yī qǐ qù ma?

莱斯利: 我不知道。我没有健身房的会员资格。

lái sī lì: wǒ bù zhī dào. wǒ méi yǒu jiàn shēn fáng de huì yuan zī gé.

罗恩: 我也没有。我在考虑加入一间健身房的会员。

luō ēn: wǒ yě méi yǒu. wǒ zài kǎo lǜ jiā rù yī jiān jiàn shēn fáng de huì yuán.

莱斯利: 好的。

lái sī lì: hǎo de.

罗恩: 我们一起加入吧！

luō ēn: wǒ men yī qǐ jiā rù ba!

莱斯利: 当然！你想加入哪间健身房？

lái sī lì: dāng rán! nǐ xiǎng jiā rù nǎ jiān jiàn shēn fáng?

罗恩: 我还不确定。我想去锻炼，但我希望它有趣。

luō ēn: wǒ hái bù què dìng. wǒ xiǎng qù duàn liàn, dàn wǒ xī wàng tā yǒu qù.

莱斯利: 你喜欢攀岩吗？

lái sī lì: nǐ xǐ huān pān yán ma?

罗恩: 我不知道。我从没攀岩过。

luō ēn: wǒ bù zhī dào. wǒ cóng méi pān yán guò.

莱斯利: 上周一家新的攀岩健身房开张了。

lái sī lì: shàng zhōu yī jiā xīn de pān yán jiàn shēn fáng kāi zhāng le.

罗恩: 那很棒！我需要擅长攀岩才能参加吗？

luō ēn: nà hěn bàng! wǒ xū yào shàn cháng pān yán cái néng cān jiā ma?

莱斯利: 不，不需要。任何人都可以加入。

lái sī lì: bù, bù xū yào. rèn hé rén dōu kě yǐ jiā rù.

罗恩: 会员费多少钱？

luō ēn: huì yuán fèi duō shǎo qián?

莱斯利: 我想会费员大概是每个月三十美元。而且，第一周是免费的！

lái sī lì: wǒ xiǎng huì yuán fèi dà gài shì měi gè yuè sān shí měi yuán. ér qiě, dì yī zhōu shì miǎn fèi de!

罗恩: 那太棒了！我不知道你喜欢攀岩。

luō ēn: nà tài bàng le! wǒ bù zhī dào nǐ xǐ huān pān yán.

莱斯利: 我喜欢！我们要参加攀岩健身房吗？

lái sī lì: wǒ xǐ huān! wǒ men yào cān jiā pān yán jiàn shēn fáng ma?

罗恩: 好的！我需要攀岩鞋吗？

luō ēn: hǎo de! wǒ xū yào pān yán xié ma?

莱斯利: 不用。你可以穿运动鞋。

lái sī lì: bù yòng. nǐ kě yǐ chuān yùn dòng xié.

罗恩: 我需要专门的衣服吗？

luō ēn: wǒ xū yào zhuān mén de yī fú ma?

莱斯利: 不，你不需要。你可以穿普通的运动服。

lái sī lì: bù, nǐ bù xū yào. nǐ kě yǐ chuān pǔ tōng de yùn dòng fú.

罗恩: 好的，太令人兴奋了！

luō ēn: hǎo de, tài lìng rén xīng fèn le!

莱斯利: 是的！你现在准备好了吗？

lái sī lì: shì de! nǐ xiàn zài zhǔn bèi hǎo le ma?

罗恩: 是的，我们去吧！

luō ēn: shì de, wǒ men qù ba!

LET'S GO TO THE GYM

Ron: Hi, Leslie. Are you busy right now?

Leslie: Hi, Ron. No, I'm not. What's up?

Ron: I want to go to the gym. Will you come with me?

Leslie: I don't know. I don't have a gym membership.

Ron: I don't either. I'm thinking of joining a gym.

Leslie: Okay.

Ron: Let's join one together!

Leslie: Sure! Which gym do you want to join?

Ron: I'm not sure. I want to exercise, but I want a fun workout.

Leslie: Do you like rock climbing?

Ron: I don't know. I have never gone rock climbing.

Leslie: A new rock-climbing gym opened up last week.

Ron: That's cool! Do I have to be good at rock climbing to join?

Leslie: No, you don't. Anyone can join.

Ron: How much is the membership?

Leslie: I think the membership is about thirty dollars a month. Also, the first week is free!

Ron: That's amazing! I didn't know you liked rock climbing.

Leslie: I do! Should we join the rock-climbing gym?

Ron: Okay! Do I need rock climbing shoes?

Leslie: No. You can wear sneakers.

Ron: Do I need special clothes?

Leslie: No, you don't. You can wear normal exercise clothes.

Ron: Okay. This is exciting!

Leslie: It is! Are you ready to go?

Ron: Yeah, let's do it!

23

我们去巴黎的旅行（A1）- OUR TRIP TO PARIS
-
WǑ MEN QÙ BĀ LÍ DE LǙ XÍNG

拉切尔：嗨，西萨！

lā qiè ěr: hāi, xī sà!

西萨：嗨，妳怎么样？我看了妳度假的照片了！看起来真棒！

xī sà: hāi, nǐ zěn me yàng? wǒ kàn le nǐ dù jià de zhào piān le! kàn qǐ lái zhēn bàng!

拉切尔：确实！我都不想回家了。

lā qiè ěr: què shí! wǒ dōu bù xiǎng huí jiā le.

西萨：我不意外。妳做了那么多很酷的事情！我很喜欢妳卢浮宫和蒙马特的照片。

xī sà: wǒ bù yì wài. nǐ zuò le nà me duō hěn kù de shì qíng! wǒ hěn xǐ huān nǐ lú fú gōng hé méng mǎ tè de zhào piān.

拉切尔：谢谢。我旅行时拍了差不多五百张照片。我只把其中一部分放到了社交媒体上，但我会把全部照片放到一个相册里，你可以看。

lā qiè ěr: xiè xiè. wǒ lǚ xíng shí pāi le chà bù duō wǔ bǎi zhāng zhào piān. wǒ zhǐ bǎ qí zhōng yī bù fèn fàng dào le shè jiāo méi tǐ shàng, dàn wǒ huì bǎ quán bù zhào piān fàng dào yī gè xiàng cè lǐ, nǐ kě yǐ kàn.

西萨：我很乐意！食物看起来也很棒，我太嫉妒了。

xī sà: wǒ hěn lè yì! shí wù kàn qǐ lai yě hěn bàng, wǒ tài jí dù le.

拉切尔：哦，天呐，我就像在天堂一样。你知道我爱红酒和起司。

lā qiè ěr: ò, tiān nà, wǒ jiù xiàng zài tiān táng yī yàng. nǐ zhī dào wǒ ài hóng jiǔ hé qǐ sī.

西萨：妳给我带了红酒吗？

xī sà: nǐ gěi wǒ dài le hóng jiǔ ma?

拉切尔：我行李箱里面没有位了！但当你过来看照片时可以尝一尝。

lā qiè ěr: wǒ xíng lǐ xiāng lǐ miàn méi yǒu wèi le! dàn dāng nǐ guò lái kàn zhào piān shí kě yǐ cháng yī cháng.

西萨：太好了！当地人友善吗？

xī sà: tài hǎo le! dāng dì rén yǒu shàn ma?

拉切尔: 是的。大部分人都超级友善。

lā qiè ěr: shì de. dà bù fèn rén dōu chāo jí yǒu shàn.

西萨: 妳们住在哪里？·

xī sà: nǐ men zhù zài nǎ lǐ?

拉切尔: 我们住在第十一区。

lā qiè ěr: wǒ men zhù zài dì shí yī qū.

西萨: 第十一什么？

xī sà: dì shí yī shén me?

拉切尔: 哈哈，区，类似社区。

lā qiè ěr: hā hā, qū, lèi sì shè qū.

西萨: 哦，酷。那里怎么样？

xī sà: ò, kù. nà lǐ zěn me yàng?

拉切尔: 非常棒。我们的附近有很棒的餐厅。

lā qiè ěr: fēi cháng bàng. wǒ men de fù jìn yǒu hěn bàng de cān tīng.

西萨: 好吧，我等不及要听妳的旅行故事了！

xī sà: hǎo ba, wǒ děng bù jí yào tīng nǐ de lǚ xíng gù shì le!

拉切尔: 好的，我尽早给你看照片！

lā qiè ěr: hǎo de, wǒ jǐn zǎo gěi nǐ kàn zhào piān!

OUR TRIP TO PARIS

Rachelle: Hi, Cesar!

Cesar: Hey, how are you? I saw the pictures of your vacation! It looked amazing!

Rachelle: It was! I didn't want to come home.

Cesar: I'm not surprised. You did so many cool things! I loved your pictures of the Louvre and Montmartre.

Rachelle: Thanks. I took about five hundred pictures on the trip. I only put some of them on social media, but I will make an album with all the photos. You can come over and look at it.

Cesar: I would love to! The food looked so good, too. I'm so jealous.

Rachelle: Oh my gosh. I was in heaven. You know I love wine and cheese.

Cesar: Did you bring me some wine?

Rachelle: I didn't have room in my suitcase! But you can have some when you come over and look at the pictures.

Cesar: Great! Were the local people friendly?

Rachelle: Yes. Most people were super nice.

Cesar: Where did you stay?

Rachelle: We stayed in the 11th arrondissement.

Cesar: The 11th a-what?

Rachelle: Ha ha, arrondissement. They're like neighborhoods.

Cesar: Oh, cool. How was it?

Rachelle: It was awesome. There were great restaurants in our neighborhood.

Cesar: Well, I can't wait to hear more about your trip!

Rachelle: Yes, I'll show you pictures soon!

24

太热了（A1）- IT'S TOO HOT

-

TÀI RÈ LE

卡拉: 呃，我不喜欢夏天。

kǎ lā: è, wǒ bù xǐ huān xià tiān.

张伟: 为什么不？

zhāng wěi: wèi shén me bù?

卡拉: 太热了。

kǎ lā: tài rè le.

张伟: 是的。我们城市特别热。

zhāng wěi: shì de. wǒ men chéng shì tè bié rè.

卡拉: 我想搬去芬兰。

kǎ lā: wǒ xiǎng bān qù fēn lán.

张伟: 哈哈，真的吗？

zhāng wěi: hā hā, zhēn de ma?

卡拉: 嗯，是的。但我不会说芬兰语。所以或许我应该搬去北加拿大。

kǎ lā: ń, shì de. dàn wǒ bù huì shuō fēn lán yǔ. suǒ yǐ huò xǔ wǒ yīng gāi bān qù běi jiā ná dà.

张伟: 我相信那里很漂亮。

zhāng wěi: wǒ xiāng xìn nà lǐ hěn piào liàng.

卡拉: 是的。那你最喜欢哪个季节呢？

kǎ lā: shì de. nà nǐ zuì xǐ huān nǎ ge jì jié ne?

张伟: 事实上，我喜欢夏天。

zhāng wěi: shì shí shàng, wǒ xǐ huān xià tiān.

卡拉: 真的吗？

kǎ lā: zhēn de ma?

张伟: 是的。但太热的时候我就去有空调的地方逛，例如购物中心或咖啡店。

zhāng wěi: shì de. Dàn tài rè de shí hòu wǒ jiù qù yǒu kōng tiáo de dì fāng guàng, lì rú gòu wù zhōng xīn huò kā fēi diàn.

卡拉: 我试着不要总去购物中心 因为每当我在那里待的时间一长 就会把钱全花光了！

kǎ lā: wǒ shì zhe bù yào zǒng qù gòu wù zhòng xīn, yīn wèi měi dāng wǒ zài nà lǐ dāi de shí jiān yi cháng, jiù huì bǎ qián quán huā guāng!

张伟: 哈哈，是的。我去购物中心的时候就把信用卡留在家里，所以最多只能花我带在身上的钱。

zhāng wěi: hā hā, shì de. wǒ qù gòu wù zhōng xīn de shí hòu jiù bǎ xìn yòng kǎ liú zài jiā lǐ, suǒ yǐ zuì duō zhǐ néng huā wǒ dài zài shēn shang de duō qián.

卡拉: 哦，哇。这真是一个好主意。我想我也会这么做。

kǎ lā: ó, wà. zhè zhēn shì yī gè hǎo zhǔ yì. wǒ xiǎng wǒ yě huì zhè me zuò.

张伟: 是的，当妳住在加拿大时，妳可以带着加元去购物中心。妳不会觉得热，而且能省很多钱！

zhāng wěi: shì de, dāng nǐ zhù zài jiā ná dà shí, nǐ kě yǐ dài zhe jiā yuán qù gòu wù zhōng xīn. nǐ bù huì jué dé rè, ér qiě néng shěng hěn duō qián!

卡拉: 这个主意越听越好！谢谢你，张伟！哈哈。

kǎ lā: zhè ge zhǔ yì yuè tīng yuè hǎo! xiè xiè nǐ, zhāng wěi! hā hā.

张伟: 没问题！我能去加拿大看妳吗？

zhāng wěi: méi wèn tí! wǒ néng qù jiā ná dà kàn nǐ ma?

卡拉: 当然！你可以住在我的房子里，住多久都行。

kǎ lā: dāng rán! nǐ kě yǐ zhù zài wǒ de fáng zi lǐ, zhù duō jiǔ dōu xíng.

张伟: 太棒了！

zhāng wěi: tài bàng le!

IT'S TOO HOT

Carla: Ugh, I don't like the summer.

Zhang-wei: Why not?

Carla: It's too hot.

Zhang-wei: Yeah. It's especially hot in our city.

Carla: I want to move to Finland.

Zhang-wei: Ha ha, really?

Carla: Well, yes. But I don't speak Finnish. So maybe I'll move to northern Canada.

Zhang-wei: I'm sure it's beautiful.

Carla: Yep. So, what's your favorite season?

Zhang-wei: I love the summer, actually.

Carla: Really?

Zhang-wei: Yes. But when it's too hot I just hang out somewhere with air conditioning, like the mall or a coffee shop.

Carla: I try not to go to the mall so much, because whenever I'm there for a long time, I spend all my money!

Zhang-wei: Ha ha, true. I leave my credit cards at home when I go to the mall, so I can't spend more than the cash I bring with me.

Carla: Oh, wow. That's a really good idea. I think I will do that.

Zhang-wei: Yeah, when you live in Canada, you can take your Canadian dollars to the mall. You won't be hot *and* you will save a lot of money!

Carla: This idea is sounding better and better! Thanks, Zhang-wei! Ha ha.

Zhang-wei: No problem! Can I visit you in Canada?

Carla: Of course! You can stay at my place as long as you would like.

Zhang-wei: Great!

25

睡眠方式（A1）- SLEEPING STYLES
-
SHUÌ MIÁN FĀNG SHÌ

艾莉娜：嗨，韦斯。你看起来很棒！你剪头发了吗？

ài lì nà: hāi, wéi sī. nǐ kàn qǐ lái hěn bàng! nǐ jiǎn tóu fà le ma?

韦斯：哦，谢谢！没有，我没有剪头发。我睡得很好，或许这是我看起来不一样的原因？

wéi sī: ò, xiè xiè! méi yǒu, wǒ méi yǒu jiǎn tóu fà. wǒ shuì dé hěn hǎo, huò xǔ zhè shì wǒ kàn qǐ lai bù yī yàng de yuán yīn?

艾莉娜：是的，有可能！你看起来休息得不错！

ài lì nà: shì de, yǒu kě néng! nǐ kàn qǐ lai xiū xī dé bù cuò!

韦斯：哇，我睡眠充足而且看起来不错？这是我最好的一天。

wéi sī: wà, wǒ shuì mián chōng zú ér qiě kàn qǐ lai bù cuò? zhè shì wǒ zuì hǎo de yī tiān.

艾莉娜：我很开心你睡了一会儿。你通常睡几个小时？

ài lì nà: wǒ hěn kāi xīn nǐ shuì le yī huǐ er. nǐ tōng cháng shuì jǐ ge xiǎo shí?

韦斯：也许五或六个小时。我这些天太忙了，很难睡着。

wéi sī: yě xǔ wǔ huò liù gè xiǎo shí. wǒ zhè xiē tiān tài máng le, hěn nán shuì zháo.

艾莉娜：是的，你刚开始一份新的工作，对吗？

ài lì nà: shì de, nǐ gāng kāi shǐ yī fèn xīn de gōng zuò, duì ma?

韦斯：是的。我决定用第一份薪水买一张新床垫。我很喜欢它！

wéi sī: shì de. wǒ jué dìng yòng dì yī fèn xīn shuǐ mǎi yī zhāng xīn chuáng diàn. wǒ hěn xǐ huān tā!

艾莉娜：哦，是吗？你为什么喜欢它？

ài lì nà: ó, shì ma? nǐ wèi shén me xǐ huān tā?

韦斯：它是软和硬的完美结合。太舒服了。我还买了几个新枕头。

wéi sī: tā shì ruǎn hé yìng de wán měi jié hé. tài shū fú le. wǒ hái mǎi le jǐ gè xīn zhěn tóu.

艾莉娜：听起来很棒。我的床垫太旧了！或许这就是为什么我睡得不好！

ài lì nà: tīng qǐ lai hěn bàng. wǒ de chuáng diàn tài jiù le! huò xǔ zhè jiù shì wèi shén me wǒ shuì dé bù hǎo!

韦斯: 有可能！我之前没有意识到，一张新床垫能帮助你有个好眠。

wéi sī: yǒu kě néng! wǒ zhī qián méi yǒu yì shí dào, yī zhāng xīn chuáng diàn néng bāng zhù nǐ yǒu gè hǎo mián.

艾莉娜: 哇。也许我应该买一张新床垫！

ài lì nà: wà. yě xǔ wǒ yīng gāi mǎi yī zhāng xīn chuáng diàn!

韦斯: 我非常推荐！

wéi sī: wǒ fēi cháng tuī jiàn!

SLEEPING STYLES

Irina: Hi, Wes. You look great! Did you get a haircut?

Wes: Oh, thanks! No, I didn't. I slept really well. Maybe that's why I look different?

Irina: Yes, maybe! You look well-rested!

Wes: Wow, I got enough sleep *and* I look good? This is the best day ever.

Irina: Well I'm happy you got some sleep. How many hours of sleep do you usually get?

Wes: Maybe five or six hours. I am so busy these days, so it's hard to sleep.

Irina: Yeah, you just started a new job, right?

Wes: Yes. And I decided to buy a new mattress with my first paycheck. And I love it!

Irina: Oh, really? Why do you love it?

Wes: It's the perfect combination of soft and firm. It's so comfortable. And I got some new pillows too.

Irina: That sounds amazing. My mattress is so old! Maybe that's why I don't sleep very well.

Wes: Maybe! I didn't realize that a new mattress can help you sleep so well.

Irina: Wow. Maybe I should buy a new mattress!

Wes: I highly recommend it!

26

到商店退货（A2）- RETURNING AN ITEM TO THE STORE

-

DÀO SHĀNG DIÀN TUÌ HUÒ

迪维亚: 你好，我可以帮忙什么？

dí wéi yǎ: nǐ hǎo, wǒ kě yǐ bang máng shén me?

米哈伊尔: 我想退还这件衬衫。

mǐ hā yī ěr: wǒ xiǎng tuì huán zhè jiàn chèn shān.

迪维亚: 好的。这件衬衫有什么问题吗？

dí wéi yǎ: hǎo de. zhè jiàn chèn shān yǒu shén me wèn tí ma?

米哈伊尔: 是的，我买了之后才注意到右边袖子上有一个小洞。

mǐ hā yī ěr: shì de, wǒ mǎi le zhī hòu cái zhù yì dào yòu biān xiù zi shàng yǒu yī gè xiǎo dòng.

迪维亚: 我明白了。我很抱歉。你有收据吗？

dí wéi yǎ: wǒ míng bái le. wǒ hěn bào qiàn. nǐ yǒu shōu jù ma?

米哈伊尔: 没有。这就是问题。我把收据扔了。

mǐ hā yī ěr: méi yǒu. zhè jiù shì wèn tí. wǒ bǎ shōu jù rēng le.

迪维亚: 哦，我明白了。好吧，价格标签还在，所以还好。通常我们需要收据才能退货。但既然这件衬衫有问题，而且价格标签还在，我们接受退货。

dí wéi yǎ: ò, wǒ míng bái le. hǎo ba, jià gé biāo qiān hái zài, suǒ yǐ hái hǎo. tōng cháng wǒ men xū yào shōu jù cái néng tuì huò. dàn jì rán zhè jiàn chèn shān yǒu wèn tí, ér qiě jià gé biāo qiān hái zài, wǒ men jiē shòu tuì huò.

米哈伊尔: 非常感谢。

mǐ hā yī ěr: fēi cháng gǎn xiè.

迪维亚: 应该的。我很抱歉造成不便。

dí wéi yǎ: yīng gāi de. wǒ hěn bào qiàn zào chéng bù biàn.

米哈伊尔: 没关系。我喜欢这家店，你们一直有很好的客户服务。

mǐ hā yī ěr: méi guān xì. wǒ xǐ huān zhè jiā diàn, nǐ men yī zhí yǒu hěn hǎo de kè hù fú wù.

迪维亚: 谢谢你！你有带买这件衬衫时用的信用卡了吗？

dí wéi yǎ: xiè xiè nǐ! nǐ yǒu dài mǎi zhè jiàn chèn shān shí yòng de xìn yòng kǎ le ma?

米哈伊尔: 带了，给你。

mǐ hā yī ěr: dài le, gěi nǐ.

迪维亚: 谢谢你。你可以把卡插进这里。

dí wéi yǎ: xiè xiè nǐ. nǐ kě yǐ bǎ kǎ chā jìn zhè lǐ.

米哈伊尔: 好的。

mǐ hā yī ěr: hǎo de.

迪维亚: 然后在屏幕这里签字。

dí wéi yǎ: rán hòu zài píng mù zhè lǐ qiān zì.

米哈伊尔: 钱会退回到我的卡里吗？

mǐ hā yī ěr: qián huì tuì huí dào wǒ de kǎ lǐ ma?

迪维亚: 是的，你在 24 小时内会收到退款。你要收据吗？

dí wéi yǎ: shì de, nǐ zài 24 xiǎo shí nèi huì shōu dào tuì kuǎn. nǐ yào shōu jù ma?

米哈伊尔: 是的，请给我收据。这回我不会把它扔掉了。

mǐ hā yī ěr: shì de, qǐng gěi wǒ shōu jù. zhè huí wǒ bù huì bǎ tā rēng diào le.

迪维亚: 哈哈，好的。祝你有愉快的一天！

dí wéi yǎ: hā hā, hǎo de. zhù nǐ yǒu yú kuài de yī tiān!

米哈伊尔: 谢谢，妳也是。

mǐ hā yī ěr: xiè xiè, nǐ yě shì.

RETURNING AN ITEM TO THE STORE

Divya: Hello, how can I help you?

Mikhail: I would like to return this shirt.

Divya: Okay. Was something wrong with the shirt?

Mikhail: Yes. I noticed after I bought it that there is a small hole on the right sleeve.

Divya: I see. I'm sorry to hear about that. Do you have the receipt?

Mikhail: No. That's the problem. I threw away the receipt.

Divya: Oh, I see. Well, the price tag is still on it, so that's good. Usually we require the receipt for returns. But because there was a problem with the shirt and the price tag is still on it, we will accept the return.

Mikhail: Thanks so much.

Divya: Of course. I'm sorry for the inconvenience.

Mikhail: It's fine. I like this store and you guys always have good customer service.

Divya: Thank you! Do you have the credit card that you used to buy the shirt?

Mikhail: Yes, here it is.

Divya: Thank you. You can insert the card here.

Mikhail: Okay.

Divya: And sign right there on the screen.

Mikhail: Will the money go back onto my card?

Divya: Yes. You will get a refund within twenty-four hours. Would you like a receipt?

Mikhail: Yes, please! And this time I won't throw it away.

Divya: Ha ha, good! Have a good day!

Mikhail: Thanks; you too.

27

在杂货店 - AT THE GROCERY STORE

-

ZÀI ZÁ HUÒ DIÀN

书妍: 我们需要什么？

shū yán: wǒ men xū yào shén me?

麦克斯: 生菜、番茄、洋葱、苹果、酸奶、芥末......

mài kè sī: shēng cài, fān qié, yáng cōng, píng guǒ, suān nǎi, jiè mò......

书妍: 我们从水果和蔬菜开始吧。我们需要多少个番茄？

shū yán: wǒ men cóng shuǐ guǒ hé shū cài kāi shǐ ba. wǒ men xū yào duō shǎo gè fān qié?

麦克斯: 四个。

mài kè sī: sì gè.

书妍: 好的。

shū yán: hǎo de.

麦克斯: 这里是四个番茄。

mài kè sī: zhè lǐ shì sì gè fān qié.

书妍: 这个还没熟。

shū yán: zhè gè hái méi shú.

麦克斯: 哦，好的。这个怎么样？

mài kè sī: ò, hǎo de. zhè gè zěn me yàng?

书妍: 这个不错。我们需要多少洋葱？

shū yán: zhè gè bù cuò. wǒ men xū yào duō shǎo yáng cōng?

麦克斯: 只需要一个。

mài kè sī: zhǐ xū yào yī gè.

书妍: 红的还是黄的？

shū yán: hóng de hái shì huáng de?

麦克斯: 唔......红的。

mài kè sī: wú……hóng de.

书妍: 哪种生菜呢？

shū yán: nǎ zhǒng shēng cài ne?

麦克斯: 罗蔓生菜吧。

mài kè sī: luó màn shēng cài ba.

书妍: 好的。哦，我们也买一些胡萝卜和芹菜吧。

shū yán: hǎo de. ò, wǒ men yě mǎi yī xiē hú luó bo hé qín cài ba.

麦克斯: 我们家里已经有芹菜了。

mài kè sī: wǒ men jiā lǐ yǐ jīng yǒu qín cài le.

书妍: 有吗？

shū yán: yǒu ma?

麦克斯: 是的。

mài kè sī: shì de.

书妍: 它们还是好的吗？

shū yán: tā men hái shì hǎo de ma?

麦克斯: 我觉得是。

mài kè sī: wǒ jué dé shì.

书妍: 好的。这里有苹果。

shū yán: hǎo de. zhè li yǒu píng guǒ.

麦克斯: 我要买一些。

mài kè sī: wǒ yào mǎi yī xiē.

书妍: 我们要买周四和周五晚饭的食材吗？

shū yán: wǒ men yào mǎi zhōu sì hé zhōu wǔ wǎn fàn de shí cái ma?

麦克斯: 好的。我们应该买什么？

mài kè sī: hǎo de. wǒ men yīng gāi mǎi shén me?

书妍: 也许意大利面和一些鸡肉？

shū yán: yě xǔ yì dà lì miàn hé yī xiē jī ròu?

麦克斯: 哪种意大利面？

mài kè sī: nǎ zhǒng yì dà lì miàn?

书妍: 通心粉？

shū yán: tōng xīn fěn?

麦克斯: 好的，没问题。我们要做什么酱？

mài kè sī: hǎo de, méi wèn tí. wǒ men yào zuò shén me jiàng?

书妍: 來做辣番茄酱吧。

shū yán: lái zuò là fān qié jiàng ba.

麦克斯: 哦，听起来不错。鸡肉要做什么呢？

mài kè sī: ó, tīng qǐ lai bù cuò. jī ròu yào zuò shén me ne?

书妍: 我看到一个食谱，需要鸡胸肉、酸奶油、帕玛森起司，还有一些简单的调味料。非常容易。

shū yán: wǒ kàn dào yī gè shí pǔ, xū yào jī xiōng ròu, suān nǎi yóu, pà mǎ sēn qǐ sī, hái yǒu yī xiē jiǎn dān de tiáo wèi liào. fēi cháng róng yì.

麦克斯: 听起来不错。我们就做这个吧。

mài kè sī: tīng qǐ lai bù cuò. wǒ men jiù zuò zhè gè ba.

书妍: 完美！我们去买这些材料吧。

shū yán: wán měi! wǒ men qù mǎi zhè xiē cái liào ba.

AT THE GROCERY STORE

Seo-yeon: What do we need?

Max: Lettuce, tomatoes, onions, apples, yogurt, mustard…

Seo-yeon: Let's start with the fruits and veggies. How many tomatoes do we need?

Max: Four.

Seo-yeon: Okay.

Max: Here are four tomatoes.

Seo-yeon: That one isn't ripe.

Max: Oh, I see. What about this one?

Seo-yeon: That one's good. How many onions do we need?

Max: Just one.

Seo-yeon: Red or yellow?

Max: Umm… red.

Seo-yeon: And what kind of lettuce?

Max: Let's get romaine.

Seo-yeon: All right. Oh, let's get some carrots and celery too.

Max: We already have celery at home.

Seo-yeon: We do?

Max: Yeah.

Seo-yeon: And it's still good?

Max: I think so.

Seo-yeon: Great. There are the apples.

Max: I'll get a few.

Seo-yeon: Should we get stuff for dinner on Thursday and Friday?

Max: Yeah, what should we get?

Seo-yeon: Maybe pasta and some chicken?

Max: What kind of pasta?

Seo-yeon: Penne?

Max: Okay, sure. What kind of sauce should we make?

Seo-yeon: Let's do a spicy tomato sauce.

Max: Ooh, that sounds good. And what should we do with the chicken?

Seo-yeon: I saw a recipe for chicken breasts with sour cream, Parmesan cheese, and a few simple seasonings. It's very easy to make.

Max: Sounds good! Let's make that.

Seo-yeon: Perfect! Let's get the ingredients.

28

找房子（A2）- LOOKING FOR APARTMENTS

-

ZHǍO FÁNG ZI

琳娜: 我们需要找个公寓。

lín nà: wǒ men xū yào zhǎo gè gōng yù.

文森特: 好的。我们应该在哪个邻里找呢？

wén sēn tè: hǎo de. wǒ men yīng gāi zài nǎ ge lín lǐ zhǎo ne?

琳娜: 我想我们应该关注北园、希尔克雷斯特，还有标准高地。

lín nà: wǒ xiǎng wǒ men yīng gāi guān zhù běi yuán, xī ěr kè léi sī tè, hái yǒu biāo zhǔn gāo dì.

文森特: 南园怎么样？

wén sēn tè: nán yuán zěn me yàng?

琳娜: 我觉得南园有一点太贵了。我们到一些网站上查看吧。

lín nà: wǒ jué dé nán yuán yǒu yī diǎn tài guì le. wǒ men dào yī xiē wǎng zhàn shàng chá kàn ba.

文森特: 好主意。

wén sēn tè: hǎo zhǔ yì.

琳娜: 看看这个公寓。是个一室一厅的，每月只需要 1300 美金。

lín nà: kàn kàn zhè ge gōng yù. shì gè yī shì yī tīng de, měi yuè zhǐ xū yào 1300 měi jīn.

文森特: 这很便宜。在哪里？

wén sēn tè: zhè hěn pián yí. zài nǎ lǐ?

琳娜: 在北园。而且这个公寓大楼还有个游泳池！

lín nà: zài běi yuán. ér qiě zhè gè gōng yù dà lóu hái yǒu gè yóu yǒng chí!

文森特: 哦，很好！它允许养狗吗？

wén sēn tè: ò, hěn hǎo! tā yǔn xǔ yǎng gǒu ma?

琳娜: 哦，糟糕。我忘了这个了。我们有一只狗！

lín nà: ò, zāo gāo. wǒ wàng le zhè gè le. wǒ men yǒu yī zhǐ gǒu!

文森特: 妳怎么能忘了这一点呢？！

wén sēn tè: nǐ zěn me néng wàng le zhè yī diǎn ne?!

琳娜: 我不知道。唔……这里有另一家公寓。这个位于希尔克雷斯特而且允许养狗，但是没有游泳池。

lín nà: wǒ bù zhī dào. wú……zhè lǐ yǒu lìng yī jiā gōng yù. zhè gè wèi yú xī ěr kè léi sī tè ér qiě yǔn xǔ yǎng gǒu, dàn shì méi yǒu yóu yǒng chí.

文森特: 这没关系。我们不需要游泳池。租金怎么样？

wén sēn tè: zhè méi guān xì. wǒ men bù xū yào yóu yǒng chí. zū jīn zěn me yàng?

琳娜: 每月 1450 美金。

lín nà: měi yuè 1450 měi jīn.

文森特: 有点贵。

wén sēn tè: yǒu diǎn guì.

琳娜: 是的，确实。但它的地区非常好，而且这间公寓有两个停车位。

lín nà: shì de, què shí. dàn tā de dì qū fēi cháng hǎo, ér qiě zhè jiān gōng yù yǒu liǎng gè tíng chē wèi.

文森特: 哦，这不错。那个邻里停车很困难！

wén sēn è: ó, zhè bù cuò. nà gè lín lǐ tíng chē hěn kùn nán!

琳娜: 也对。

lín nà: yě duì.

文森特: 我们应该联系他们吗？

wén sēn tè: wǒ men yīng gāi lián xì tā men ma?

琳娜: 是的，应该。我现在就给他们发邮件。

lín nà: shì de, yīng gāi. wǒ xiàn zài jiù gěi tā men fā yóu jiàn.

文森特: 太好了！但咱们再继续多看一些公寓。

wén sēn tè: tài hǎo le! dàn zá men zài jì xù duō kàn yī xiē gōng yù.

琳娜: 是的，好主意。

lín nà: shì de, hǎo zhǔ yì.

LOOKING FOR APARTMENTS

Lina: We need to look for an apartment.

Vicente: Okay. What neighborhoods should we look in?

Lina: I think we should focus on North Park, Hillcrest, and Normal Heights.

Vicente: What about South Park?

Lina: I think South Park is a little too expensive. Let's look at some websites.

Vicente: Good idea.

Lina: Look at this apartment. It's a one-bedroom with a big living room. And it's only $1,300 a month.

Vicente: That's cheap. Where is it?

Lina: It's in North Park. And the apartment complex has a pool!

Vicente: Oh, nice! Does it allow dogs?

Lina: Oh, oops. I forgot about that. We have a dog!

Vicente: How could you forget that?!

Lina: I don't know. Hmm... here is another apartment. This one is in Hillcrest and it allows dogs. But it doesn't have a pool.

Vicente: That's okay. We don't need a pool. How much is the rent?

Lina: It's $1,450 a month.

Vicente: That's a little expensive.

Lina: Yeah, it is. But the area is really nice and the apartment has two parking spaces too.

Vicente: Oh, that's good. Parking can be difficult in that neighborhood!

Lina: Yes, that's true.

Vicente: Should we contact them?

Lina: Yes, we should. I'll send them an email now.

Vicente: Great! But let's keep looking for more apartments.

Lina: Yes, good idea.

29

健康饮食（A2）- EATING HEALTHILY

JIÀN KĀNG YǏN SHÍ

凯瑟琳: 我想吃更多健康的食物。

kǎi sè lín: wǒ xiǎng chī gèng duō jiàn kāng de shí wù.

格雷戈: 但妳吃的已经是健康食物了，对吗？

gé léi gē: dàn nǐ chī de yǐ jīng shì jiàn kāng shí wù le, duì ma?

凯瑟琳: 不可能！我吃了太多垃圾食品。而且我吃的水果和蔬菜也不够。

kǎi sè lín: bù kě néng! wǒ chī le tài duō lā jī shí pǐn. ér qiě wǒ chī de shuǐ guǒ hé shū cài yě bù gòu.

格雷戈: 但妳还年轻。妳可以等以后年纪大了些，才开始吃更健康的食物。

gé léi gē: dàn nǐ hái nián qīng. nǐ kě yǐ děng yǐ hòu nián jì dà le xiē, cái kāi shǐ chī gèng jiàn kāng de shí wù.

凯瑟琳: 不，从现在开始很重要。

kǎi sè lín: bù, cóng xiàn zài kāi shǐ hěn zhòng yào.

格雷戈: 好吧，那妳要吃什么呢？

gé léi gē: hǎo ba, nà nǐ yào chī shén me ne?

凯瑟琳: 唔，我早餐吃燕麦粥或水果或酸奶，可能还会喝点茶。

kǎi sè lín: wú, wǒ zǎo cān chī yàn mài zhōu huò shuǐ guǒ huò suān nǎi, kě néng hái huì hē diǎn chá.

格雷戈: 听起来好无聊。

gé léi gē: tīng qǐ lai hǎo wú liáo.

凯瑟琳: 有很多美味的水果和酸奶！燕麦粥是有点无聊，但我会在里面加水果和红糖。这让它味道好一些。

kǎi sè lín: yǒu hěn duō měi wèi de shuǐ guǒ hé suān nǎi! yàn mài zhōu shì yǒu diǎn wú liáo, dàn wǒ huì zài lǐ miàn jiā shuǐ guǒ hé hóng táng. zhè ràng tā wèi dào hǎo yī xiē.

格雷戈: 原来如此。妳午饭会吃什么呢？

gé léi gē: yuán lái rú cǐ. nǐ wǔ fàn huì chī shén me ne?

凯瑟琳: 沙拉，蔬菜，也许吃一些米饭。

kǎi sè lín: shā lā, shū cài, yě xǔ chī yī xiē mǐ fàn.

格雷戈: 吃沙拉会觉得饱吗？

gé léi gē: chī shā lā huì jué dé bǎo ma?

凯瑟琳: 会的，如果沙拉是大份的。

kǎi sè lín: huì de, rú guǒ shā lā shì dà fèn de.

格雷戈: 那妳晚饭会吃什么呢？

gé léi gē: nà nǐ wǎn fàn huì chī shén me ne?

凯瑟琳: 蔬菜，鸡肉，豆子，沙拉......诸如此类。

kǎi sè lín: shū cài, jī ròu, dòu zi, shā lā......zhū rú cǐ lèi.

格雷戈: 哦，我喜欢鸡肉！

gé léi gē: ò, wǒ xǐ huān jī ròu!

凯瑟琳: 我也是。

kǎi sè lín: wǒ yě shì.

格雷戈: 呃......或许我会短期尝试一下这种健康饮食。

gé léi gē: è......huò xǔ wǒ huì duǎn qí cháng shì yī xià zhè zhǒng jiàn kāng yǐn shí.

凯瑟琳: 真的吗？但你觉得大部分健康食品都很无聊。

kǎi sè lín: zhēn de ma? dàn nǐ jué dé dà bù fèn jiàn kāng shí pǐn dōu hěn wú liáo.

格雷戈: 是的，但妳激励了我。我想像妳一样健康。

gé léi gē: shì de, dàn nǐ jī lì le wǒ. wǒ xiǎng xiàng nǐ yī yàng jiàn kāng.

凯瑟琳: 哈哈哇！好吧......让我们一起变得健康！

kǎi sè lín: hā hā wà! hǎo ba......ràng wǒ men yī qǐ biàn dé jiàn kāng!

格雷戈: 哦吼！

gé léi gē: ò hǒu!

EATING HEALTHILY

Catherine: I want to eat more healthy foods.

Greg: But you already eat healthy foods, right?

Catherine: No way! I eat so much junk food. And I don't eat enough fruits and vegetables.

Greg: But you're young. You can start eating more healthy foods later when you're older.

Catherine: No, it's important to start now.

Greg: Okay. So what will you eat?

Catherine: Well, for breakfast I will eat oatmeal or fruit or yogurt. And maybe drink some tea.

Greg: That sounds boring.

Catherine: There are many delicious fruits and yogurts! Oatmeal is a little boring, but I add fruit and brown sugar to it. That makes it tastier.

Greg: I see. What will you eat for lunch?

Catherine: Salad, vegetables, maybe some rice.

Greg: Will you feel full after eating salad?

Catherine: Yes, if it is big.

Greg: And what will you eat for dinner?

Catherine: Vegetables, chicken, beans, salad… things like that.

Greg: Oh, I like chicken!

Catherine: Me too.

Greg: Hmm… maybe I'll try this healthy diet for a short time.

Catherine: Really? But you think most healthy food is boring.

Greg: Yeah, but you are inspiring me. I want to be healthy like you.

Catherine: Ha ha wow! Okay… let's get healthy together!

Greg: Woohoo!

30

筹备婚礼（A2）- PLANNING A WEDDING
-
CHÓU BÈI HŪN LǏ

莎拉：我真为我们的婚礼感到兴奋！

shā lā: wǒ zhēn wèi wǒ men de hūn lǐ gǎn dào xīng fèn!

帕特里克：我也是！

pà tè lǐ kè: wǒ yě shì!

莎拉：我们只有一年的时间来筹备，所以我们应该现在就开始准备。

shā lā: wǒ men zhǐ yǒu yī nián de shí jiān lái chóu bèi, suǒ yǐ wǒ men yīng gāi xiàn zài jiù kāi shǐ zhǔn bèi.

帕特里克：一年是很长的时间！

pà tè lǐ kè: yī nián shì hěn cháng de shí jiān!

莎拉：并非如此！很快就会过去的。

shā lā: bìng fēi rú cǐ! hěn kuài jiù huì guò qù de.

帕特里克：嗯，是的。那我们应该先做什么呢？

pà tè lǐ kè: ǹ, shì de. nà wǒ men yīng gāi xiān zuò shén me ne?

莎拉：来谈谈婚礼的规模吧。我们应该邀请多少人？

shā lā: lái tán tán hūn lǐ de guī mó ba. wǒ men yīng gāi yāo qǐng duō shǎo rén?

帕特里克：嗯，也许两百人？

pà tè lǐ kè: ǹ, yě xǔ liǎng bǎi rén?

莎拉：两百人？太多了！

shā lā: liǎng bǎi rén? tài duō le!

帕特里克：真的吗？那很正常的，不对吗？

pà tè lǐ kè: zhēn de ma? nà hěn zhèng cháng de, bù duì ma?

莎拉：我觉得一百人或者一百五十人比较正常。

shā lā: wǒ jué dé yī bǎi rén huò zhě yī bǎi wǔ shí rén bǐ jiào zhèng cháng.

帕特里克：好吧，也许一百五十人。

pà tè lǐ kè: hǎo ba, yě xǔ yī bǎi wǔ shí rén.

莎拉：你想在哪里结婚呢？海滩？公园？酒店？

shā lā: nǐ xiǎng zài nǎ lǐ jié hūn ne? hǎi tān? gōng yuán? jiǔ diàn?

帕特里克：我一直想在海滩结婚。

pà tè lǐ kè: wǒ yī zhí xiǎng zài hǎi tān jié hūn.

莎拉：我也是！看？这就是我爱你的原因。我们应该提供什么样的食物？

shā lā: wǒ yě shì! kàn? zhè jiù shì wǒ ài nǐ de yuan yīn. wǒ men yīng gāi tí gōng shén me yàng de shí wù?

帕特里克：我想要牛排和寿司！

pà tè lǐ kè: wǒ xiǎng yào niú pái hé shòu sī!

莎拉：牛排和寿司？我觉得那会很贵！

shā lā: niú pái hé shòu sī? wǒ jué dé nà huì hěn guì!

帕特里克：好吧......也许就只提供牛排？

pà tè lǐ kè: hǎo ba......yě xǔ jiù zhǐ tí gōng niú pái?

莎拉：嗯......我们稍后再谈。音乐呢？

shā lā: ǹ ......wǒ men shāo hòu zài tán. yīn yuè ne?

帕特里克：我想要一个调音师，那样我们就可以整晚跳舞了！

pà tè lǐ kè: wǒ xiǎng yào yī gè tiáo yīn shī, nà yàng wǒ men jiù kě yǐ zhěng wǎn tiào wǔ le!

莎拉：你确定要让所有朋友和家人看你跳舞吗？

shā lā: nǐ què dìng yào ràng suǒ yǒu péng yǒu hé jiā rén kàn nǐ tiào wǔ ma?

帕特里克：哈哈，妳在说什么呢？

pà tè lǐ kè: hā hā, nǐ zài shuō shén me ne?

莎拉：好吧，我嫁给你是因为你的心肠好和性格，不是因为你的舞技！

shā lā: hǎo ba, wǒ jià gěi nǐ shì yīn wèi nǐ de xīn cháng hǎo hé xìng gé, bù shì yīn wèi nǐ de wǔ jì!

帕特里克：哎哟！

pà tè lǐ kè: āi yō!

PLANNING A WEDDING

Sara: I'm so excited for our wedding!

Patrick: Me too!

Sara: We only have a year to plan it, so we should start planning now.

Patrick: A year is a long time!

Sara: Not really! It will go very fast.

Patrick: Hmm, yeah. So what should we do first?

Sara: Let's talk about the size of the wedding. How many people should we invite?

Patrick: Hmm, maybe two hundred?

Sara: Two hundred?! That's so many!

Patrick: Really? That's normal, right?

Sara: I think one hundred or one hundred fifty is more normal.

Patrick: All right. Maybe one hundred fifty.

Sara: And where do you want to get married? The beach? A park? A hotel?

Patrick: I have always wanted to get married at the beach.

Sara: Me too! See? This is why I love you. What kind of food should we serve?

Patrick: I want steak and sushi!

Sara: Steak and sushi? I think that will be expensive!

Patrick: Okay… maybe just steak?

Sara: Hmmm… let's talk about that later. What about music?

Patrick: I want a DJ so we can dance all night!

Sara: Are you sure you want all your friends and family to see you dance?

Patrick: Ha ha, what are you saying?

Sara: Well, I'm marrying you for your wonderful heart and personality, not for your dancing skills!

Patrick: Ouch!

31

我要理发（A2）- I NEED A HAIRCUT
-
WǑ YÀO LǏ FÀ

叶森尼亚: 我要理发。

yè sēn ní yǎ: wǒ yào lǐ fà.

马修: 我觉得妳的头发看起来很好。

mǎ xiū: wǒ jué dé nǐ de tóu fà kàn qǐ lái hěn hǎo.

叶森尼亚: 是的，看起来不坏，但太长了。

yè sēn ní yǎ: shì de, kàn qǐ lái bù huài, dàn tài cháng le.

马修: 妳要剪多少？

mǎ xiū: nǐ yào jiǎn duō shǎo?

叶森尼亚: 只要几英寸。

yè sēn ní yǎ: zhǐ yào jǐ yīng cùn.

马修: 那没多少。如果妳已经付钱理发了，就应该做得更明显一些。

mǎ xiū: nà méi duō shǎo. rú guǒ nǐ yǐ jīng fù qián lǐ fà le, jiù yīng gāi zuò dé gèng míng xiǎn yī xiē.

叶森尼亚: 但我不想改变太多！

yè sēn ní yǎ: dàn wǒ bù xiǎng gǎi biàn tài duō!

马修: 那妳为什么要剪呢？

mǎ xiū: nà nǐ wèi shén me yào jiǎn ne?

叶森尼亚: 因为我想让头发保持健康。

yè sēn ní yǎ: yīn wèi wǒ xiǎng ràng tóu fà bǎo chí jiàn kāng.

马修: 哦，我明白了。那这要花多少钱？

mǎ xiū: ò, wǒ míng bái le. nà zhè yào huā duō shǎo qián?

叶森尼亚: 通常四十五美金左右。

yè sēn ní yǎ: tōng cháng sì shí wǔ měi jīn zuǒ yòu.

马修: 四十五美金！太贵了！

mǎ xiū: sì shí wǔ měi jīn! tài guì le!

叶森尼亚: 这是这个城市中女性理发的平均价格。

yè sēn ní yǎ: zhè shì zhè gè chéng shì zhōng nǚ xìng lǐ fà de píng jūn jià gé.

马修: 哇，真庆幸我是个男人。染发要多少钱呢？

mǎ xiū: wà, zhēn qìng xìng wǒ shì gè nán rén. rǎn fà yào duō shǎo qián ne?

叶森尼亚: 取决于你要做什么，但通常一百美金左右。

yè sēn ní yǎ: qǔ jué yú nǐ yào zuò shén me, dàn tōng cháng yī bǎi měi jīn zuǒ yòu.

马修: 一百美金？我真不能相信他们在头发上花多少钱。

mǎ xiū: yī bǎi měi jīn? wǒ zhēn bù néng xiāng xìn tā men zài tóu fà shàng huā duō shǎo qián.

叶森尼亚: 是的，是很多。但当我的头发看起来很好时，我就很开心。

yè sēn ní yǎ: shì de, shì hěn duō. dàn dāng wǒ de tóu fà kàn qǐ lái hěn hǎo shí, wǒ jiù hěn kāi xīn.

马修: 好吧，当妳开心时，我就开心。所以理发对我们两个都好！

mǎ xiū: hǎo ba, dāng nǐ kāi xīn shí wǒ jiù kāi xīn. suǒ yǐ lǐ fà duì wǒ men liǎng gè dōu hǎo!

叶森尼亚: 哈哈。好的，我现在就去预约了。

yè sēn ní yǎ: hā hā. hǎo de, wǒ xiàn zài jiù qù yào yù yuē le.

马修: 好的！

mǎ xiū: hǎo de!

I NEED A HAIRCUT

Yesenia: I need to get a haircut.

Matthew: I think your hair looks fine.

Yesenia: Yeah, it doesn't look bad, but it's too long.

Matthew: How much will you cut?

Yesenia: Just a couple inches.

Matthew: That's not very much. If you're already paying for a cut, you should do something more dramatic.

Yesenia: But I don't want to change it very much!

Matthew: So why do you want to cut it?

Yesenia: Because I want to keep my hair healthy.

Matthew: Oh, I see. So how much will it cost?

Yesenia: It usually costs around forty-five dollars.

Matthew: Forty-five dollars! That's so expensive!

Yesenia: That's the average cost for women's haircuts in this city.

Matthew: Wow, I'm glad I'm a guy. How much does it cost to dye your hair?

Yesenia: It depends on what you do, but around one hundred dollars.

Matthew: One hundred dollars?! I can't believe how much some people spend on their hair.

Yesenia: Yeah, it's a lot. But when my hair looks good I'm happy.

Matthew: Well, when you're happy, I'm happy. So this haircut is good for both of us!

Yesenia: Ha ha. All right, I will make the appointment now.

Matthew: Great!

32

去水族馆 （A2） - GOING TO AN AQUARIUM
-
QÙ SHUǏ ZÚ GUǍN

凯丽: 我们今天去水族馆吧。

kǎi lì: wǒ men jīn tiān qù shuǐ zú guǎn ba.

达伦: 这是个好主意！去哪一间？

dá lún: zhè shì gè hǎo zhǔ yì! qù nǎ yī jiān?

凯丽: 阳光水族馆。它是新开的。

kǎi lì: yáng guāng shuǐ zú guǎn. tā shì xīn kāi de.

达伦: 哦，真的吗？好极了。我们应该几点出发？

dá lún: ó, zhēn de ma? hǎo jí le. wǒ men yīng gāi jǐ diǎn chū fā?

凯丽: 咱们九点半出发吧。我想在它开门前到。

kǎi lì: zán men jiǔ diǎn bàn chū fā ba. wǒ xiǎng zài tā kāi mén qián dào.

达伦: 妳为什么要那么早到？

dá lún: nǐ wèi shén me yào nà me zǎo dào?

凯丽: 因为这家水族馆很热门，会有很多人。

kǎi lì: yīn wèi zhè jiā shuǐ zú guǎn hěn rè mén, huì yǒu hěn duō rén.

达伦: 好吧。我们要在网上买票，还是到水族馆买？

dá lún: hǎo ba. wǒ men yào zài wǎng shàng mǎi piào, hái shì dào shuǐ zú guǎn mǎi?

凯丽: 我们可以在网上买票，或者到水族馆买。不过如果在网上买可以便宜两元美金。

kǎi lì: wǒ men kě yǐ zài wǎng shàng mǎi piào, huò zhě dào shuǐ zú guǎn mǎi. bù guò rú guǒ zài wǎng shàng mǎi kě yǐ pián yí liǎng yuán měi jīn.

达伦: 哦，我明白了。我们在网上买票吧。我来买。网址是什么？

dá lún: ò, wǒ míng bái le. wǒ men zài wǎng shàng mǎi piào ba. wǒ lái mǎi. wǎng zhǐ shì shén me?

凯丽: www.sunshinesquarium.com

kǎi lì: www.sunshinesquarium.com

达伦: 好的。我们应该买普通成人票，还是成人导游票？

dá lún: hǎo de. wǒ men yīng gāi mǎi pǔ tōng chéng rén piào, hái shì chéng rén dǎo yóu piào?

凯丽: 普通成人票就好。

kǎi lì: pǔ tōng chéng rén piào jiù hǎo.

达伦: 很棒。我用我的借记卡买。

dá lún: hěn bàng. wǒ yòng wǒ de jiè jì kǎ mǎi.

凯丽: 太好了，谢谢。我来买午餐。

kǎi lì: tài hǎo le, xiè xiè. wǒ lái mǎi wǔ cān.

(在水族馆)

(zài shuǐ zú guǎn)

达伦: 我们应该先去哪里？

dá lún: wǒ men yīng gāi xiān qù nǎ lǐ?

凯丽: 先去看水母吧！

kǎi lì: xiān qù kàn shuǐ mǔ ba!

达伦: 好的！水母真酷，但它们也有一点可怕。

dá lún: hǎo de! shuǐ mǔ zhēn kù, dàn tā men yě yǒu yī diǎn kě pà.

凯丽: 我同意。我喜欢在水族馆里看它们，而不是在海里！

kǎi lì: wǒ tóng yì. wǒ xǐ huan zài shuǐ zú guǎn lǐ kàn tā men, ér bù shì zài hǎi lǐ!

达伦: 哈哈，我也是。

dá lún: hā hā, wǒ yě shì.

凯丽: 看那只！它好大！

kǎi lì: kàn nà zhǐ! tā hǎo dà!

达伦: 哇！

dá lún: wà!

凯丽: 接下来我们该看什么？

kǎi lì: jiē xià lái wǒ men gāi kàn shén me?

达伦: 咱们去看章鱼吧！

dá lún: zán men qù kàn zhāng yú ba!

凯丽: 呃......我讨厌章鱼。你可以去看，我去看黄貂鱼。

kǎi lì: è......wǒ tǎo yàn zhāng yú. nǐ kě yǐ qù kàn, wǒ qù kàn huáng diāo yú.

达伦: 也可以。一会儿见！

dá lún: yě kě yǐ. yī huǐ er jiàn!

105

GOING TO AN AQUARIUM

Kylie: Let's go to the aquarium today.

Darren: That's a good idea! Which one?

Kylie: Sunshine Aquarium. It's new.

Darren: Oh, really? Cool. What time should we leave?

Kylie: Let's leave at nine thirty. I want to arrive before they open.

Darren: Why do you want to arrive so early?

Kylie: Because the aquarium is popular and many people will be there.

Darren: Okay. Do we buy tickets online or at the aquarium?

Kylie: We can buy tickets online or at the aquarium, but it's two dollars cheaper if we buy them online.

Darren: Oh, I see. Let's buy the tickets online. I will do it. What's the website?

Kylie: www.sunshinesquarium.com

Darren: All right. Should we buy the regular adult tickets or the adult tickets with the tour?

Kylie: Just the regular adult tickets.

Darren: Cool. I will use my debit card.

Kylie: Great, thanks! I will buy lunch.

(At the aquarium)

Darren: Where should we go first?

Kylie: Let's see the jellyfish!

Darren: Okay! Jellyfish are so cool. But they are also a little scary.

Kylie: I agree. I like to see them in an aquarium. Not in the ocean!

Darren: Ha ha, me too.

Kylie: Look at that one! It's so big!

Darren: Wow!

Kylie: What should we see next?

Darren: Let's look at the octopuses!

Kylie: EWW... I hate octopuses. You can go there. I will go check out the stingrays

Darren: That works for me. See you soon!

33

咖啡不热 （A2） - THIS COFFEE IS NOT HOT

-

KĀ FĒI BÙ RÈ

辛西娅： 不好意思，这杯咖啡不太热，我能换一杯吗？

xīn xī yà: bù hǎo yì sī, zhè bēi kā fēi bù tài rè, wǒ néng huàn yī bēi ma?

维克多： 哦，太奇怪了，我刚做的。

wéi kè duō: ó, tài qí guài le, wǒ gāng zuò de.

辛西娅： 可能是机器的问题？

xīn xī yà: kě néng shì jī qì de wèn tí?

维克多： 我觉得不是。但没问题，我可以再做一杯给妳。

wéi kè duō: wǒ jué dé bù shì. dàn méi wèn tí, wǒ kě yǐ zài zuò yī bēi gěi nǐ.

辛西娅： 谢谢你！也许是我的问题？我喜欢非常烫的咖啡。

xīn xī yà: xiè xiè nǐ! yě xǔ shì wǒ de wèn tí? wǒ xǐ huān fēi cháng tàng de kā fēi.

维克多： 哦，真的吗？

wéi kè duō: ò, zhēn de ma?

辛西娅： 是的，对我来说热咖啡味道更好！

xīn xī yà: shì de, duì wǒ lái shuō rè kā fēi wèi dào gèng hǎo!

维克多： 有趣。我其实比较喜欢冰咖啡。

wéi kè duō: yǒu qù. wǒ qí shí bǐ jiào xǐ huān bīng kā fēi.

辛西娅： 我喜欢冰咖啡，但只有在外面很热的时候。

xīn xī yà: wǒ xǐ huān bīng kā fēi, dàn zhǐ yǒu zài wài miàn hěn rè de shí hòu.

维克多： 是的，我有点奇怪。

wéi kè duō: shì de, wǒ yǒu diǎn qí guài.

辛西娅： 哈哈。好吧，也许我们俩都很奇怪。

xīn xī yà: hā hā. hǎo ba, yě xǔ wǒ men liǎ dōu hěn qí guài.

维克多： 是的，也许吧！这是妳的新咖啡。我试着把它做得超级烫。

wéi kè duō: shì de, yě xǔ ba! zhè shì nǐ de xīn kā fēi, wǒ shì zhe bǎ tā zuò dé chāo jí tàng.

辛西娅： 哦哇！它很烫！我觉得实在太烫了！我要等几分钟再喝。

xīn xī yà: ò wà! tā hěn tàng! wǒ jué dé shí zài tài tàng le! wǒ yào děng jǐ fēn zhōng zài hē.

维克多： 是的，请小心。我不想妳烫伤自己。

wéi kè duō: shì de, qǐng xiǎo xīn. wǒ bù xiǎng nǐ tàng shāng zì jǐ.

辛西娅： 我也不想。但我喜欢这个味道。这是什么咖啡？

xīn xī yà: wǒ yě bù xiǎng. dàn wǒ xǐ huān zhè gè wèi dao. zhè shì shén me kā fēi?

维克多： 是危地马拉产的。很不错，对不对？

wéi kè duō: shì wēi dì mǎ lā chǎn de. hěn bù cuò, duì bù duì?

辛西娅： 是的，味道很好。好了，咖啡凉下来了，我现在可以喝了。

xīn xī yà: shì de, wèi dào hěn hǎo. hǎo le, kā fēi liáng xià lái le, wǒ xiàn zài kě yǐ hē le.

维克多： 很好！妳的总额是四点零五元。

wéi kè duō: hěn hǎo! nǐ de zǒng é shì sì diǎn líng wǔ měi yuán.

辛西娅： 这里是五美元。

xīn xī yà: zhè lǐ shì wǔ měi yuán.

维克多： 谢谢。找钱九十五美分。请享用妳的热咖啡，祝妳有美好的一 天！

wéi kè duō: xiè xiè. zhǎo qián jiǔ shí wǔ měi fēn. qǐng xiǎng yòng nǐ de rè kā fēi, zhù nǐ yǒu měi hǎo de yī tiān!

辛西娅： 谢谢！谢谢你为我做一杯新咖啡。

xīn xī yà: xiè xiè! xiè xiè nǐ wèi wǒ zuò yī bēi xīn kā fēi.

维克多： 没问题。

wéi kè duō: méi wèn tí.

THIS COFFEE IS NOT HOT

Cynthia: Excuse me. This coffee is not very hot. Can I get another one?

Victor: Oh, that's weird. I just made it.

Cynthia: Maybe there is a problem with the machine?

Victor: I don't think so. But sure, I can make you another coffee.

Cynthia: Thank you! Maybe it's just me? I like very hot coffee.

Victor: Oh, really?

Cynthia: Yes. Hot coffee just tastes better to me!

Victor: Interesting. I actually prefer iced coffee.

Cynthia: I like iced coffee, but only when it's hot outside.

Victor: Yeah. I'm kind of strange.

Cynthia: Ha ha. Well, maybe we are both strange.

Victor: Yes, maybe! Here is your new coffee. I tried to make it extra hot.

Cynthia: Oh wow! This is hot! I think it's actually too hot! I will wait a couple minutes to drink it.

Victor: Yes, please be careful. I don't want you to burn yourself.

Cynthia: Me neither. I like the flavor, though. What kind of coffee is this?

Victor: It's from Guatemala. It's good, right?

Cynthia: Yes, it's very good. Okay, the coffee has cooled down. I can drink it now.

Victor: Good! So your total will be $4.05.

Cynthia: Here is five dollars.

Victor: Thanks. Your change is $.95. Enjoy your hot coffee and have a good day!

Cynthia: Thanks! And thank you for making me a new coffee.

Victor: No problem.

34

除夕夜的计划（A2）- NEW YEAR'S EVE PLANS - CHÚ XĪ YÈ DE JÌ HUÀ

罗博: 嗨，哈莉！妳除夕夜准备做什么？

luō bó: hāi, hā lì! nǐ chú xī yè zhǔn bèi zuò shén me?

哈莉: 嗨，罗博！我还不知道。你准备做什么？

hā lì: hāi, luō bó! wǒ hái bù zhī dào. nǐ zhǔn bèi zuò shén me?

罗博: 我要去朋友家参加一个派对。妳想和我一起去吗？

luō bó: wǒ yào qù péng yǒu jiā cān jiā yī gè pài duì. nǐ xiǎng hé wǒ yī qǐ qù ma?

哈莉: 当然！你的朋友是谁？他家在哪里？

hā lì: dāng rán! nǐ de péng yǒu shì shuí? tā jiā zài nǎ lǐ?

罗博: 是我的朋友瑞安。我和他一起工作。他的房子在海滩附近。

luō bó: shì wǒ de péng yǒu ruì ān. wǒ hé tā yī qǐ gōng zuò. tā de fáng zi zài hǎi tān fù jìn.

哈莉: 哦，棒极了！会有多少人去？

hā lì: ò, bàng jí le! huì yǒu duō shǎo rén qù?

罗博: 我想二三十人。

luō bó: wǒ xiǎng èr sān shí rén.

哈莉: 哇，那是好多人。

hā lì: wà, nà shì hǎo duō rén.

罗博: 是的。瑞安有好多朋友！哈哈。

luō bó: shì de. ruì ān yǒu hǎo duō péng yǒu! hā hā.

哈莉: 听起来是这样。我需要带什么吗？

hā lì: tīng qi lai shì zhè yàng. wǒ xū yào dài shén me ma?

罗博: 如果妳愿意的话，可以带饮料或小吃给大家分享。

luō bó: rú guǒ nǐ yuàn yì de huà, kě yǐ dài yǐn liào huò xiǎo chī gěi da jiā rén xiǎng.

哈莉: 可以。我应该带什么样的饮料呢？

hā lì: kě yǐ. wǒ yīng gāi dài shén me yàng de yǐn liào ne?

罗博: 也许带些啤酒或红酒？

luō bó: yě xǔ dài xiē pí jiǔ huò hóng jiǔ?

哈莉: 好的！哇，我很高兴见到你！我除夕本来没有任何计划，所以很伤心！

hā lì: hǎo de! wà, wǒ hěn gāo xìng jiàn dào nǐ! wǒ chú xī běn lái méi yǒu rèn hé jì huà, suǒ yǐ hěn shāng xīn!

罗博: 噢，我也很高兴！其实，去年我新年什么都没做，所以我很高兴今年 可以做点事。

luō bó: ō, wǒ yě hěn gāo xìng! qí shí, qù nián wǒ xīn nián shén me dōu méi zuò, suǒ yǐ wǒ hěn gāo xìng jīn nián kě yǐ zuò diǎn shì.

哈莉: 真的吗？为什么去年什么都没做？

hā lì: zhēn de ma? wèi shén me qù nián shén me dōu méi zuò?

罗博: 我病得很严重！

luō bó: wǒ bìng dé hěn yán zhòng!

哈莉: 哦不！那真糟糕。

hā lì: ò bù! nà zhēn zāo gāo.

罗博: 是的，还好。至少我省了钱。

luō bó: shì de, hái hǎo. zhì shǎo wǒ shěng le qián.

哈莉: 哈哈，确实！好吧，派对上见！

hā lì: hā hā, què shí! hǎo ba, pài duì shàng jiàn!

罗博: 好的，那里见！

luō bó: hǎo de, nà lǐ jiàn!

NEW YEAR'S EVE PLANS

Rob: Hey, Hallie! What will you do for New Year's Eve?

Hallie: Hi, Rob! I don't know yet. What will you do?

Rob: I will go to my friend's house for a party. Do you want to come with me?

Hallie: Sure! Who is your friend? Where is the house?

Rob: It's my friend Ryan. I work with him. His house is near the beach.

Hallie: Oh, cool! How many people will be there?

Rob: I think twenty or thirty.

Hallie: Wow, that's a lot.

Rob: Yeah, Ryan has a lot of friends! Ha ha.

Hallie: It sounds like it. Do I need to bring anything?

Rob: If you want, you can bring some drinks or snacks for people to share.

Hallie: I can do that. What kind of drinks should I bring?

Rob: Maybe some beer or wine?

Hallie: Okay! Wow, I'm glad I saw you! I didn't have any plans for New Year's Eve and I was sad!

Rob: Aww, I'm glad too! Actually, last year I didn't do anything for New Year's, so I'm happy I can do something this year.

Hallie: Really? Why didn't you do anything?

Rob: I was really sick!

Hallie: Oh no! That's terrible.

Rob: Yeah. It's okay. At least I saved money.

Hallie: Ha ha. True! Well, I'll see you at the party!

Rob: Yep, see you there!

35

我昨天晚上的梦（A2）- MY DREAM LAST NIGHT
-
WǑ ZUÓ TIĀN WǍN SHÀNG DE MÈNG

阿卜杜拉： 我昨晚做了一个非常奇怪的梦！

ā bo dù lā: wǒ zuó wǎn zuò le yī gè fēi cháng qí guài de mèng!

弗朗西斯卡： 真的吗？关于什么的？

fú lǎng xī sī kǎ: zhēn de ma? guān yú shén me de?

阿卜杜拉： 梦见我在一个农场，那里有很多奇怪的动物。那里有一般的动物， 例如山羊、猪和牛，但也有斑马、袋鼠，甚至还有一只老虎。

ā bo dù lā: mèng jiàn wǒ zài yī gè nóng chǎng, nà lǐ yǒu hěn duō qí guài de dòng wù. nà lǐ yǒu yī bān de dòng wù, lì rú shān yáng, zhū hé niú, dàn yě yǒu bān mǎ, dài shǔ, shèn zhì hái yǒu yī zhī lǎo hǔ.

弗朗西斯卡： 哇，真是个有趣的农场。

fú lǎng xī sī kǎ: wà, zhēn shì gè yǒu qù de nóng chǎng.

阿卜杜拉： 是的。而且有些斑马有不同颜色的纹路。有些是蓝色的，有些是紫色的，还有些是彩虹斑纹！

ā bo dù lā: shì de. ér qiě yǒu xiē bān mǎ yǒu bù tóng yán sè de wén lù. yǒu xiē shì lán sè de, yǒu xiē shì zǐ sè de, hái yǒu xiē shì cǎi hóng bān wén!

弗朗西斯卡： 哈哈，真的吗？

fú lǎng xī sī kǎ: hā hā, zhēn de ma?

阿卜杜拉： 然后老虎跟我讲话，但它说的是西班牙语。

ā bo dù lā: rán hòu lǎo hǔ gēn wǒ jiǎng huà, dàn tā shuō de shì xī bān yá yǔ.

弗朗西斯卡： 西班牙语？它说了什么？

fú lǎng xī sī kǎ: xī bān yá yǔ? tā shuō le shén me?

阿卜杜拉： 我不知道！我不懂西班牙语！

ā bo dù lā: wǒ bù zhī dào! wǒ bù dǒng xī bān yá yǔ!

弗朗西斯卡： 哦，对。那你怎么知道它说的是西班牙语呢？

fú lǎng xī sī kǎ: ò, duì. nà nǐ zěn me zhī dào tā shuō de shì xī bān yá yǔ ne?

阿卜杜拉: 唔，我知道西班牙语听起来是什么样的。

ā bo dù lā: wú, wǒ zhī dào xī bān yá yǔ tīng qǐ lái shì shén me yang de.

弗朗西斯卡: 哦，然后发生了什么？

fú lǎng xī sī kǎ: ò, rán hòu fā shēng le shén me?

阿卜杜拉: 我不记得了。

ā bo dù lā: wǒ bù jì dé le.

弗朗西斯卡: 你经常做奇怪的梦吗？

fú lǎng xī sī kǎ: nǐ jīng cháng zuò qí guài de mèng ma?

阿卜杜拉: 是的，但没有这么奇怪。

ā bo dù lā: shì de, dàn méi yǒu zhè me qí guài.

弗朗西斯卡: 你认为梦有什么意思吗？

fú lǎng xī sī kǎ: nǐ rèn wéi mèng yǒu shén me yì sī ma?

阿卜杜拉: 有时候。你呢？

ā bo dù lā: yǒu shí hòu. nǐ ne?

弗朗西斯卡: 我觉得是的。也许你在生活中想要更多朋友。

fú lǎng xī sī kǎ: wǒ jué dé shì de. yě xǔ nǐ zài shēng huó zhōng xiǎng yào gèng duō péng yǒu.

阿卜杜拉: 我有很多朋友！

ā bo dù lā: wǒ yǒu hěn duō péng yǒu!

弗朗西斯卡: 也许你的朋友都很无聊，而你想要更多有趣的朋友。例如彩虹斑纹的斑马。

fú lǎng xī sī kǎ: yě xǔ nǐ de péng yǒu dōu hěn wú liáo, ér nǐ xiǎng yào gèng duō yǒu qù de péng yǒu. lì rú cǎi hóng bān wén de bān mǎ.

阿卜杜拉: 哈哈，有可能！

ā bo dù lā: hā hā, yǒu kě néng!

MY DREAM LAST NIGHT

Abdullah: I had a very weird dream last night!

Francesca: Really? What was it about?

Abdullah: I was on a farm and there were a lot of strange animals. There were normal animals like goats, pigs, and cows, but then there were also zebras, kangaroos, and even a tiger.

Francesca: Wow, that's an interesting farm.

Abdullah: Yeah. And some of the zebras had different colored stripes. Some were blue, some were purple. And some were rainbow-striped!

Francesca: Ha ha, really?

Abdullah: And then the tiger talked to me. But it spoke in Spanish.

Francesca: Spanish?? What did it say?

Abdullah: I don't know! I don't speak Spanish!

Francesca: Oh, right. So how do you know it was speaking Spanish?

Abdullah: Well, I know what Spanish sounds like.

Francesca: Oh. Then what happened?

Abdullah: I don't remember.

Francesca: Do you always have weird dreams?

Abdullah: Yeah, but not *this* weird.

Francesca: Do you think dreams mean anything?

Abdullah: Sometimes. What about you?

Francesca: I think so. Maybe you want more friends in your life.

Abdullah: I have a lot of friends!

Francesca: Maybe your friends are boring and you want more interesting friends. Like rainbow-striped zebras.

Abdullah: Ha ha, maybe!

36

准备去上学（A2）- GETTING READY FOR SCHOOL

-

ZHǓN BÈI QÙ SHÀNG XUÉ

格雷斯: 亲爱的，该起床了！

gé léi sī: qīn ài de, gāi qǐ chuáng le!

克里斯托弗: 啊，再睡五分钟。

kè lǐ sī tuō fú: à, zài shuì wǔ fēn zhōng.

格雷斯: 你五分钟之前这么说的。该起床了，甜心。

gé léi sī: nǐ wǔ fēn zhōng qián jiù zhè me shuō de. gāi qǐ chuáng le, tián xīn.

克里斯托弗: 啊，好吧。

kè lǐ sī tuō fú: à, hǎo ba.

格雷斯: 去刷牙穿衣。

gé léi sī: qù shuā yá chuān yī.

克里斯托弗: 我不想穿你给我选的这件衬衫。

kè lǐ sī tuō fú: wǒ bù xiǎng chuān nǐ gěi wǒ xuǎn de zhè jiàn chèn shān.

格雷斯: 为什么不?

gé léi sī: wèi shén me bù?

克里斯托弗: 我不喜欢它了。

kè lǐ sī tuō fú: wǒ bù xǐ huān tā le.

格雷斯: 好吧，那另选一件衬衫吧。

gé léi sī: hǎo ba, nà lìng xuǎn yī jiàn chèn shān ba.

克里斯托弗: 你能帮我吗?

kè lǐ sī tuō fú: nǐ néng bāng wǒ ma?

格雷斯: 不行，你现在是大男孩了。你可以自己选择衬衫。

gé léi sī: bù xíng, nǐ xiàn zài shì dà nán hái le. nǐ kě yǐ zì jǐ xuǎn zé chèn shān.

克里斯托弗: 好吧，我穿这件。

kè lǐ sī tuō fú: hǎo ba, wǒ chuān zhè jiàn.

格雷斯： 好的，当你准备好了过来吃早饭。

gé léi sī: hǎo de, dāng nǐ zhǔn bèi hǎo le guò lái chī zǎo fàn.

克里斯托弗： 好的。

kè lǐ sī tuō fú: hǎo de.

(十分钟后......)

(shí fēn zhōng hòu......)

格雷斯： 你需要吃快点。我们有点迟了。

gé léi sī: nǐ xū yào chī kuài diǎn. wǒ men yǒu diǎn chí le.

克里斯托弗： 好的，好的。我可以吃巧克力麦片吗？

kè lǐ sī tuō fú: hǎo de, hǎo de. wǒ kě yǐ chī qiǎo kè lì mài piàn ma?

格雷斯： 你知道你只能在周末吃巧克力麦片。

gé léi sī: nǐ zhī dào nǐ zhǐ néng zài zhōu mò chī qiǎo kè lì mài piàn.

克里斯托弗： 但我不想吃别的。

kè lǐ sī tuō fú: dàn wǒ bù xiǎng chī bié de.

格雷斯： 你今天为什么这么麻烦，克里斯托弗？！

gé léi sī: nǐ jīn tiān wèi shén me zhè me má fán, kè lǐ sī tuō fú?!

克里斯托弗： 我不麻烦。

kè lǐ sī tuō fú: wǒ bù má fán.

格雷斯： 吃格兰诺拉麦片。

gé léi sī: chī gé lán nuò lā mài piàn.

克里斯托弗： 好的。

kè lǐ sī tuō fú: hǎo de.

格雷斯： 你今天想要火腿还是鸡蛋沙拉三明治？

gé léi sī: nǐ jīn tiān xiǎng yào huǒ tuǐ hái shì jī dàn shā lā sān míng zhì?

克里斯托弗： 唔......火腿。

kè lǐ sī tuō fú: wú......huǒ tuǐ.

格雷斯： 也记得吃掉苹果，好吗？

gé léi sī: yě jì dé chī diào píng guǒ, hǎo ma?

克里斯托弗： 好的，妈妈。

kè lǐ sī tuō fú: hǎo de, mā mā.

格雷斯： 好的，该走了！

gé léi sī: hǎo de, gāi zǒu le!

GETTING READY FOR SCHOOL

Grace: Honey, it's time to wake up!

Christopher: Ugh. Five more minutes.

Grace: That's what you said five minutes ago. It's time to get up, sweetie.

Christopher: Ugh, okay.

Grace: Go brush your teeth and get dressed.

Christopher: I don't want to wear the shirt you picked out for me.

Grace: Why not?

Christopher: I don't like it anymore.

Grace: Okay, then pick out a different shirt.

Christopher: Can you do it?

Grace: No, you're a big boy now. You can pick out your own shirts.

Christopher: All right. I'll wear this one.

Grace: Okay. Come eat breakfast when you're ready.

Christopher: All right.

(Ten minutes later...)

Grace: You need to eat quickly. We're a little late.

Christopher: Yeah, yeah. Can I have Chocolate O's?

Grace: You know you can only have Chocolate O's on the weekend.

Christopher: But I don't want anything else.

Grace: Why are you being so difficult today, Christopher?!

Christopher: I'm not being difficult.

Grace: Eat the granola cereal.

Christopher: Fine.

Grace: Would you like a ham or egg salad sandwich today?

Christopher: Umm... ham.

Grace: Make sure to eat the apple too, OKAY?

Christopher: Yes, Mom.

Grace: All right, time to go!

37

买床（A2）- SHOPPING FOR A BED
-
MǍI CHUÁNG

雷娜塔: 我们应该买双人床垫还是特大号床垫？

léi nà tǎ: wǒ men yīng gāi mǎi shuāng rén chuáng diàn hái shì tè dà hào chuáng diàn?

妮玛: 我们需要一个特大号床垫。你睡觉时会四处翻滚！

nī mǎ: wǒ men xū yào yī gè tè dà hào chuáng diàn. nǐ shuì jiào shí huì sì chù fān gǔn!

雷娜塔: 糟糕，抱歉！

léi nà tǎ: zāo gāo, bào qiàn!

妮玛: 没关系。但我觉得我们应该买这个尺寸的，这样我们两个人都能睡得舒服。

nī mǎ: méi guān xì. dàn wǒ jué dé wǒ men yīng gāi mǎi zhè gè chǐ cùn de, zhè yàng wǒ men liǎng gè rén dōu néng shuì dé shū fú.

雷娜塔: 我同意。

léi nà tǎ: wǒ tóng yì.

妮玛: 你喜欢软一点的床垫，对吗？

nī mǎ: nǐ xǐ huān ruǎn yī diǎn de chuáng diàn, duì ma?

雷娜塔: 是的。妳也是，对吗？

léi nà tǎ: shì de. nǐ yě shì, duì ma?

妮玛: 是的。谢天谢地！

nī mǎ: shì de. xiè tiān xiè dì!

雷娜塔: 这些床垫在我们的预算范围里。

léi nà tǎ: zhè xiē chuáng diàn zài wǒ men de yù suàn fàn wéi lǐ.

妮玛: 是的，我们试一试。

nī mǎ: shì de, wǒ men shì yī shì.

雷娜塔: 唔……我觉得这个太硬了。妳觉得呢？

léi nà tǎ: wú……,wǒ jué dé zhè gè tài yìng le. nǐ jué dé ne?

妮玛: 让我看看。是的……太硬了。

nī mǎ: ràng wǒ kàn kàn. shì de......tài yìng le.

雷娜塔: 这张怎么样？

léi nà tǎ: zhè zhāng zěn me yàng?

妮玛: 哦，这张不错。

nī mǎ: ò, zhè zhāng bù cuò.

雷娜塔: 哦，妳说得对。我喜欢这张。多少钱？

léi nà tǎ: ò, nǐ shuō dé duì. wǒ xǐ huān zhè zhāng. duō shǎo qián?

妮玛: 有点贵，但我们可以按月分期付款。

nī mǎ: yǒu diǎn guì, dàn wǒ men kě yǐ àn yuè fēn qī fù kuǎn.

雷娜塔: 很好。好了，我们应该买什么样的床架？

léi nà tǎ: hěn hǎo. hǎo le, wǒ men yīng gāi mǎi shén me yàng de chuáng jià?

妮玛: 我倒不在乎，床垫对我来说更重要。

nī mǎ: wǒ dào bù zài hū, chuáng diàn duì wǒ lái shuō gèng zhòng yào.

雷娜塔: 好的，我要选这张床架，我喜欢白色的。

léi nà tǎ: hǎo de, wǒ yào xuǎn zhè zhāng chuáng jià, wǒ xǐ huān bái sè de.

妮玛: 好的，那个不错。

nī mǎ: hǎo de, nà gè bù cuò.

雷娜塔: 而且价格很好。

léi nà tǎ: ér qiě jià gé hěn hǎo.

妮玛: 对。

nī mǎ: duì.

雷娜塔: 好了，轻而易举！

léi nà tǎ: hǎo le, qīng' ér yì jǔ!

妮玛: 是这样的。我本来预计要买床买一整天呢！

nī mǎ: shì zhè yàng de. wǒ běn lái yù jì yào mǎi chuáng mǎi yī zhěng tiān ne!

雷娜塔: 喔吼！咱们去吃个饭庆祝一下！

léi nà tǎ: ō hǒu! zán men qù chī gè fàn qìng zhù yī xià!

妮玛: 我们刚花了一大笔钱，也许我们应该在家吃。

nī mǎ: wǒ men gāng huā le yī dà bǐ qián, yě xǔ wǒ men yīng gāi zài jiā chī.

雷娜塔: 对，妳说得对。好吧，回家吃饭吧！

léi nà tǎ: duì, nǐ shuō dé duì. hǎo ba, huí jiā chī fàn ba!

SHOPPING FOR A BED

Renata: Should we buy a queen- or king-size mattress?

Nima: We need to get a king-size mattress. You move around a lot when you sleep!

Renata: Oops, sorry!

Nima: It's okay. But I think we should get this size so both of us can be comfortable.

Renata: I agree.

Nima: You like softer mattresses, don't you?

Renata: Yeah. You do too, right?

Nima: Yes. Thank goodness!

Renata: These mattresses here are in our price range.

Nima: Yeah, let's try them out.

Renata: Hmm... I think this one is too hard. What do you think?

Nima: Let me see. Yeah... that's too hard.

Renata: What about this one?

Nima: Oh, this one is nice.

Renata: Ooh, you're right. I like this one. How much is it?

Nima: It's a little expensive, but we can make monthly payments on it.

Renata: That's good. All right, what kind of bed frame should we get?

Nima: I don't really care. The mattress is more important to me.

Renata: Okay! I'll pick out the bed frame. I like the white one.

Nima: Yeah, that one is nice.

Renata: And the price is good.

Nima: Yes.

Renata: Well, that was easy!

Nima: Yes, it was! I was expecting to be shopping for a bed all day!

Renata: Woohoo! Let's go to dinner to celebrate!

Nima: We just spent a lot of money. Maybe we should eat at home.

Renata: Yeah, you're right. Okay, dinner at home it is!

38

早上的惯例（A2）- MORNING ROUTINE
-
ZĂO SHÀNG DE GUÀN LÌ

艾米拉: 你每天几点起床?

ài mǐ lā: nǐ měi tiān jǐ diǎn qǐ chuáng?

杰克: 在上班日, 我早上六点十五左右起床。在周末, 我早上七点半或八点起床。妳呢?

jié kè: zài shàng bān rì, wǒ zǎo shàng liù diǎn shí wǔ zuǒ yòu qǐ chuáng. zài zhōu mò, wǒ zǎo shàng qī diǎn bàn huò bā diǎn qǐ chuáng. nǐ ne?

艾米拉: 我周一到周五早上六点半起床。周末早上八点左右起床。你起床之后都做什么?

ài mǐ lā: wǒ zhōu yī dào zhōu wǔ zǎo shàng liù diǎn bàn qǐ chuáng. zhōu mò zǎo shàng bā diǎn zuǒ yòu qǐ chuáng. nǐ qǐ chuáng zhī hòu dōu zuò shén me?

杰克: 我洗个澡, 然后刷牙刮胡子。

jié kè: wǒ xǐ gè zǎo, rán hòu shuā yá guā hú zi.

艾米拉: 哦, 真的吗? 我先刷牙, 然后洗澡。

ài mǐ lā: ó, zhēn de ma? wǒ xiān shuā yá, rán hòu xǐ zǎo.

杰克: 妳洗澡之后做什么?

jié kè: nǐ xǐ zǎo zhī hòu zuò shén me?

艾米拉: 我吹干头发, 然后化妆。你刮胡子之后呢?

ài mǐ lā: wǒ chuī gān tóu fà, rán hòu huà zhuāng. nǐ guā hú zi zhī hòu ne?

杰克: 我穿衣服吃早饭。

jié kè: wǒ chuān yī fú chī zǎo fàn.

艾米拉: 你穿什么去上班?

ài mǐ lā: nǐ chuān shén me qù shàng bān?

杰克: 通常我穿裤装和系扣领的衬衫, 大约一个月穿一次止装。

jié kè: tōng cháng wǒ chuān kù zhuāng hé jì kòu lǐng de chèn shān, dà yuē yī gè yuè chuān yī cì zhèng zhuāng.

艾米拉: 哦, 你真幸运。我每天都要穿正装去上班!

ài mǐ lā: ò, nǐ zhēn xìng yùn. wǒ měi tiān dōu yào chuān zhèng zhuāng qù shàng bān!

杰克: 真的吗？妳是做什么工作的？

jié kè: zhēn de ma? nǐ shì zuò shén me gōng zuò de?

艾米拉: 我是一名律师。

ài mǐ lā: wǒ shì yī míng lǜ shī.

杰克: 原来如此。妳每天早上准备上班需要花很多时间吗？

jié kè: yuán lái rú cǐ. nǐ měi tiān zǎo shàng zhǔn bèi shàng bān xū yào huā hěn duō shí jiān ma?

艾米拉: 要花我差不多一个半小时。我在准备时不喜欢太赶。

ài mǐ lā: yào huā wǒ chà bù duō yī gè bàn xiǎo shí. wǒ zài zhǔn bèi shí bù xǐ huān tài gǎn.

杰克: 妳每天都吃早饭吗？

jié kè: nǐ měi tiān dōu chī zǎo fàn ma?

艾米拉: 我尽量吃！我需要能量工作！

ài mǐ lā: wǒ jǐn liàng chī! wǒ xū yào néng liàng gōng zuò!

杰克: 是的，吃早饭很重要！有时候我没早饭，精力就没有那么充沛。

jié kè: shì de, chī zǎo fàn hěn zhòng yào! yǒu shí hòu wǒ méi chī zǎo fàn, jīng lì jiù méi yǒu nà me chōng pèi.

艾拉: 对的。早饭是一天中最重要的一餐！

ài lā: duì de. zǎo fàn shì yī tiān zhōng zuì zhòng yào de yī cān!

杰克: 没错！

jié kè: méi cuò!

MORNING ROUTINE

Emilia: What time do you wake up every day?

Jack: On weekdays, I wake up around 6:15 a.m. On weekends, I wake up around 7:30 a.m. or 8 a.m. What about you?

Emilia: I wake up at 6:30 a.m. Monday through Friday. On weekends, I get up around 8 a.m. What do you do after you wake up?

Jack: I take a shower and then I brush my teeth and shave.

Emilia: Oh really? I brush my teeth first. And then I take a shower.

Jack: What do you do after you take a shower?

Emilia: I dry my hair and then I put on makeup. What do you do after you shave?

Jack: I get dressed and I eat breakfast.

Emilia: What do you wear to work?

Jack: Usually I wear trousers and a button-down shirt. I wear a suit about once a month.

Emilia: Oh, you're lucky. I have to dress up for work every day!

Jack: Really? What do you do?

Emilia: I'm a lawyer.

Jack: Oh, I see. Does it take you a long time to get ready every morning?

Emilia: It takes me around an hour and a half. I don't like to hurry too much when I'm getting ready.

Jack: Do you eat breakfast every day?

Emilia: I try to! I need energy for work!

Jack: Yeah, it's important to eat breakfast! Sometimes I don't and I don't have as much energy.

Emilia: Yep. Breakfast is the most important meal of the day!

Jack: Exactly!

39

生日礼物（A2）- BIRTHDAY GIFT

-

SHĒNG RÌ LǏ WÙ

盖比: 我们需要给迈克买个礼物。

gài bǐ: wǒ men xū yào gěi mài kè mǎi gè lǐ wù.

希恩: 我知道。我们应该买什么？

xī ēn: wǒ zhī dào. wǒ men yīng gāi mǎi shén me?

盖比: 我不知道。他什么都有。

gài bǐ: wǒ bù zhī dào. tā shén me dōu yǒu.

希恩: 嗯……

xī ēn: ǹ ……

盖比: 我们应该给他买衣服吗？

gài bǐ: wǒ men yīng gāi gěi tā mǎi yī fú ma?

希恩: 什么样的衣服？

xī ēn: shén me yàng de yī fú?

盖比: 也许衬衫？

gài bǐ: yě xǔ chèn shān?

希恩: 我们去年就给他买了衬衫。

xī ēn: wǒ men qù nián jiù gěi tā mǎi le chèn shān.

盖比: 你说得对。太阳眼镜怎么样？他喜欢太阳眼镜。

gài bǐ: nǐ shuō dé duì. tài yáng yǎn jìng zěn me yàng? tā xǐ huān tài yáng yǎn jìng.

希恩: 太阳眼镜有点贵，而且可能他戴上去不好看。

xī ēn: tài yáng yǎn jìng yǒu diǎn guì, ér qiě kě néng tā dài shàng qù bù hǎo kàn.

盖比: 好吧。

gài bǐ: hǎo ba.

希恩: 商店的礼品卡怎么样？

xī ēn: shāng diàn de lǐ pǐn kǎ zěn me yàng?

盖比: 礼品卡太没有人情味了。

gài bǐ: lǐ pǐn kǎ tài méi yǒu rén qíng wèi le.

希恩: 是的，但人们都喜欢它。因为你可以买任何自己想要的东西。

xī ēn: shì de, dàn rén men dōu xǐ huān tā. yīn wèi nǐ kě yǐ mǎi rèn hé zì jǐ xiǎng yào de dōng xī.

盖比: 也许我们可以给他买某种票？例如足球比赛或音乐会的票？

gài bǐ: yě xǔ wǒ men kě yǐ gěi tā mǎi mǒu zhǒng piào? lì rú zú qiú bǐ sài huò yīn yuè huì de piào?

希恩: 哦，那是个好主意。他喜欢运动和音乐。

xī ēn: ò, nà shì gè hǎo zhǔ yì. tā xǐ huān yùn dòng hé yīn yuè.

盖比: 看看这个！有一支他喜欢的乐队下个月会来镇上。

gài bǐ: kàn kàn zhè gè! yǒu yī zhī tā xǐ huān de yuè duì xià gè yuè huì lái zhèn shàng.

希恩: 真的吗？我们要买票吗？

xī ēn: zhēn de ma? wǒ men yào mǎi piào ma?

盖比: 是的，我们买吧！

gài bǐ: shì de, wǒ men mǎi ba!

希恩: 如果他去不了演出怎么办？

xī ēn: rú guǒ tā qù bù liǎo yǎn chū zěn me bàn?

盖比: 那我们就去！

gài bǐ: nà wǒ men jiù qù!

BIRTHDAY GIFT

Gabby: We need to buy a gift for Mike.

Sean: I know. What should we get?

Gabby: I don't know. He has everything.

Sean: Hmm…

Gabby: Should we buy him clothes?

Sean: What kind of clothes?

Gabby: A shirt, maybe?

Sean: We got him a shirt last year.

Gabby: You're right. What about sunglasses? He loves sunglasses.

Sean: Sunglasses are kind of expensive. And maybe they won't look good on him.

Gabby: Okay.

Sean: What about a gift card to a store?

Gabby: Gift cards are so impersonal.

Sean: Yeah, but people like them. Because you can buy whatever you want.

Gabby: Maybe we buy him tickets for something? Like a soccer game or a concert?

Sean: Oh, that's good idea. He likes sports and music.

Gabby: Look at this! One of his favorite bands will be in town next month.

Sean: Really? Should we buy tickets?

Gabby: Yes, let's do it!

Sean: What if he can't go to the show?

Gabby: Then we will go!

40

我得了一个优（A2）- I GOT AN A
-
WǑ DÉ LE YĪ GÈ YŌU

埃伦娜: 你猜怎么着，布拉德？

āi lún nà: nǐ cāi zěn me zhe, bù lā dé?

布拉德: 怎么了？

bù lā dé: zěn me le?

埃伦娜: 我考试得了一个优！

āi lún nà: wǒ kǎo shì dé le yī gè yōu!

布拉德: 哦，太棒了！是妳的历史考试吗？

bù lā dé: ò, tài bàng le! shì nǐ de lì shǐ kǎo shì ma?

埃伦娜: 是的。我复习了五个小时。

āi lún nà: shì de. wǒ fù xí le wǔ gè xiǎo shí.

布拉德: 哇，妳真了不起。我去年上了那门课，非常难。

bù lā dé: wà, nǐ zhēn liǎo bù qǐ. wǒ qù nián shàng le nà mén kè, fēi cháng nán.

埃伦娜: 你上的是西蒙斯女士的课吗？

āi lún nà: nǐ shàng de shì xī méng sī nǚ shì de kè ma?

布拉德: 是的。

bù lā dé: shì de.

埃伦娜: 她非常严格。

āi lún nà: tā fēi cháng yán gé.

布拉德: 对，她是的。班上的每个人都很怕她！但我们学到了很多。

bù lā dé: duì, tā shì de. bān shàng de měi gè rén dōu hěn pà tā! dàn wǒ men xué dào le hěn duō.

埃伦娜: 是的，找也学到很多。其实，我上她的课之前不喜欢历史，但现在 对它非常感兴趣。

āi lún nà: shì de, wǒ yě xué dào hěn duō. qí shí, wǒ shàng tā de kè zhī qián bù xǐ huān lì shǐ, dàn xiàn zài duì tā fēi cháng gǎn xìng qù.

布拉德: 真的吗？

bù lā dé: zhēn de ma?

埃伦娜: 嗯。

āi lún nà: ǹ.

布拉德: 妳是怎么复习的？只是再看一遍笔记吗？

bù lā dé: nǐ shì zěn me fù xí de? zhǐ shì zài kàn yī biàn bǐ jì ma?

埃伦娜: 是的。

āi lún nà: shì de.

布拉德: 我上她的课时也是这么复习考试的，但我从来没得过优！

bù lā dé: wǒ shàng tā de kè shí yě shì zhè me fù xí kǎo shì de, dàn wǒ cóng lái méi dé guò yōu!

埃伦娜: 嗯，我复习了很长时间！但我也很喜欢这一章，我想这帮我得了一个好分数。

āi lún nà: ǹ, wǒ fù xí le hěn cháng shí jiān! dàn wǒ yě hěn xǐ huān zhè yī zhāng, wǒ xiǎng zhè bāng wǒ dé le yī gè hǎo fēn shù.

布拉德: 有道理。我通常在喜欢的课上能得到好分数。

bù lā dé: yǒu dào lǐ. wǒ tōng cháng zài xǐ huān de kè shàng néng dé dào hǎo fēn shù.

埃伦娜: 我也是。我希望能在数学课上得到好分数，但我讨厌数学。

āi lún nà: wǒ yě shì. wǒ xī wàng néng zài shù xué kè shàng dé dào hǎo fēn shù, dàn wǒ tǎo yàn shù xué.

布拉德: 我喜欢数学！也许我可以辅导妳数学，而妳可以辅导我历史。

bù lā dé: wǒ xǐ huān shù xué! yě xǔ wǒ kě yǐ fǔ dǎo nǐ shù xué, ér nǐ kě yǐ fǔ dǎo wǒ lì shǐ.

埃伦娜: 好的，成交！

āi lún nà: hǎo de, chéng jiāo!

I GOT AN A

Irene: Guess what, Brad?

Brad: What?

Irene: I got an A on my test!

Brad: Oh, that's great! On your history test?

Irene: Yeah. I studied for five hours.

Brad: Wow. Good for you. I took that class last year and it was so hard.

Irene: Did you have Ms. Simmons?

Brad: Yeah.

Irene: She's really strict.

Brad: Yes, she is. Everyone in the class was so scared of her! But we learned a lot.

Irene: Yeah, I'm learning so much. Actually, I didn't like history before I took her class, but now I'm really interested in it.

Brad: Really?

Irene: Mmm hmm.

Brad: So how did you study? Did you just read your notes again?

Irene: Yep.

Brad: That's how I studied for tests in her class too, but I never got As!

Irene: Well, I studied for a long time! But I also loved this chapter. So I think that helped me get a good grade.

Brad: That makes sense. I always get better grades in the classes that I like.

Irene: Me too. I wish I got better grades in math, but I hate math.

Brad: And I love math! Maybe I can help you with math and you can help me with history.

Irene: Okay, deal!

41

他是个好司机 （A2） - HE'S A GOOD DRIVER

-

TĀ SHÌ GÈ HǍO SĪ JĪ

约翰: 我很担心杰克逊。

yuē hàn: wǒ hěn dān xīn jié kè xùn.

艾达: 为什么？

ài dá: wèi shén me?

约翰: 他马上就要拿到驾照了！

yuē hàn: tā mǎ shàng jiù yào ná dào jià zhào le!

艾达: 是的，有点吓人。但对我们来说是个好消息！我们不用再开车载他到处跑了。

ài dá: shì de, yǒu diǎn xià rén. dàn duì wǒ men lái shuō shì gè hǎo xiāo xī! wǒ men bù yòng zài kāi chē zài tā dào chù pǎo le.

约翰: 确实。但城市里有太多疯狂的司机。

yuē hàn: què shí. dàn chéng shì lǐ yǒu tài duō fēng kuáng de sī jī.

艾达: 我知道。但他是个好司机！

ài dá: wǒ zhī dào. dàn tā shì gè hǎo sī jī!

约翰: 是的，因为是我教他如何开车的。

yuē hàn: shì de, yīn wèi shì wǒ jiāo tā rú hé kāi chē de.

艾达: 这是原因之一，但他也是个有责任心的年轻人。

ài dá: zhè shì yuán yīn zhī yī, dàn tā yě shì gè yǒu zé rèn xīn de nián qīng rén.

约翰: 是的，他是。我们是对幸运的父母。

yuē hàn: shì de, tā shì. wǒ men shì duì xìng yùn de fù mǔ.

艾达: 对，我们是的。他的驾照考试是什么时候？下个月，对吗？

ài dá: duì, wǒ men shì de. tā de jià zhào kǎo shì shì shén me shí hòu? xià gè yuè, duì ma?

约翰: 他的笔试在这个月底，实际驾驶考试在十五号。

yuē hàn: tā de bǐ shì zài zhè gè yuè dǐ, shí jì jià shǐ kǎo shì zài shí wǔ hào.

艾达: 很近了。但他已经准备好了。

ài dá: hěn jìn le. dàn tā yǐ jīng zhǔn bèi hǎo le.

约翰: 差不多。我还想让他多练习练习。他的停车技术还需要再进步。

yuē hàn: chà bù duō. wǒ hái xiǎng ràng tā duō liàn xí liàn xí. tā de tíng chē jì shù hái xū yào zài jìn bù.

艾达: 我应该教他怎么停车。这个家里我是停车最好的。

ài dá: wǒ yīng gāi jiāo tā zěn me tíng chē. zhè gè jiā lǐ wǒ shì tíng chē zuì hǎo de.

约翰: 确实如此。妳的技术没人可比。

yuē hàn: què shí rú cǐ. nǐ de jì shù méi rén kě bǐ.

艾达: 谢谢！你下次给杰克逊上驾驶课是什么时候?

ài dá: xiè xiè! nǐ xià cì gěi jié kè xùn shàng jià shǐ kè shì shén me shí hòu?

约翰: 周六下午，等他的足球比赛结束之后。

yuē hàn: zhōu liù xià wǔ, děng tā de zú qiú bǐ sài jié shù zhī hòu.

艾达: 好的，我希望一切顺利!

ài dá: hǎo de, wǒ xī wàng yī qiè shùn lì!

HE'S A GOOD DRIVER

John: I'm worried about Jackson.

Ada: Why?

John: He's getting his driver's license soon!

Ada: Yeah, that's a little scary. But that's good for us! We won't have to drive him everywhere anymore.

John: True. But there are so many crazy drivers in this city.

Ada: I know. But he's a good driver!

John: Yes, because I taught him how to drive.

Ada: That's one reason why. But he's also a responsible young man.

John: Yeah, he is. We're lucky parents.

Ada: Yes, we are. When is his driving test? It's next month, right?

John: He has his written test at the end of this month and his behind-the-wheel test on the fifteenth.

Ada: That's really soon. But he's ready.

John: Almost. I still want to practice some more with him. He needs to get better at parking.

Ada: I should teach him how to park. I'm the best parker in this family.

John: That's true. Your skills are unmatched.

Ada: Thanks! So when is your next driving lesson with Jackson?

John: Saturday afternoon after his soccer game.

Ada: Okay. I hope it goes well!

42

那是鬼吗？（A2）- IS THAT A GHOST?
-
NÀ SHÌ GUǏ MA?

泰勒: 那是什么?!

tài lè: nà shì shén me?!

斯宾塞: 什么是什么?

sī bīn sài: shén me shì shén me?

泰勒: 角落里的那个东西?

tài lè: jiǎo luò lǐ de nà gè dōng xī?

斯宾塞: 什么东西? 我什么也没看见。

sī bīn sài: shén me dōng xī? wǒ shén me yě méi kàn jiàn.

泰勒: 那看起来像......不......这不可能。

tài lè: nà kàn qǐ lái xiàng......bù......zhè bù kě néng.

斯宾塞: 什么?! 你吓到我了!

sī bīn sài: shén me?! nǐ xià dào wǒ le!

泰勒: 那看起来像个鬼!

tài lè: nà kàn qǐ lái xiàng gè guǐ!

斯宾塞: 哦, 住口吧。我不相信有鬼。

sī bīn sài: ò, zhù kǒu ba. wǒ bù xiāng xìn yǒu guǐ.

泰勒: 我也不信。但那个看上去像个鬼。

tài lè: wǒ yě bù xìn. dàn nà gè kàn shàng qù xiàng gè guǐ.

斯宾塞: 它看起来什么样?

sī bīn sài: tā kàn qǐ lái shén me yàng?

泰勒: 它是人的形状，但我可以看穿它。

tài lè: tā shì rén de xíng zhuàng, dàn wǒ kě yǐ kàn chuān tā.

斯宾塞: 我不相信你说的。我觉得你是在开我玩笑。

sī bīn sài: wǒ bù xiāng xìn nǐ shuō de. wǒ jué dé nǐ shì zài kāi wǒ wán xiào.

泰勒: 我没在开玩笑。那就是我看到的!

tài lè: wǒ méi zài kāi wán xiào. nà jiù shì wǒ kàn dào de!

斯宾塞: 你或许只是想象出来的。

sī bīn sài: nǐ huò xǔ zhǐ shì xiǎng xiàng chū lái de.

泰勒: 我不这么认为。

tài lè: wǒ bù zhè me rèn wéi.

斯宾塞: ......

sī bīn sài: ......

泰勒: 怎么了？

tài lè: zěn me le?

斯宾塞: ......哦，天呐。

sī bīn sài: ...... ò, tiān na.

泰勒: 什么？！

tài lè: shén me?!

斯宾塞: 你看见那个了吗？

sī bīn sài: nǐ kàn jiàn nà gè le ma?

泰勒: 是的！那就是我之前看到的！

tài lè: shì de! nà jiù shì wǒ zhī qián kàn dào de!

斯宾塞: 那看上去像个鬼！

sī bīn sài: nà kàn shàng qù xiàng gè guǐ!

泰勒: 就跟你说了！

tài lè: jiù gēn nǐ shuō le!

斯宾塞: 好吧，也许我现在相信你了。

sī bīn sài: hǎo ba, yě xǔ wǒ xiàn zài xiāng xìn nǐ le.

泰勒: 谢谢你！现在我要走了。

tài lè: xiè xiè nǐ! xiàn zài wǒ yào zǒu le.

斯宾塞: 你要去哪里？

sī bīn sài: nǐ yào qù nǎ lǐ?

泰勒: 这里有个鬼！我要离开这里！

tài lè: zhè lǐ yǒu gè guǐ! wǒ yào lí kāi zhè lǐ!

斯宾塞: 你不能留下我在这里，单独和鬼待在一起！

sī bīn sài: nǐ bù néng liú xià wǒ zài zhè lǐ, dān dú hé guǐ dāi zài yī qǐ!

泰勒: 那就和我一起走！

tài lè: nà jiù hé wǒ yī qǐ zǒu!

斯宾塞: 好的。拜拜，鬼魂！请离开并且不要再回来！

sī bīn sài: hǎo de. bái bái, guǐ hún! qǐng lí kāi bìng qiě bù yào zài huí lái!

135

IS THAT A GHOST?

Taylor: What is that?!

Spencer: What is *what*?

Taylor: That thing in the corner?

Spencer: What thing? I don't see anything.

Taylor: It looks like... no... that's not possible.

Spencer: What?! You're scaring me!

Taylor: It looked like a ghost!

Spencer: Oh, stop. I don't believe in ghosts.

Taylor: I don't either. But that looked like a ghost.

Spencer: What did it look like?

Taylor: It was in the shape of a person, and I could see through it.

Spencer: I don't believe you. I think you're playing a joke on me.

Taylor: I'm not joking! That's what I saw!

Spencer: You probably just imagined it.

Taylor: I don't think so.

Spencer: ...

Taylor: What?

Spencer: ...oh my gosh.

Taylor: What?!

Spencer: Do you see that?

Taylor: YES! That's what I saw before!

Spencer: That looks like a ghost!

Taylor: I told you!

Spencer: Okay. Maybe I believe you now.

Taylor: Thank you! Now I'm leaving.

Spencer: Where are you going?

Taylor: There is a ghost in here! I'm getting out of here!

Spencer: You can't leave me here alone with a ghost!

Taylor: So come with me!

Spencer: Okay. Bye, ghost! Please leave and don't come back!

43

可爱的狗 （A2） - CUTE DOG

-

KĚ ÀI DE GǑU

珍妮: 不好意思，我能和你的狗打个招呼吗？

zhēn nī: bù hǎo yì sī, wǒ néng hé nǐ de gǒu dǎ gè zhāo hū ma?

朱利安: 当然可以！它会很喜欢的。

zhū lì ān: dāng rán kě yǐ! tā huì hěn xǐ huān de.

珍妮: 它太可爱了！它是什么品种的狗？

zhēn nī: tā tài kě ài le! tā shì shén me pǐn zhǒng de gǒu?

朱利安: 我不太确定。它是被救回来的。

zhū lì ān: wǒ bù tài què dìng. tā shì bèi jiù huí lái de.

珍妮: 它看起来像混种吉娃娃。

zhēn nī: tā kàn qǐ lái xiàng hùn zhǒng jí wá wá.

朱利安: 事实上，我认为它是一半西班牙猎犬，一半博美犬。

zhū lì ān: shì shí shàng, wǒ rèn wéi tā shì yī bàn xī bān yá liè quǎn, yī bàn bó měi quǎn.

珍妮: 了解。

zhēn nī: liǎo jiě.

朱利安: 我觉得它其实看起来像一只非常小的金毛。

zhū lì ān: wǒ jué dé tā qí shí kàn qǐ lai xiàng yī zhī fēi cháng xiǎo de jīn máo.

珍妮: 我也这么觉得！它是幼犬吗？

zhēn nī: wǒ yě zhè me jué dé! tā shì yòu quǎn ma?

朱利安: 不是，它其实六岁了。

zhū lì ān: bù shì, tā qí shí liù suì le.

珍妮: 哇！但它看起来像一只小狗！

zhēn nī: wà! dàn tā kàn qǐ lái xiàng yī zhī xiǎo gǒu!

朱利安: 是的，我觉得它永远都会像小狗。

zhū lì ān: shì de, wǒ jué dé tā yǒng yuǎn dōu huì xiàng xiǎo gǒu.

珍妮: 希望如此。它太软了，我喜欢它柔软的毛。

zhēn nī: xī wàng rú cǐ. tā tài ruǎn le, wǒ xǐ huān tā róu ruǎn de máo.

朱利安: 它确实有柔软的毛。它吃健康的狗粮，这让它的毛保持柔滑。

zhū lì ān: tā què shí yǒu róu ruǎn de máo. tā chī jiàn kāng de gǒu liáng, zhè ràng tā de máo bǎo chí róu huá.

珍妮: 你真好。它叫什么名字？

zhēn nī: nǐ zhēn hǎo. tā jiào shén me míng zì?

朱利安: 斯坦利。

zhū lì ān: sī tǎn lì.

珍妮: 对狗来说是个有趣的名字。我觉得它太可爱了！

zhēn nī: duì gǒu lái shuō shì gè yǒu qù de míng zì. wǒ jué dé tā tài kě ài le!

朱利安: 谢谢你。

zhū lì ān: xiè xiè nǐ.

珍妮: 你从哪里找到它的？

zhēn nī: nǐ cóng nǎ lǐ zhǎo dào tā de?

朱利安: 在收容所。斯坦利是一只被救回来的狗。

zhū lì ān: zài shōu róng suǒ. sī tǎn lì shì yī zhī bèi jiù xià huí de gǒu.

珍妮: 太棒了！我的狗也是。它很可爱。

zhēn nī: tài bàng le! wǒ de gǒu yě shì. tā hěn kě ài.

朱利安: 好极了！妳的狗养了多久？

zhū lì ān: hǎo jí le! nǐ de gǒu yǎng le duō jiǔ?

珍妮: 我在它一岁时得到它的，现在它四岁了，所以大概三年。

zhēn nī: wǒ zài tā yī suì shí dé dào tā de, xiàn zài tā sì suì le, suǒ yǐ dà gài sān nián.

朱利安: 它是什么品种的狗？叫什么名字？

zhū lì ān: tā shì shén me pǐn zhǒng de gǒu? jiào shén me míng zì?

珍妮: 它叫可可，是一只混种贵妇犬。

zhēn nī: tā jiào kě kě, shì yī zhī hùn zhǒng guì fù quǎn.

朱利安: 真不错。

zhū lì ān: zhēn bù cuò.

珍妮: 你觉得斯坦利会喜欢可可吗？

zhēn nī: nǐ jué dé sī tǎn lì huì xǐ huān kě kě ma?

朱利安: 我希望如此。我们应该为它们安排一起玩吗？

zhū lì ān: wǒ xī wàng rú cǐ. wǒ men yīng gāi wèi tā men ān pái yī qǐ wán ma?

珍妮: 当然！我很愿意。

zhēn nī: dāng rán! wǒ hěn yuàn yì.

CUTE DOG

Jenny: Excuse me. May I say hello to your dog?

Julian: Sure! He would like that very much.

Jenny: He's so cute! What kind of dog is he?

Julian: I'm not sure. He is a rescue.

Jenny: He looks like a Chihuahua mix.

Julian: Actually, I think he's part spaniel and part Pomeranian.

Jenny: I see.

Julian: I think he actually looks like a very tiny golden retriever.

Jenny: I think so, too! Is he a puppy?

Julian: No, he is actually six years old.

Jenny: Wow! But he looks like a puppy!

Julian: Yeah, I think he will look like a puppy forever.

Jenny: I hope so. He is so soft! I love his soft fur.

Julian: He does have soft fur. He eats healthy dog food and it helps his fur stay silky.

Jenny: That's very nice of you. What's his name?

Julian: Stanley.

Jenny: That's a funny name for a dog. I think it's so cute!

Julian: Thank you.

Jenny: Where did you get him?

Julian: At the shelter. Stanley is a rescue dog.

Jenny: That's awesome! So is mine. She is lovely.

Julian: Cool! How long have you had your dog?

Jenny: I got her when she was one, and now she's four, so about three years.

Julian: What kind of dog is she? And what's her name?

Jenny: Her name is Coco and she's a poodle mix.

Julian: That's nice.

Jenny: Do you think Stanley would like Coco?

Julian: I hope so. Should we schedule a playtime for them?

Jenny: Sure! I would like that.

44

一场流星雨（A2）- A METEOR SHOWER

-

YĪ CHĂNG LIÚ XĪNG YǓ

安德拉： 迈克尔，你猜怎样！

ān dé lā: mài kè ěr, nǐ cāi zěn yàng!

迈克尔： 什么？

mài kè ěr: shén me?

安德拉： 今晚会有流星雨！我在新闻上看到的。

ān dé lā: jīn wǎn huì yǒu liú xīng yǔ! wǒ zài xīn wén shàng kàn dào de.

迈克尔： 哦，真的吗？流星雨什么时候出现？

mài kè ěr: ó, zhēn de ma? liú xīng yǔ shén me shí hòu chū xiàn?

安德拉： 流星雨会在晚上九点开始，大约午夜结束。

ān dé lā: liú xīng yǔ huì zài wǎn shàng jiǔ diǎn kāi shǐ, dà yuē wǔ yè jié shù.

迈克尔： 我们能在家看到流星雨吗？

mài kè ěr: wǒ men néng zài jiā kàn dào xīng yǔ ma?

安德拉： 不能。家里有太多城市光害了，我们得去个非常暗的地方。

ān dé lā: bù néng. jiā lǐ yǒu tài duō chéng shì guāng hài le, wǒ men děi qù gè fēi cháng àn de dì fāng.

迈克尔： 我们可以开车去菲利克斯山顶。

mài kè ěr: wǒ men kě yǐ kāi chē qù fēi lì kè sī shān dǐng.

安德拉： 有多远？

ān dé lā: yǒu duō yuǎn?

迈克尔： 我想山离这里有十英里。

mài kè ěr: wǒ xiǎng shān lí zhè lǐ yǒu shí yīng lǐ.

安德拉： 就这么办吧。

ān dé lā: jiù zhè me bàn ba.

迈克尔： 你之前看过流星雨吗？

mài kè ěr: nǐ zhī qián kàn guò liú xīng yǔ ma?

安德拉： 没有。这是我第一次看。我非常兴奋，我之前从来没看过流星。

ān dé lā: méi yǒu. zhè shì wǒ dì yī cì kàn. wǒ fēi cháng xīng fèn, wǒ zhī qián cóng lái méi kàn guò liú xīng.

迈克尔： 我真为你感到兴奋！

mài kè ěr: wǒ zhēn wèi nǐ gǎn dào xīng fèn!

安德拉： 你之前看过流星吗？

ān dé lā: nǐ zhī qián kàn guò liú xīng ma?

迈克尔： 是的。

mài kè ěr: shì de.

安德拉： 什么时候？

ān dé lā: shén me shí hòu?

迈克尔： 几年前有一场流星雨。我当时在菲利克斯山的一个营地工作。那晚看到了非常多的流星。

mài kè ěr: jǐ nián qián yǒu yī chǎng liú xīng yǔ. wǒ dāng shí zài fēi lì kè sī shān de yī gè yíng dì gōng zuò. nà wǎn kàn dào le fēi cháng duō de liú xīng.

安德拉： 你有许愿吗？

ān dé lā: nǐ yǒu xǔ yuàn ma?

迈克尔： 是的，我许了。

mài kè ěr: shì de, wǒ xǔ le.

安德拉： 你许了什么愿？

ān dé lā: nǐ xǔ le shén me yuàn?

迈克尔： 我不能告诉你！如果告诉你了，愿望就不灵了。

mài kè ěr: wǒ bù néng gào sù nǐ! rú guǒ gào sù nǐ le, yuàn wàng jiù bù líng le.

安德拉： 你是说现在还没有实现？

ān dé lā: nǐ shì shuō xiàn zài hái méi yǒu shí xiàn?

迈克尔： 没有……

mài kè ěr: méi yǒu……

安德拉： 好吧，希望我们今晚能许一些新的愿望。

ān dé lā: hǎo ba, xī wàng wǒ men jīn wǎn néng xǔ yī xiē xīn de yuàn wàng.

迈克尔： 希望如此。

mài kè ěr: xī wàng rú cǐ.

A METEOR SHOWER

Andrea: Michael, guess what!

Michael: What?

Andrea: There's going to be a meteor shower tonight! I saw it on the news.

Michael: Oh, really? What time will the meteor shower happen?

Andrea: The meteor shower will start at 9:00 p.m. and end around midnight.

Michael: Can we watch the meteor shower from home?

Andrea: No, there are too many city lights at home. We have to go somewhere very dark.

Michael: We can drive to the top of Mt. Felix.

Andrea: How far is it?

Michael: I think the mountain is ten miles from here.

Andrea: Let's do that.

Michael: Have you ever seen a meteor shower?

Andrea: I haven't. This will be my first time. I'm very excited. I have never seen a shooting star before.

Michael: I'm very excited for you!

Andrea: Have you seen a shooting star before?

Michael: Yes.

Andrea: When?

Michael: There was a meteor shower a few years ago. I was working at a camp on Mt. Felix. I saw many shooting stars that night.

Andrea: Did you make a wish?

Michael: Yes, I did.

Andrea: What did you wish for?

Michael: I can't tell you! If I tell you, my wish won't come true.

Andrea: You mean it still hasn't come true?

Michael: No...

Andrea: Well, hopefully we can make some new wishes tonight.

Michael: I hope so.

45

如何拍一张好看的照片（A2）- HOW TO TAKE A GOOD PICTURE - RÚ HÉ PĀI YĪ ZHĀNG HǍO KÀN DE ZHÀO PIĀN

玛雅: 嗨，达米安！

mǎ yǎ: hāi, dá mǐ ān!

达米安: 嗨，玛雅！好久不见。

dá mǐ ān: hāi, mǎ yǎ! hǎo jiǔ bù jiàn.

玛雅: 我知道。你过得怎么样？

mǎ yǎ: wǒ zhī dào. nǐ guò dé zěn me yàng?

达米安: 很不错。妳呢？

dá mǐ ān: hěn bù cuò. nǐ ne?

玛雅: 我很好。哦，我想请教你。你是个摄影师，对吗？

mǎ yǎ: wǒ hěn hǎo. ò, xiǎng qǐng jiào nǐ. nǐ shì gè shè yǐng shī, duì ma?

达米安: 是的。嗯，我拍照只是为了好玩。我不是专业摄影师。

dá mǐ ān: shì de. ǹ, wǒ pāi zhào zhǐ shì wèi le hǎo wán. wǒ bù shì zhuān yè shè yǐng shī.

玛雅: 但你的照片看起来很专业！

mǎ yǎ: dàn nǐ de zhào piān kàn qǐ lái hěn zhuān yè!

达米安: 哦，谢谢！这是我的爱好，而且我做了很长一段时间了。

dá mǐ ān: ò, xiè xiè! zhè shì wǒ de ài hào, ér qiě wǒ zuò le hěn cháng yī duàn shí jiān le.

玛雅: 关于怎么拍好照片你有什么建议吗？

mǎ yǎ: guān yú zěn me pāi hǎo zhào piān nǐ yǒu shén me jiàn yì ma?

达米安: 嗯……当然。妳喜欢拍什么照片？

dá mǐ ān: ǹ ……dāng rán. nǐ xǐ huān pāi shén me zhào piān?

玛雅: 大多数是风景和建筑。

mǎ yǎ: dà duō shù shì fēng jǐng hé jiàn zhù.

达米安: 啊，好的。妳听说过"三分构图法"吗？

dá mǐ ān: à, hǎo de. nǐ tīng shuō guò "sān fēn gòu tú fǎ" ma?

玛雅: 没有。那是什么？

mǎ yǎ: méi yǒu. nà shì shén me?

达米安: 想象一个长方形，然后把这个长方形分成九个相等的方形。照片中 最重要的部分应该放在横线和竖线的交点上。这有助于你的构图。

dá mǐ ān: xiǎng xiàng yī gè cháng fāng xíng, rán hòu bǎ zhè ge cháng fāng xíng fēn chéng jiǔ gè xiāng děng de fāng xíng. zhào piān zhōng zuì zhòng yào de bù fèn yīng gāi fàng zài héng xiàn hé shù xiàn de jiāo diǎn shàng. zhè yǒu zhù yú nǐ de gòu tú.

玛雅: 哦，真的吗？这太棒了！我要试一试。

mǎ yǎ: ó, zhēn de ma? zhè tài bàng le! wǒ yào shì yī shì.

达米安: 是的，妳应该试一试。嗯，我必须要走了。如果妳将来还需要更多建议，请告诉我！

dá mǐ ān: shì de, nǐ yīng gāi shì yī shì. ǹ, wǒ bì xū yào zǒu le. rú guǒ nǐ jiāng lái hái xū yào gèng duō jiàn yì, qǐng gào sù wǒ!

玛雅: 我会的。谢谢，达米安！

mǎ yǎ: wǒ huì de. xiè xiè, dá mǐ ān!

达米安: 没问题。后会。

dá mǐ ān: méi wèn tí. hòu huì.

玛雅: 再见！

mǎ yǎ: zài jiàn!

HOW TO TAKE A GOOD PICTURE

Maia: Hey, Damien!

Damien: Hi, Maia! Long time no see.

Maia: I know! How have you been?

Damien: Pretty good. How about you?

Maia: I'm good. Oh, I have a question for you. You're a photographer, right?

Damien: Yeah. Well, I take pictures just for fun. I'm not a professional photographer.

Maia: But your pictures look professional!

Damien: Oh, thanks! It's my hobby, and I have been doing it for a long time.

Maia: Do you have any tips on how to take good pictures?

Damien: Umm... sure. What do you like to take pictures of?

Maia: Mostly landscapes and architecture.

Damien: Ah, okay. Have you heard of the "Rule of Thirds"?

Maia: No. What's that?

Damien: So, imagine a rectangle. And then divide the rectangle into nine equal squares. The most important parts of the photo should be at the places where the vertical and horizontal lines meet. This will help the composition of your photo.

Maia: Oh, really? That's so cool! I'll try that.

Damien: Yeah, you should. Well, I have to go. If you need any more tips in the future, let me know!

Maia: I will. Thanks, Damien!

Damien: No problem. See you later.

Maia: See you!

46

一个惊喜派对（A2）- A SURPRISE PARTY

-

YĪ GÈ JĪNG XǏ PÀI DUÌ

英格丽德: 嗨，你要去艾玛的惊喜派对吗？

yīng gé lì dé: hāi, nǐ yào qù ài mǎ de jīng xǐ pài duì ma?

埃里克: 嘘！别说那么大声，她会听到的。

āi lǐ kè: xū! bié shuō nà me dà shēng, tā huì tīng dào de.

英格丽德: 她在隔壁和丹讲话呢，她不会听到我说话的。

yīng gé lì dé: tā zài gé bì hé dān jiǎng huà ne, tā bù huì tīng dào wǒ shuō huà de.

埃里克: 你说话时所有人都能听见。

āi lǐ kè: nǐ shuō huà shí suǒ yǒu rén dōu néng tīng jiàn.

英格丽德: 不是所有人。其他城市的人就听不见我讲话。

yīng gé lì dé: bù shì suǒ yǒu rén. qí tā chéng shì de rén jiù tīng bù jiàn wǒ jiǎng huà.

埃里克: 你确定吗？

āi lǐ kè: nǐ què dìng ma?

英格丽德: 好吧，好吧，我声音很大，我明白了。不管怎样，你要去吗？

yīng gé lì dé: hǎo ba, hǎo ba, wǒ shēng yīn hěn dà, wǒ míng bái le. bù guǎn zěn yàng, nǐ yào qù ma?

埃里克: 要去。你呢？

āi lǐ kè: yào qù. nǐ ne?

英格丽德: 当然。我在帮忙计划。

yīng gé lì dé: dāng rán. wǒ zài bāng máng jì huà.

埃里克: 那么计划是什么？

āi lǐ kè: nà me jì huà shì shén me?

英格丽德: 她的男朋友亚伦会带她出去吃饭。所有人会在六点到六点半之间抵达。艾玛和亚伦会在八点回到房子里。亚伦会通过短信通知我们进展。我们都要藏好，然后等他们进屋时，我们就跳出来喊"惊喜！"

yīng gé lì dé: tā de nán péng yǒu yǎ lún huì dài tā chū qù chī fàn. suǒ yǒu rén huì zài liù diǎn dào liù diǎn bàn zhī jiān dǐ dá. ài mǎ hé yǎ lún huì zài bā diǎn huí dào fáng zi lǐ. yǎ lún huì tōng guò duǎn xìn tōng zhī wǒ men jìn zhǎn. wǒ men dōu yào cáng hǎo, rán hòu děng tā men jìn wū shí, wǒ men jiù tiào chū lái hǎn "jīng xǐ!"

埃里克: 很棒。她起疑心了吗？难道她不觉得奇怪没有朋友愿意和她出去过生日？

āi lǐ kè: hěn bàng. tā qǐ yí xīn le ma? nán dào tā bù jué de qí guài méi yǒu péng yǒu yuàn yì hé tā chū qù guò shēng rì?

英格丽德: 她这周末和朋友们出去玩，在她生日之后。所以她以为那是唯一的派对。

yīng gé lì dé: tā zhè zhōu mò hé péng yǒu men chū qù wán, zài tā shēng rì zhī hòu. suǒ yǐ tā yǐ wéi nà shì wéi yī de pài duì.

埃里克: 她完全不知道这个惊喜派对？

āi lǐ kè: tā wán quán bù zhī dào zhè gè jīng xǐ pài duì?

英格丽德: 不！她完全一无所知。

yīng gé lì dé: bù! tā wán quán yī wú suǒ zhī.

埃里克: 太棒了。我等不及要看她的反应。

āi lǐ kè: tài bàng le. wǒ děng bù jí yào kàn tā de fǎn yìng.

英格丽德: 我也是！

yīng gé lì dé: wǒ yě shì!

A SURPRISE PARTY

Ingrid: Hey, are you coming to Emma's surprise party?

Erik: Shh! Don't say that so loud. She might hear you.

Ingrid: She's in the next room talking to Dan. She can't hear me.

Erik: Everyone can hear you when you talk.

Ingrid: Not *everyone*. People in other cities can't hear me.

Erik: Are you sure?

Ingrid: Okay, okay, I'm loud. I get it. Anyway, are you coming?

Erik: Yeah. Are you?

Ingrid: Of course; I'm helping plan it.

Erik: So what's the plan?

Ingrid: Her boyfriend Aaron is taking her out to dinner. Everyone is arriving at the house between six and six thirty. Emma and Aaron should get back to the house by eight. Aaron is going to keep us updated via text. We're all going to hide, and then when they come home we'll jump out and say "Surprise!"

Erik: Cool. Is she suspicious at all? Isn't she surprised that none of her friends want to hang out for her birthday?

Ingrid: She's hanging out with her friends this weekend, after her birthday. So she thinks that's the only party.

Erik: And she has no idea about the surprise party?

Ingrid: Nope! She's totally clueless.

Erik: Awesome. I can't wait to see her reaction.

Ingrid: Me too!

47

我最喜欢的早餐（A2）- MY FAVORITE BREAKFAST - WǑ ZUÌ XǏ HUĀN DE ZǍO CĀN

宫泽: 妳今天早饭想吃什么？

gōng zé: nǐ jīn tiān zǎo fàn xiǎng chī shén me?

汉娜: 嗯......水果和酸奶或麦片。我喜欢麦片，但我知道它不是超级健康。所以我试着吃水果、酸奶和格兰诺拉麦片。

hàn nà: ǹ ......shuǐ guǒ hé suān nǎi huò mài piàn. wǒ xǐ huān mài piàn, dàn wǒ zhī dào tā bù shì chāo jí jiàn kāng. suǒ yǐ wǒ shì zhe chī shuǐ guǒ, suān nǎi hé gé lán nuò lā mài piàn.

宫泽: 哦，了解。妳吃过燕麦粥吗？燕麦粥非常健康，对不对？

gōng zé: ò, liǎo jiě. nǐ chī guò yàn mài zhōu ma? yàn mài zhōu fēi cháng jiàn kāng, duì bù duì?

汉娜: 是的，没错，但那太无聊了！你早餐吃什么？

hàn nà: shì de, méi cuò, dàn nà tài wú liáo le! nǐ zǎo cān chī shén me?

宫泽: 可能一些味噌汤和米饭。

gōng zé: kě néng yī xiē wèi zēng tāng hé mǐ fàn.

汉娜: 哦，哇！在美国这里我们只会在午饭或晚饭吃这类东西。

hàn nà: ó, wà! zài měi guó zhè lǐ wǒ men zhǐ huì zài wǔ fàn huò wǎn fàn chī zhè lèi dōng xī.

宫泽: 是的，我们也是在午饭和/或晚饭吃味噌汤和米饭。我喜欢早饭吃。 如果我非常饿，而且有时间做的话，有时候我会吃烤鱼配味噌汤和米饭。

gōng zé: shì de, wǒ men yě shì zài wǔ fàn hé/huò wǎn fàn chī wèi zēng tāng hé mǐ fàn. wǒ xǐ huān zǎo fàn chī. rú guǒ wǒ fēi cháng è, ér qiě yǒu shí jiān zuò de huà, yǒu shí hòu wǒ huì chī kǎo yú pèi wèi zēng tāng hé mǐ fàn.

汉娜: 有趣！我从没在早饭吃过鱼。

hàn nà: yǒu qù! wǒ cóng méi zài zǎo fàn chī guò yú.

宫泽: 妳应该找时间试一试！很健康。

gōng zé: nǐ yīng gāi zhǎo shí jiān shì yī shì! hěn jiàn kāng.

汉娜:听起来确实很健康。也许我会试一试。

hàn nà: tīng qǐ lái què shí hěn jiàn kāng. yě xǔ wǒ huì shì yī shì.

宫泽: 我有时候早餐也吃麦片。但我最喜欢把麦片当宵夜来吃。

gōng zé: wǒ yǒu shí hòu zǎo cān yě chī mài piàn. dàn wǒ zuì xǐ huān bǎ mài piàn dāng xiāo yè lái chī.

汉娜: 我也是！一天里任何时候都适合吃麦片。

hàn nà: wǒ yě shì! yī tiān lǐ rèn hé shí hòu dōu shì hé chī mài piàn.

宫泽: 哈哈。好了，我们今天吃味噌汤和米饭，明天吃麦片怎么样？

gōng zé: hā hā. hǎo le, wǒ men jīn tiān chī wèi zēng tāng hé mǐ fàn, míng tiān chī mài piàn zěn me yàng?

汉娜: 听起来不错！

hàn nà: tīng qǐ lái bu cuò!

MY FAVORITE BREAKFAST

Keito: What do you want for breakfast today?

Hannah: Hmm… fruit and yogurt or cereal. I love cereal but I know it's not super healthy for me. So I'm trying to eat fruit and yogurt and granola.

Keito: Oh, I see. Have you tried oatmeal? Oatmeal is really healthy, right?

Hannah: Yes, it is, but it's so boring! What are you going to eat for breakfast?

Keito: Probably some miso soup and steamed rice.

Hannah: Oh, wow! Here in the U.S. we only eat that kind of thing for lunch or dinner.

Keito: Yeah, we also eat miso soup and rice for lunch and/or dinner. I like to eat it for breakfast. Sometimes I eat grilled fish with my miso soup and rice if I'm really hungry and I have time to make it.

Hannah: Interesting! I've never had fish for breakfast.

Keito: You should try it sometime! It's healthy.

Hannah: That does sound healthy. Maybe I will!

Keito: I eat cereal for breakfast sometimes too. But my favorite time to eat cereal is as a late-night snack.

Hannah: Me too! Any time of day is good for cereal.

Keito: Ha ha. Okay, how about we have some miso soup and rice today, and tomorrow we can have cereal?

Hannah: Sounds good!

48

烦人的邻居（A2）- ANNOYING NEIGHBORS
-
FÁN RÉN DE LÍN JŪ

纳蒂亚: 我们的邻居又在大声播放音乐了!

nà dì yà: wǒ men de lín jū yòu zài dà sheng bō fàng yīn yuè le!

卡杰克: 呃，我以为他说过会把音乐声调小的!

kǎ jié kè: è, wǒ yǐ wéi tā shuō guò huì bǎ yīn yuè shēng tiáo xiǎo de!

纳蒂亚: 我猜他改变主意了。我们已经跟他谈过三次了。这太无礼了!

nà dì yà: wǒ cāi tā gǎi biàn zhǔ yì le. wǒ men yǐ jīng gēn tā tán guò sān cì le. zhè tài wú lǐ le!

卡杰克: 我们该怎么做?

kǎ jié kè: wǒ men gāi zěn me zuò?

纳蒂亚: 我们应该和房东谈谈吧?

nà dì yà: wǒ men yīng gāi hé fáng dōng tán tán ba?

卡杰克: 嗯……也许我们应该再和他谈一次，然后才找房东?

kǎ jié kè: ń ......yě xǔ wǒ men yīng gāi zài hé tā tán yī cì, rán hòu cái zhǎo fáng dōng?

纳蒂亚: 什么? 音乐让我都听不见你说话了!

nà dì yà: shén me? yīn yuè ràng wǒ dōu tīng bù jiàn nǐ shuō huà le!

卡杰克: 我说我们应该再和他谈一次，然后才找房东。妳觉得呢?

kǎ jié kè: wǒ shuō wǒ men yīng gāi zài hé tā tán yī cì, rán hòu cái zhǎo fáng dōng. nǐ jué dé ne?

纳蒂亚: 我觉得这是个好主意。哦，他把声音调小了。

nà dì yà: wǒ jué dé zhè shì gè hǎo zhǔ yì. ó, tā bǎ shēng yīn tiáo xiǎo le.

卡杰克: 也许他听到我们喊了。

kǎ jié kè: yě xǔ tā tīng dào wǒ men hǎn le.

纳蒂亚: 有可能。

nà dì yà: yǒu kě néng.

卡杰克: 这就是为什么我想搬去一个比较安静一些的小区。

kǎ jié kè: zhè jiù shì wèi shén me wǒ xiǎng bān qù yī gè bǐ jiào ān jìng yī xiē de xiǎo qū.

纳蒂亚: 是的，但这个城市里所有更安静的小区都更贵。

nà dì yà: shì de, dàn zhè ge chéng shì lǐ suǒ yǒu gèng ān jìng de xiǎo qū dōu gèng guì.

卡杰克: 并非全部。丹和辛迪住在克雷斯特维，那里相当安静，而且负担得起。

kǎ jié kè: bìng fēi quán bù. dān hé xīn dí zhù zài kè léi sī tè wéi, nà lǐ xiāng dāng ān jìng, ér qiě fù dān dé qǐ.

纳蒂亚: 也对。也许我们应该上网查查，看是否有可以住的公寓。

nà dì yà: yě duì. yě xǔ wǒ men yīng gāi shàng wǎng chá chá, kàn shì fǒu yǒu kě yǐ zhù de gōng yù.

卡杰克: 什么？我听不见你说话。

kǎ jié kè: shén me? wǒ tīng bù jiàn nǐ shuō huà.

纳蒂亚: 也许我们应该上网查查，看是否有出租的公寓。

nà dì yà: yě xǔ wǒ men yīng gāi shàng wǎng chá chá, kàn shì fǒu yǒu chū zū de gōng yù.

卡杰克: 好的。我们现在就做吧。如果再住下去我们就要失声了！

kǎ jié kè: hǎo de. wǒ men xiàn zài jiù zuò ba. rú guǒ zài zhù xià qù wǒ men jiù yào shī shēng le!

ANNOYING NEIGHBORS

Nadia: Our neighbor is playing loud music again!

Kadek: Ugh. I thought he said he would keep the music down!

Nadia: I guess he changed his mind. We've talked to him about it three times. It's so rude!

Kadek: What can we do?

Nadia: Should we talk to our landlord?

Kadek: Hmm... maybe we should talk to him one more time and then talk to the landlord?

Nadia: What? I can't hear you over the music!

Kadek: I SAID WE SHOULD TALK TO HIM ONE MORE TIME AND THEN TALK TO THE LANDLORD. WHAT DO YOU THINK?

Nadia: I THINK THAT'S A GOOD IDEA. Oh, he turned it down.

Kadek: Maybe he heard us shouting.

Nadia: Possibly.

Kadek: This is why I want to move to a quieter neighborhood.

Nadia: Yeah. But all the quieter neighborhoods in this city are more expensive.

Kadek: Not all of them. Dan and Cindy live in Crestview, which is pretty quiet and affordable.

Nadia: That's true. Maybe we should look online and see if there are any available apartments.

Kadek: What? I can't hear you.

Nadia: MAYBE WE SHOULD LOOK ONLINE AND SEE IF THERE ARE ANY APARTMENTS FOR RENT.

Kadek: Okay. Let's do it now. We're going to lose our voices if we stay here much longer!

49

美发沙龙的理解错误（A2） -
MISCOMMUNICATION AT THE SALON
-
MĚI FÀ SHĀ LÓNG DE LǏ JIĚ CUÒ WÙ

布里安娜: 嗨，多米尼克！很高兴见到你！请进来坐。

bù lǐ ān nà: hāi, duō mǐ ní kè! hěn gāo xìng jiàn dào nǐ! qǐng jìn lái zuò.

多米尼克: 谢谢，布里安娜。

duō mǐ ní kè: xiè xiè, bù lǐ ān nà.

布里安娜: 哇，你的头发长长了！你准备好要剪发了吗?

bù lǐ ān nà: wà, nǐ de tóu fà zhǎng cháng le! nǐ zhǔn bèi hǎo yào jiǎn fà le ma?

多米尼克: 当然！我明天面试，需要好看些。

duō mǐ ní kè: dāng rán! wǒ míng tiān miàn shì, xū yào hǎo kàn xiē.

布里安娜: 我可以帮你。你今天想要我做什么?

bù lǐ ān nà: wǒ kě yǐ bāng nǐ. nǐ jīn tiān xiǎng yào wǒ zuò shén me?

多米尼克: 我想保持头顶上比较长，而两边非常短。

duō mǐ ní kè: wǒ xiǎng bǎo chí tóu dǐng shàng bǐ jiào cháng, ér liǎng biān fēi cháng duǎn.

布里安娜: 你想让我把上面剪短吗?

bù lǐ ān nà: nǐ xiǎng ràng wǒ bǎ shàng miàn jiǎn duǎn ma?

多米尼克: 是的，顶上剪短一寸。

duō mǐ ní kè: shì de, dǐng shàng jiǎn duǎn yī cùn.

布里安娜: 明白了。你一切还好吗?

bù lǐ ān nà: míng bái le. nǐ yī qiè hái hǎo ma?

多米尼克: 一切都很好。我只需要确保明天的面试顺利。

duō mǐ ní kè: yī qiè dōu hěn hǎo. wǒ zhǐ xū yào què bǎo míng tiān de miàn shì shùn lì.

布里安娜: 我相信你在面试时会表现很好。

bù lǐ ān nà: wǒ xiāng xìn nǐ zài miàn shì shí huì biǎo xiàn hěn hǎo.

多米尼克: 但愿如此。

duō mǐ ní kè: dàn yuan rú cǐ.

布里安娜: 你女朋友怎么样了？

bù lǐ ān nà: nǐ nǚ péng yǒu zěn me yang le?

多米尼克: 她很好。我们下周要一起去旅行。

duō mǐ ní kè: tā hěn hǎo. wǒ men xià zhōu yào yī qǐ qù lǚ xíng.

布里安娜: 你们准备去哪里？

bù lǐ ān nà: nǐ men zhǔn bèi qù nǎ lǐ?

多米尼克: 我们去巴厘岛。

duō mǐ ní kè: wǒ men qù bā lí dǎo.

布里安娜: 听起来令人兴奋！我听说巴厘岛很美。

bù lǐ ān nà: tīng qi lai lìng rén xīng fèn! wǒ tīng shuō bā lí dǎo hěn měi.

多米尼克: 是的，我非常兴奋！

duō mǐ ní kè: shì de, wǒ fēi cháng xīng fèn!

布里安娜: 你们要旅行多久？

bù lǐ ān nà: nǐ men yào lǚ xíng duō jiǔ?

多米尼克: 我们大概去两周。

duō mǐ ní kè: wǒ men dà gài qù liǎng zhōu.

布里安娜: 我真为你高兴！

bù lǐ ān nà: wǒ zhēn wèi nǐ gāo xìng!

多米尼克: 谢谢！事实上——嘿！妳在干什么？

duō mǐ ní kè: xiè xiè! shì shí shàng——hēi! nǐ zài gàn shén me?

布里安娜: 啊？我做错什么了吗？

bù lǐ ān nà: á? wǒ zuò cuò shén me le ma?

多米尼克: 你剪掉太多头发了！

duō mǐ ní kè: nǐ jiǎn diào tài duō tóu fà le!

布里安娜: 什么意思？你说留下一寸头发的，对不对？

bù lǐ ān nà: shén me yì sī? nǐ shuō liú xià yī yīng tóu fà de, duì bù duì?

多米尼克: 不对，我说的是减掉一寸！

duō mǐ ní kè: bù duì, wǒ shuō de shì jiǎn diào yī cùn!

布里安娜: 哦……真抱歉。这次剪发不收你钱。我们可以补救的！

bù lǐ ānnà: ò ……zhēn bào qiàn. zhè cì jiǎn fà bù shōu nǐ qián. wǒ men kě yǐ bǔ jiù de!

MISCOMMUNICATION AT THE SALON

Briana: Hi, Dominic! Good to see you! Come in and have a seat.

Dominic: Thanks, Briana.

Briana: Wow, your hair is getting long! Are you ready for your haircut?

Dominic: I sure am! I need to look good for my interview tomorrow.

Briana: I can help with that. What would you like me to do today?

Dominic: I want to keep the top long and the sides very short.

Briana: Do you want me to cut the top?

Dominic: Yes, let's cut an inch off the top.

Briana: Gotcha. How is everything else going?

Dominic: Everything else is going okay. I just need to make sure my interview goes well tomorrow.

Briana: I'm sure you will do well on your interview.

Dominic: I hope so.

Briana: How is your girlfriend doing?

Dominic: She is good. We're going on a trip together next week.

Briana: Where are you going?

Dominic: We're going to Bali together.

Briana: That sounds exciting! I heard Bali is beautiful.

Dominic: Yes, I am very excited!

Briana: How long is your trip?

Dominic: We are going for about two weeks.

Briana: I'm happy for you!

Dominic: Thanks! I actually—hey! What are you doing?

Briana: Huh? Did I do something wrong?

Dominic: You cut off so much hair!

Briana: What do you mean? You said leave an inch of hair, right?

Dominic: No, I said cut off an inch!

Briana: Oh... I'm so sorry. I won't charge you for this cut. We can fix this!

50

我把钥匙锁在车里了（A2）- I LOCKED MY KEYS IN THE CAR - WǑ BǍ YÀO SHI SUǑ ZÀI CHĒ LǏ LE

阿扎德: 哦，不。

ā zhā dé: ó, bù.

布丽娜: 怎么了？

bù lì nà: zěn me le?

阿扎德: 我刚做了件傻事。

ā zhā dé: wǒ gāng zuò le jiàn shǎ shì.

布丽娜: 你做了什么？

bù lì nà: nǐ zuò le shén me?

阿扎德: 我把钥匙锁在车里了。

ā zhā dé: wǒ bǎ yào shi suǒ zài chē lǐ le.

布丽娜: 哦，亲爱的。怎么会这样的？

bù lì nà: ò, qīn ài de. zěn me huì zhè yàng de?

阿扎德: 我当时想要把所有袋子从车里拿出来。然后我就分心了，把钥匙留在了座椅上。

ā zhā dé: wǒ dāng shí xiǎng yào bǎ suǒ yǒu dài zi cóng chē lǐ ná chū lái. rán hòu wǒ jiù fēn xīn le, bǎ yào shi liú zài le zuò yǐ shàng.

布丽娜: 我们应该怎么办？

bù lì nà: wǒ men yīng gāi zěn me bàn?

阿扎德: 我想我们需要叫锁匠。

ā zhā dé: wǒ xiǎng wǒ men xū yào jiào suǒ jiàng.

布丽娜: 锁匠太贵了！上次我把钥匙锁在车里，不得已付了一百美金，而他只花了五分钟就打开了车！

bù lì nà: suǒ jiàng tài guì le! shàng cì wǒ bǎ yào shi suǒ zài chē lǐ, bù dé yǐ fù le yī bǎi měi jīn, ér tā zhǐ huā le wǔ fēn zhōng jiù dǎ kāi le chē!

158

阿扎德: 我知道。确实不值。但我不知道怎么把钥匙拿出来。

ā zhā dé: wǒ zhī dào. què shí bù zhí. dàn wǒ bù zhī dào zěn me bǎ yào shi ná chū lái.

布丽娜: 你能试着把窗户打开一点吗？

bù lì nà: nǐ néng shì zhe bǎ chuāng hù dǎ kāi yī diǎn ma?

阿扎德: 我试试。

ā zhā dé: wǒ shì shì.

(五分钟之后......)

(wǔ fēn zhōng zhī hòu......)

阿扎德: 我做不到！我必须得叫锁匠。

ā zhā dé: wǒ zuò bù dào! wǒ bì xū děi jiào suǒ jiàng.

布丽娜: 好吧。我上网看了看，找到一个便宜的。他只要价七十五美金。

bù lì nà: hǎo ba. wǒ shàng wǎng kàn le kàn, zhǎo dào yī gè pián yí de. tā zhǐ yào jià qī shí wǔ měi jīn.

阿扎德: 这算便宜？

ā zhā dé: zhè suàn pián yí?

布丽娜: 并不算。但比一百美金要好了！

bù lì nà: bìng bù suàn. dàn bǐ yī bǎi měi jīn yào hǎo le!

阿扎德: 是的。

ā zhā dé: shì de.

布丽娜: 他说他四十五分钟内会到。

bù lì nà: tā shuō tā sì shí wǔ fēn zhōng nèi huì dào.

阿扎德: 四十五分钟？！

ā zhā dé: sì shí wǔ fēn zhōng?!

布丽娜: 这是他到这里最快的速度了！是你的错把钥匙锁在车里的。

bù lì nà: zhè shì tā dào zhè lǐ zuì kuài de sù dù le! shì nǐ de cuò bǎ yào shi suǒ zài chē lǐ de.

阿扎德: 妳说得对。从现在起，我要小心我的钥匙了！

ā zhā dé: nǐ shuō dé duì. cóng xiàn zài qǐ, wǒ yào xiǎo xīn wǒ de yào shi le!

I LOCKED MY KEYS IN THE CAR

Azad: Oh, no.

Brenna: What?

Azad: I just did something stupid.

Brenna: What did you do?

Azad: I locked my keys in the car.

Brenna: Oh, dear. How did that happen?

Azad: I was trying to take all of these bags out of the car. Then I got distracted and left my keys on the seat.

Brenna: What should we do?

Azad: I think we need to call a locksmith.

Brenna: Locksmiths are so expensive! The last time I locked my keys in the car I had to pay one hundred dollars. And it only took him five minutes to open the car!

Azad: I know. It's a rip-off. But I don't know how to get the keys out.

Brenna: Can you try to open the window a little?

Azad: I'll try.

(Five minutes later...)

Azad: I can't do it! I have to call the locksmith.

Brenna: Okay. I looked online and found a cheap one. He only charges seventy-five dollars.

Azad: That's cheap?

Brenna: Well, no. But it's better than one hundred dollars!

Azad: Yeah, I guess.

Brenna: He said he'll be here in forty-five minutes.

Azad: Forty-five minutes?!

Brenna: That's the fastest he can get here! It's your fault for locking the keys in the car.

Azad: You're right. From now on I'm going to be so careful with my keys!

51

数绵羊（A2）- COUNTING SHEEP

-

SHÙ MIÁN YÁNG

乌尔里希: 嗨，伊莉莎。

wū ěr lǐ xī: hāi, yī lì shā.

伊莉莎: 嗨，乌尔里希。你好吗？

yī lì shā: hāi, wū ěr lǐ xī. nǐ hǎo ma?

乌尔里希: 我还不错。

wū ěr lǐ xī: wǒ hái bù cuò.

伊莉莎: 你确定吗？你看起来不是很好。

yī lì shā: nǐ què dìng ma? nǐ kàn qǐ lái bu shì hěn hǎo.

乌尔里希: 我昨天晚上只睡了两个小时。

wū ěr lǐ xī: wǒ zuó tiān wǎn shàng zhǐ shuì le liǎng gè xiǎo shí.

伊莉莎: 哦，糟糕！

yī lì shā: ò, zāo gāo!

乌尔里希: 我太累了。

wū ěr lǐ xī: wǒ tài lèi le.

伊莉莎: 昨天晚上发生了什么？

yī lì shā: zuó tiān wǎn shàng fā shēng le shén me?

乌尔里希: 我不知道。我就是睡不着。

wū ěr lǐ xī: wǒ bù zhī dào. wǒ jiù shì shuì bù zháo.

伊莉莎: 太奇怪了。

yī lì shā: tài qí guài le.

乌尔里希: 我知道。我不知道怎么办。

wū ěr lǐ xī: wǒ zhī dào. wǒ bù zhī dào zěn me bàn.

伊莉莎: 你试过在睡觉前喝牛奶吗

yī lì shā: nǐ shì guò zài shuì jiào qián hē niú nǎi ma?

乌尔里希: 没有，我不喜欢牛奶。

wū ěr lǐ xī: méi yǒu, wǒ bù xǐ huān niú nǎi.

伊莉莎: 我明白。

yī lì shā: wǒ míng bai.

乌尔里希: 我从十岁起就不喝牛奶了。

wū ěr lǐ xī: wǒ cóng shí suì qǐ jiù bù hē niú nǎi le.

伊莉莎: 那是很久以前了。

yī lì shā: nà shì hěn jiǔ yǐ qián le.

乌尔里希: 的确是。妳还有其他办法吗？

wū ěr lǐ xī: dí què shì. nǐ hái yǒu qí tā bàn fǎ ma?

伊莉莎: 你试过数绵羊吗？

yī lì shā: nǐ shì guò shǔ mián yáng ma?

乌尔里希: 我没有绵羊。

wū ěr lǐ xī: wǒ méi yǒu mián yáng.

伊莉莎: 不是，我的意思是数幻想中的绵羊。

yī lì shā: bù shì, wǒ de yì sī shì shǔ huàn xiǎng zhōng de mián yáng.

乌尔里希: 那有用吗？

wū ěr lǐ xī: nà yǒu yòng ma?

伊莉莎: 我听说对很多人有用。

yī lì shā: wǒ tīng shuō duì hěn duō rén yǒu yòng.

乌尔里希: 好吧，那我要做什么呢？

wū ěr lǐ xī: hǎo ba, nà wǒ yào zuò shén me ne?

伊莉莎: 首先，想象一只绵羊跳过一个篱笆，那就是你的第一只绵羊。

yī lì shā: shǒu xiān, xiǎng xiàng yī zhī mián yáng tiào guò yī gè lí bā, nà jiù shì nǐ de dì yī zhī mián yáng.

乌尔里希: 然后呢？

wū ěr lǐ xī: rán hòu ne?

伊莉莎: 接着，想象另一只绵羊跳过一个篱笆，那就是你的第二只绵羊。

yī lì shā: jiē zhe, xiǎng xiàng lìng yī zhī mián yáng tiào guò yī gè lí bā, nà jiù shì nǐ de dì èr zhī mián yáng.

乌尔里希: 好吧。

wū ěr lǐ xī: hǎo ba.

伊莉莎: 你一直数这些绵羊，直到睡着。试试看！

yī lì shā: nǐ yī zhí shǔ zhè xiē mián yáng, zhí dào shuì zháo. shì shì kàn!

乌尔里希: 一，二，三，四......五......六......

wū ěr lǐ xī: yī, èr, sān, sì......wǔ......liù......

伊莉莎: 乌......乌尔里希?

yī lì shā: wū......wū ěr lǐ xī?

乌尔里希: 呼——

wū ěr lǐ xī: hū——

伊莉莎: 他睡着了。我想他太累了。

yī lì shā: tā shuì zháo le. wǒ xiǎng tā tài lèi le.

COUNTING SHEEP

Ulrich: Hi, Eliza.

Eliza: Hi, Ulrich. How are you?

Ulrich: I'm okay.

Eliza: Are you sure? You don't look well.

Ulrich: I only slept two hours last night.

Eliza: Oh, no!

Ulrich: I am so tired.

Eliza: What happened last night?

Ulrich: I'm not sure. I just couldn't fall asleep.

Eliza: That's strange.

Ulrich: I know. I don't know what to do.

Eliza: Have you tried drinking milk before you go to bed?

Ulrich: No, I don't like milk.

Eliza: I understand.

Ulrich: I stopped drinking milk when I was ten.

Eliza: That was a long time ago.

Ulrich: It was. Do you have another idea?

Eliza: Have you tried counting sheep?

Ulrich: I don't own any sheep.

Eliza: No, I mean counting imaginary sheep.

Ulrich: Does that work?

Eliza: I heard it works for many people.

Ulrich: Okay, so what do I do?

Eliza: First, imagine one sheep jumping over a fence. That will be your first sheep.

Ulrich: And then what?

Eliza: Second, imagine another sheep jumping over a fence. That will be your second sheep.

Ulrich: Okay.

Eliza: You count these sheep until you fall asleep. Try it!

Ulrich: One, two, three, four... five... si....

Eliza: Uh... Ulrich?

Ulrich: Zzzzz.

Eliza: He fell asleep. I guess he was very tired.

52

上大学的第一天（A2）- FIRST DAY AT COLLEGE - SHÀNG DÀ XUÉ DE DÌ YĪ TIĀN

妈妈: 你准备好迎接你的大日子了吗?

mā ma: nǐ zhǔn bèi hǎo yíng jiē nǐ de dà rì zǐ le ma?

特雷弗: 是的。你和爸爸没问题吧?

tè léi fú: shì de. nǐ hé bà ba méi wèn tí ba?

妈妈: 我想我们会没问题的。我们会想你的。

mā ma: wǒ xiǎng wǒ men huì méi wèn tí de. wǒ men huì xiǎng nǐ de.

特雷弗: 妈妈，学校只是两小时路程。

tè léi fú: mā ma, xué xiào zhǐ shì liǎng xiǎo shí lù chéng.

妈妈: 我们还是会想你。

mā ma: wǒ men hái shì huì xiǎng nǐ.

特雷弗: 好吧。

tè léi fú: hǎo ba.

妈妈: 你兴奋吗?

mā ma: nǐ xīng fèn ma?

特雷弗: 是的。我还有一点紧张。

tè léi fú: shì de. wǒ hái yǒu yī diǎn jǐn zhāng.

妈妈: 没问题的! 你会有很多乐趣的。

mā ma: méi wèn tí de! nǐ huì yǒu hěn duō lè qù de.

特雷弗: 我希望如此。

tè léi fú: wǒ xī wàng rú cǐ.

妈妈: 约翰什么时候来?

mā ma: yuē hàn shén me shí hòu lái?

特雷弗: 我不知道。

tè léi fú: wǒ bù zhī dào.

妈妈： 我很高兴有他和你一起上学。

mā ma: wǒ hěn gāo xìng yǒu tā hé nǐ yī qǐ shàng xué.

特雷弗： 我也是。约翰会是一个很棒的室友。

tè léi fú: wǒ yě shì. yuē hàn huì shì yī gè hěn bàng de shì yǒu.

妈妈： 你准备好上课了吗？

mā ma: nǐ zhǔn bèi hǎo shàng kè le ma?

特雷弗： 没有，但下周才开始上课。我还有很多时间。

tè léi fú: méi yǒu, dàn xià zhōu cái kāi shǐ shàng kè. wǒ hái yǒu hěn duō shí jiān.

妈妈： 需要帮你拿东西吗？

mā ma: xū yào bāng nǐ ná dōng xī ma?

特雷弗： 不用，我想其他学生会帮忙的。

tè léi fú: bù yòng, wǒ xiǎng qí tā xué shēng huì bāng máng de.

妈妈： 你确定吗？

mā ma: nǐ què dìng ma?

特雷弗： 是的，妈妈。妳可以回家了。我没事的。

tè léi fú: shì de, mā ma. nǐ kě yǐ huí jiā le. wǒ méi shì de.

妈妈： 你想一起吃午饭吗？

mā ma: nǐ xiǎng yī qǐ chī wǔ fàn ma?

特雷弗： 不，今天午餐是免费的。其他学生都会去。

tè léi fú: bù, jīn tiān wǔ cān shì miǎn fèi de. qí tā xué shēng dōu huì qù.

妈妈： 好吧……

mā ma: hǎo ba……

特雷弗： 妈妈，我没事的。

tè léi fú: mā ma, wǒ méi shì de.

妈妈： 既然你这么说的话。

mā ma: jì rán nǐ zhè me shuō de huà.

特雷弗： 我爱妳。告诉爸爸我没事的。

tè léi fú: wǒ ài nǐ. gào sù bà ba wǒ méi shì de.

妈妈： 我也爱你。过得愉快！

mā ma: wǒ yě ài nǐ. guò dé yú kuài!

FIRST DAY AT COLLEGE

Mom: Are you ready for your big day?

Trevor: Yep. Are you and Dad going to be okay?

Mom: I think we will be okay. We are going to miss you.

Trevor: Mom, school is only two hours away.

Mom: We will still miss you.

Trevor: All right.

Mom: Are you excited?

Trevor: Yeah. I'm also a little nervous.

Mom: That's okay! You will have lots of fun.

Trevor: I hope so.

Mom: When will John be here?

Trevor: I don't know.

Mom: I'm glad he is going to school with you.

Trevor: Me too. John is going to be a great roommate.

Mom: Are you ready for class?

Trevor: No, but classes start next week. I have lots of time.

Mom: Do you need help with your things?

Trevor: No, I think other students will help.

Mom: Are you sure?

Trevor: Yes, Mom. You can go home. I will be fine.

Mom: Do you want to get lunch together?

Trevor: No, lunch is free today. All of the other students will be there.

Mom: Okay...

Trevor: Mom, I will be fine.

Mom: If you say so.

Trevor: I love you. Tell Dad I will be fine.

Mom: I love you, too. Have a great time!

53

动物园逃跑的动物（A2）- ESCAPED ANIMAL AT THE ZOO

-

DÒNG WÙ YUÁN TÁO PǍO DE DÒNG WÙ

蒂娜: 嗨，杰夫！你今天怎么样？

dì nà: hāi, jié fū! nǐ jīn tiān zěn me yàng?

杰夫: 我很好。事实上，你看到托尼了吗？

jié fū: wǒ hěn hǎo. shì shí shàng, nǐ kàn dào tuō ní le ma?

蒂娜: 谁是托尼？他长什么样？

dì nà: shuí shì tuō ní? tā zhǎng shén me yàng?

杰夫: 托尼住在这。他橙白相间，有黑色条纹，重五百磅。

jié fū: tuō ní zhù zài zhè. tā chéng bái xiāng jiàn, yǒu hēi sè tiáo wén, zhòng wǔ bǎi bàng.

蒂娜: 他真重！等等……橙白相间，有黑色条纹？

dì nà: tā zhēn zhòng! děng děng……chéng bái xiāng jiàn, yǒu hēi sè tiáo wén?

杰夫: 是的。

jié fū: shì de.

蒂娜: 托尼是毛茸茸的吗？

dì nà: tuō ní shì máo róng róng de ma?

杰夫: 算吧。

jié fū: suàn ba.

蒂娜: 托尼是一只老虎吗？我们的老虎逃跑了？

dì nà: tuō ní shì yī zhī lǎo hǔ ma? wǒ men de lǎo hǔ táo pǎo le?

杰夫: 是的！不过小声点！我不想惹麻烦。我们必须在动物园开门前找到托尼。

jié fū: shì de! bù guò xiǎo shēng diǎn! wǒ bù xiǎng rě má fán. wǒ men bì xū zài dòng wù yuán kāi mén qián zhǎo dào tuō ní.

蒂娜: 唔，对的，我们必须。

dì nà: wú, duì de, wǒ men bì xū.

杰夫: 妳能帮我吗？

jié fū: nǐ néng bāng wǒ ma?

蒂娜: 当然。你能告诉我这是怎么发生的吗？

dì nà: dāng rán. nǐ néng gào sù wǒ zhè shì zěn me fā shēng de ma?

杰夫: 呃，我打开门，要打扫他的房子，但他撞倒我跑掉了。

jié fū: è, wǒ dǎ kāi mén, yào dǎ sǎo tā de fáng zi, dàn tā zhuàng dǎo wǒ pǎo diào le.

蒂娜: 哦，不！你看到它跑去哪里了吗？

dì nà: ó, bù! nǐ kàn dào tā pǎo qù nǎ lǐ le ma?

杰夫: 我认为它往这边跑了，但我没再看到它。

jié fū: wǒ rèn wéi tā wǎng zhè biān pǎo le, dàn wǒ méi zài kàn dào tā.

蒂娜: 它会去哪里呢？

dì nà: tā huì qù nǎ lǐ ne?

杰夫: 我不确定。它应该早饭已经吃饱了。天哪，今天真热！

jié fū: wǒ bù què dìng. tā yīng gāi zǎo fàn yǐ jīng chī bǎo le. tiān na, jīn tiān zhēn rè!

蒂娜: 就是这样！

dì nà: jiù shì zhè yàng!

杰夫: 这样什么？

jié fū: zhè yàng shén me?

蒂娜: 今天太热了，而老虎喜欢水。我打赌它在池塘。

dì nà: jīn tiān tài rè le, ér lǎo hǔ xǐ huān shuǐ. wǒ dǎ dǔ tā zài chí táng.

杰夫: 妳也许是对的！

jié fū: nǐ yě xǔ shì duì de!

蒂娜: 看，它在那里！赶快抓住它！

dì nà: kàn, tā zài nà lǐ! gǎn kuài zhuā zhù tā!

ESCAPED ANIMAL AT THE ZOO

Tina: Hey, Jeff! How are you today?

Jeff: I'm good. Actually, have you seen Tony?

Tina: Who is Tony? What does he look like?

Jeff: Tony lives here. He's orange and white with black stripes and he weighs about five hundred pounds.

Tina: He's pretty heavy! Wait... orange and white with black stripes?

Jeff: Yes.

Tina: Is Tony furry?

Jeff: Maybe.

Tina: Is Tony a tiger? Did our tiger escape?

Jeff: Yes! But keep it down! I don't want to get in trouble. We have to find Tony before the zoo opens.

Tina: Umm, yes, we do.

Jeff: Will you help me?

Tina: Sure. Can you tell me how this happened?

Jeff: Well, I opened the door to clean his enclosure but he knocked me over and ran away.

Tina: Oh, no! Did you see where he went?

Jeff: I think he went this way, but I don't see him anymore.

Tina: Where could he be?

Jeff: I'm not sure. He should be full from breakfast. Gosh, it's so hot today!

Tina: That's it!

Jeff: What's it?

Tina: It's so hot today and tigers like the water. I bet he's at the pond.

Jeff: You may be right!

Tina: Look, there he is! Hurry up and catch him!

54

露营旅行（A2） - CAMPING TRIP
-
LÙ YÍNG LǙ XÍNG

彼得: 你有听到吗？

bǐ dé: nǐ yǒu tīng dào ma?

葛文: 没有。

gě wén: méi yǒu.

彼得: 我觉得我听到外面有动静。

bǐ dé: wǒ jué dé wǒ tīng dào wài miàn yǒu dòng jìng.

葛文: 哪里？

gě wén: nǎ lǐ?

彼得: 我觉得声音从树那里传来。

bǐ dé: wǒ jué dé shēng yīn cóng shù nà lǐ chuán lái.

葛文: 听起来是什么声音？

gě wén: tīng qǐ lái shì shén me shēng yīn?

彼得: 听上去像是什么东西发出爆裂声。

bǐ dé: tīng shàng qù xiàng shì shén me dōng xī fā chū bào liè shēng.

葛文: 你确定不是火堆发出的声音吗？我一直听到火堆发出爆裂声。

gě wén: nǐ què dìng bù shì huǒ duī fā chū de shēng yīn ma? wǒ yī zhí tīng dào huǒ duī fā chū bào liè shēng.

彼得: 或许你是对的。

bǐ dé: huò xǔ nǐ shì duì de.

葛文: 别这样吓我。

gě wén: bié zhè yàng xià wǒ.

彼得: 对不起。

bǐ dé: duì bù qǐ.

葛文: 我饿了。

gě wén: wǒ è le.

彼得: 我想热狗已经好了。你拿圆面包了吗？

bǐ dé: wǒ xiǎng rè gǒu yǐ jīng hǎo le. nǐ ná yuán miàn bāo le ma?

葛文: 是的，就在这儿呢。那些热狗看上去真不错！

gě wén: shì de, jiù zài zhè er ne. nà xiē rè gǒu kàn shàng qù zhēn bù cuò!

彼得: 对！这儿呢，这是你的。

bǐ dé: duì! zhè er ne, zhè shì nǐ de.

葛文: 谢谢。你想要番茄酱吗？

gě wén: xiè xiè. nǐ xiǎng yào fān qié jiàng ma?

彼得: 不用了，只要芥末酱，麻烦了。

bǐ dé: bù yòng le, zhǐ yào jiè mò jiàng, má fán le.

葛文: 我没带芥末酱。抱歉！

gě wén: wǒ méi dài jiè mò jiàng. bào qiàn!

彼得: 没关系。你有水吗？

bǐ dé: méi guān xì. nǐ yǒu shuǐ ma?

葛文: 有，给你。

gě wén: yǒu, gěi nǐ.

彼得: 这是个漂亮的森林。

bǐ dé: zhè shì gè piào liàng de sēn lín.

葛文: 我也这样觉得。我喜欢在森林里露营。

gě wén: wǒ yě zhè yàng jué dé. wǒ xǐ huān zài sēn lín lǐ lù yíng.

彼得: 我想在早上看日出。

bǐ dé: wǒ xiǎng zài zǎo shàng kàn rì chū.

葛文: 我也是。日出是早上 6 点，所以我们需要很早起床。

gě wén: wǒ yě shì. rì chū shì zǎo shàng 6 diǎn, suǒ yǐ wǒ men xū yào hěn zǎo qǐ chuáng.

彼得: 你说得对。我们睡觉吧。

bǐ dé: nǐ shuō dé duì. wǒ mén shuì jiào ba.

葛文: 好的。你带帐篷了吗？

gě wén: hǎo de. nǐ dài zhàng péng le ma?

彼得: 当然！你能帮帮我吗？

bǐ dé: dāng rán! nǐ néng bāng bāng wǒ ma?

葛文: 没问题！

gě wén: méi wèn tí!

172

CAMPING TRIP

Peter: Did you hear that?

Gwen: No.

Peter: I think I heard something out there.

Gwen: Where?

Peter: I think the noise was coming from those trees.

Gwen: What did the noise sound like?

Peter: It sounded like something popped.

Gwen: Are you sure it wasn't the fire? I've been listening to the fire making popping noises.

Peter: You're probably right.

Gwen: Don't scare me like that.

Peter: I'm sorry.

Gwen: I'm getting hungry.

Peter: I think the hotdogs are ready. Did you bring the buns?

Gwen: Yeah, they're right here. Those hotdogs look really good!

Peter: Yeah! Here, this one is yours.

Gwen: Thank you. Do you want some ketchup?

Peter: No, just mustard, please.

Gwen: I didn't bring any mustard. Sorry!

Peter: That's okay. Do you have any water?

Gwen: Yes, here you go.

Peter: This is a lovely forest.

Gwen: I think so, too. I love camping in the forest.

Peter: I want to watch the sunrise in the morning.

Gwen: Me too. Sunrise is at 6 a.m., so we need to wake up very early.

Peter: You're right. Let's go to bed.

Gwen: Okay, did you bring the tent?

Peter: Of course! Can you help me with it?

Gwen: Sure!

55

我最好朋友的一家（A2）-
MY BEST FRIEND'S FAMILY
-
WǑ ZUÌ HǍO PÉNG YǑU DE YĪ JIĀ

克劳斯: 你这个周末会做什么?

kè láo sī: nǐ zhè ge zhōu mò huì zuò shén me?

薇薇安娜: 我还不知道呢。你呢?

wēi wēi ān nà: wǒ hái bù zhī dào ne. nǐ ne?

克劳斯: 我准备与我的朋友亚当一家去旅行。

kè láo sī: wǒ zhǔn bèi yǔ wǒ de péng yǒu yà dāng yī jiā qù lǚ xíng.

薇薇安娜: 哦，真的吗? 你和他家关系很密切吗?

wēi wēi ān nà: ó, zhēn de ma? nǐ hé tā jiā guān xì hěn mì qiè ma?

克劳斯: 是的，他们就像我第二个家。

kè láo sī: shì de, tā mén jiù xiàng wǒ dì èr gè jiā.

薇薇安娜: 那太好了。你们准备做什么?

wēi wēi ān nà: nà tài hǎo le. nǐ mén zhǔn bèi zuò shén me?

克劳斯: 他们在湖边有栋房子，所以我们打算去那里。

kè láo sī: tā mén zài hú biān yǒu dòng fáng zi, suǒ yǐ wǒ mén dǎ suàn qù nà lǐ.

薇薇安娜: 酷! 你和亚当成为朋友几年了?

wēi wēi ān nà: kù! nǐ hé yà dàng chéng wéi péng yǒu jǐ nián le?

克劳斯: 大约十二年。我们在小学时认识的。

kè láo sī: dà yuē shí èr nián. wǒ men zài xiǎo xué shí rèn shí de.

薇薇安娜: 哇。亚当有兄弟姐妹吗?

wēi wēi ān nà: wà, yà dāng yǒu xiōng dì jiě mèi ma?

克劳斯: 有。他有一个妹妹。

kè láo sī: yǒu. tā yǒu yī gè mèi mèi.

薇薇安娜: 她多大了?

wēi wēi ān nà: tā duō dà le?

克劳斯： 她十六岁，还在上高中。

kè láo sī: tā shí liù suì, hái zài shàng gāo zhōng.

薇薇安娜： 我知道了。她也会去湖边吗？

wēi wēi ān nà: wǒ zhī dào le. tā yě huì qù hú biān ma?

克劳斯： 我想是的。她也是我妹妹的朋友。所以我们像是一个大家庭！

kè láo sī: wǒ xiǎng shì de. tā yě shì wǒ mèi mèi de péng yǒu. suǒ yǐ wǒ mén xiàng shì yī gè dà jiā tíng!

薇薇安娜： 哦，哇！太棒了。

wēi wēi ān nà: ó, wà! tài bàng le.

克劳斯： 确实如此。

kè láo sī: què shí rú cǐ.

薇薇安娜： 你妹妹这周末也会去那里吗？

wēi wēi ān nà: nǐ mèi mèi zhè zhōu mò yě huì qù nà lǐ ma?

克劳斯： 不，她得准备 SAT 考试。

kè láo sī: bù, tā děi zhǔn bèi SAT kǎo shì.

薇薇安娜： 哦，我知道了。

wēi wēi ān nà: ó, wǒ zhī dào le.

克劳斯： 她非常嫉妒我们出去旅行不带她。

kè láo sī: tā fēi cháng jí dù wǒ mén chū qù lǚ xíng bù dài tā.

薇薇安娜： 嗯，希望她取得好成绩，然后你们两家就可以一起庆祝了！

wēi wēi ān nà: ǹ, xī wàng tā qǔdé hǎo chéng jī, ránhòu nǐ mén liǎng jiā jiù kě yǐ yī qǐ qìng zhù le!

克劳斯： 是的！那是个好主意。

kè láo sī: shì de! nà shì gè hǎo zhǔ yì.

MY BEST FRIEND'S FAMILY

Klaus: What will you do this weekend?

Viviana: I don't know yet. What about you?

Klaus: I am going on a trip with my friend Adam's family.

Viviana: Oh, really? Are you close to his family?

Klaus: Yes, they're like my second family.

Viviana: That's so nice. What will you do?

Klaus: They have a house by the lake. So we are going there.

Viviana: Cool! How many years have you been friends with Adam?

Klaus: About twelve years. We met in elementary school.

Viviana: Aww. Does Adam have siblings?

Klaus: Yes. He has a younger sister.

Viviana: How old is she?

Klaus: She's sixteen. She's still in high school.

Viviana: I see. Will she go to the lake, too?

Klaus: I think so. She's also friends with my sister. So it's like we're one big family!

Viviana: Oh, wow! That's perfect.

Klaus: It is.

Viviana: Will your sister be there this weekend?

Klaus: No, she has to study for the SATs.

Viviana: Oh, I see.

Klaus: She's really jealous that we are going without her.

Viviana: Well, hopefully she gets a good score and then both of your families can celebrate together!

Klaus: Yes! That's a good idea.

56

一次足球负伤（A2）- A SOCCER INJURY

-

YĪ CÌ ZÚ QIÚ FÙ SHĀNG

罗根: 我想我应该去医院。

luó gēn: wǒ xiǎng wǒ yīng gāi qù yī yuàn.

米亚: 怎么了？

mǐ yà: zěn me le?

罗根: 我踢足球时伤到脚了。

luó gēn: wǒ tī zú qiú shí shāng dào jiǎo le.

米亚: 哦，不是吧! 怎么发生的？

mǐ yà: ó, bù shì ba! zěn me fā shēng de?

罗根: 我当时正带球跑，别队的一个家伙踩到了我的脚。一开始并不怎么疼，但几分钟之后就疼得很厉害了。所以我告诉了教练，他让我下场。我觉得并没有骨折，但有地方出了问题。

luó gēn: wǒ dāng shí zhèng dài qiú pǎo, bié duì de yī gè jiā huǒ cǎi dào le wǒ de jiǎo. Yī kāi shǐ bìng bù zěn me téng, dàn jǐ fēn zhōng zhī hòu jiù téng dé hěn lì hài le. Suǒ yǐ wǒ gào sù le jiào liàn, tā 177ing wǒ xià chǎng. Wǒ jué dé bìng méi yǒu gǔ zhé, dàn yǒu dì 177ing chū le wèn tí.

米亚: 你的脚能走路吗？

Mǐ yà: nǐ de jiǎo néng zǒulù ma?

罗根: 能走一点，但我不想让它承受太多重量。

Luó gēn: néng zǒu yī diǎn, dàn wǒ bù xiǎng 177ing tā chéng shòu tài duō zhòng liàng.

米亚: 你冰敷了吗？

Mǐ yà: nǐ bīng fū le ma?

罗根: 没，还没有。

Luó gēn: méi, hái méi yǒu.

米亚: 你应该用冰敷。我会打电话给我朋友凯蒂，她是一名护士。

Mǐ yà: nǐ yīng gāi yòng bīng fū. Wǒ huì dǎ diàn huà gěi wǒ péng yǒu kǎi dì, tā shì yī míng hù shì.

罗根: 好的，谢谢。

Luó gēn: hǎo de, xiè xiè.

（五分钟之后）

(wǔ fēn zhōng zhī hòu)

米亚: 凯蒂说用冰敷脚，而且不要再用它走路。她说你应该试着今天去看急诊。

Mǐ yà: kǎi dì shuō yòng bīng fū jiǎo, ér qiě bù yào zài yòng tā zǒu lù. Tā shuō nǐ yīng gāi shì zhe jīn tiān qù kàn jí zhěn.

罗根: 呃，好吧。

Luó gēn: è, hǎo ba.

米亚: 我两点半可以开车送你去。

Mǐ yà: wǒ liǎng diǎn bàn kě yǐ kāi chē 178ing nǐ qù.

罗根: 谢谢！你不需要在那里等我。你把我放下就行。

Luó gēn: xiè xiè! Nǐ bù xū yào zài nà lǐ děng wǒ. Nǐ bǎ wǒ 178ing xià jiù xíng.

米亚: 我不介意等你。我学校的功课有许多阅读要做。

Mǐ yà: wǒ bù jiè yì děng nǐ. Wǒ xué xiào de 178ing kè yǒu xǔ duō yuè dú yào zuò.

罗根: 你确定吗？

Luó gēn: nǐ què 178ing ma?

米亚: 是的，不用担心！一会儿见。

Mǐ yà: shì de, bù yòng dān xīn! Yī huì er jiàn.

罗根: 非常感谢你！两点半见。

Luó gēn: fēi cháng gǎn xiè nǐ! Liǎng diǎn bàn jiàn.

A SOCCER INJURY

Logan: I think I should go to the hospital.

Mia: Why?

Logan: I hurt my foot playing soccer.

Mia: Oh, no! What happened?

Logan: I was dribbling the ball and a guy on the other team stepped on my foot. It didn't really hurt at first, but then a few minutes later I was in a lot of pain. So I told my coach and he took me out of the game. I don't think it's broken, but something is wrong.

Mia: Can you walk on it?

Logan: A little, but I don't want to put too much weight on my foot.

Mia: Have you put ice on it?

Logan: No, not yet.

Mia: You should ice it. I'll call my friend Katie who's a nurse.

Logan: Okay, thanks.

(Five minutes later...)

Mia: Katie said to ice the foot and don't walk on it. She said you should try to go to urgent care today.

Logan: Ugh, all right.

Mia: I can drive you there at two thirty.

Logan: Thanks! You don't have to wait there with me. You can just drop me off.

Mia: I don't mind waiting. I have a lot of reading to do for school.

Logan: Are you sure?

Mia: Yeah, no worries! I'll see you soon.

Logan: Thanks so much! I'll see you at two thirty.

57

交通堵塞（A2）- STUCK IN TRAFFIC

-

JIĀO TŌNG DǓ SÈ

艾娃: 前面为什么亮着这么多红灯？

Ài wá: qián miàn wèi shén me liàng zhe zhè me duō hóng dēng?

丹尼: 看上去像是塞车了。

Dān ní: kàn shàng qù xiàng shì sāi chē le.

艾娃: 啊，我讨厌交通！现在连高峰都没到呢。

ài wá: à, wǒ tǎo yàn jiāo tōng dǔ sè! xiàn zài lián gāo fēng dōu méi dào ne.

丹尼: 也许出事故了。

dān ní: yě xǔ chū shì gù le.

艾娃: 有可能。你能在手机上查查交通信息吗？

ài wá: yǒu kě néng. nǐ néng zài shǒu jī shàng chá chá jiāo tōng xìn xī ma?

丹尼: 当然。手机程式上说，还有十英里。

dān ní: dāng rán. shǒu jī chéng shì shàng shuō, hái yǒu shí yīng lǐ.

艾娃: 十英里？那是很长时间！

ài wá: shí yīng lǐ? nà shì hěn cháng shí jiān!

丹尼: 是的，但只有大约五公里交通繁忙，之后就好些了。我想是出事故了。

dān ní: shì de, dàn zhǐ yǒu dà yuē wǔ gōng lǐ jiāo tōng fán máng, zhī hòu jiù hǎo xiē le. wǒ xiǎng shì chū shì gù le.

艾娃: 好吧，我希望每个人都没事。

ài wá: hǎo ba, wǒ xī wàng měi gè rén dōu méi shì.

丹尼: 我也是。事实上，我觉得我找到了一条近路。

dān ní: wǒ yě shì. shì shí shàng, wǒ jué dé wǒ zhǎo dào le yī tiáo jìn lù.

艾娃: 真的吗？

ài wá: zhēn de ma?

丹尼: 是的，我看了地图，有一条路可以帮我们避开堵塞。

dān ní: shì de, wǒ kàn le dì tú, yǒu yī tiáo lù kě yǐ bāng wǒ mén bì kāi dǔ sè.

艾娃: 太棒了！

ài wá: tài bàng le!

丹尼: 但在我们到另一条路之前，还要再堵上三英里。

dān ní: dàn zài wǒ mén dào lìng yī tiáo lù zhī qián, hái yào zài dǔ shàng sān yīng lǐ.

艾娃: 那没问题，我能接受。

ài wá: nà méi wèn tí, wǒ néng jiē shòu.

丹尼: 好的，从这里出去！

dān ní: hǎo de, cóng zhè lǐ chū qù!

艾娃: 好，然后怎么走。

ài wá: hǎo, rán hòu zěn me zǒu.

丹尼: 直行一英里，然后在前进地那里右转。之后再直行十三公里就到了！

dān ní: zhí xíng yī yīng lǐ, rán hòu zài qián jìn dì nà lǐ yòu zhuǎn. zhī hòu zài zhí xíng shí sān gōng lǐ jiù dào le!

艾娃: 而且我们避开了塞车！

ài wá: ér qiě wǒ men bì kāi le sāi chē!

丹尼: 对的。

dān ní: duì de.

STUCK IN TRAFFIC

Ava: Why are there so many red lights up ahead?

Danny: It looks like a traffic jam.

Ava: Ugh, I hate traffic! It's not even rush hour.

Danny: Maybe there was an accident.

Ava: Maybe. Can you try to find information about the traffic on your phone?

Danny: Sure. According to the app, there will be traffic for another ten miles.

Ava: Ten miles?! That's a long time!

Danny: Yes, but the traffic is only heavy for about five miles. After that it gets a little better. I think there was an accident.

Ava: Well, I hope everyone is okay.

Danny: Me too. Actually, I think I found a shortcut.

Ava: Really?

Danny: Yeah. I'm looking at my maps app. There is a route we can take that will help us avoid the traffic.

Ava: Great!

Danny: But we will be stuck in traffic for another three miles before we can take the other route.

Ava: That's okay. I can deal with it.

Danny: All right, exit here!

Ava: Okay. Then what?

Danny: Go straight for one mile, then turn right on Headway Place. After that, we go straight for thirteen miles, and then we arrive!

Ava: And we skip the traffic!

Danny: Yep.

58

你被开除了（A2）- YOU'RE FIRED

-

NǏ BÈI KĀI CHÚ LE

阿历克斯: 嗨，大卫，你能来一下我的办公室吗？我想和你谈谈。

ā lì kè sī: hāi, dà wèi, nǐ néng lái yī xià wǒ de bàn gōng shì ma? wǒ xiǎng hé nǐ tán tán.

大卫: 好的，没问题。

dà wèi: hǎo de, méi wèn tí.

阿历克斯: 我想和你谈你的迟到问题。你最近有七八次迟到超过十分钟。我们之前和你提醒过，而你保证会准时，但结果依然上班迟到。如果你继续迟到，我们将不得不终止聘用。

ā lì kè sī: wǒ xiǎng hé nǐ tán nǐ de chí dào wèn tí. nǐ zuì jìn yǒu qī bā cì chí dào chāo guò shí fēn zhōng. wǒ mén zhī qián hé nǐ tí xǐng guò, ér nǐ bǎo zhèng huì zhǔn shí, dàn jié guǒ yī rán shàng bān chí dào. rú guǒ nǐ jì xù chí dào, wǒ mén jiāng bù dé bù zhōng zhǐ pìn yòng.

大卫: 我真的非常抱歉。我有三个室友，他们总是开派对。有时候声音太大让我睡不着，有时候我也参加那些派对，因为我刚搬来这座城市，想要认识一些人、找点乐子。

dà wèi: wǒ zhēn de fēi cháng bào qiàn. wǒ yǒu sān gè shì yǒu, tā mén zǒng shì kāi pài duì. yǒu shí hòu shēng yīn tài dà ràng shuì bù zháo, yǒu shí hòu wǒ yě cān jiā nà xiē pài duì, yīn wèi wǒ gāng bān lái zhè zuò chéng shì, xiǎng yào rèn shí yī xiē rén, zhǎo diǎn lè zi.

阿历克斯: 我理解你想认识一些人、找点乐子，但这是你的工作。准时到岗很重要。

ā lì kè sī: wǒ lǐ jiě nǐ xiǎng rèn shí yī xiē rén, zhǎo diǎn lè zi, dàn zhè shì nǐ de gōng zuò. zhǔn shí dào gǎng hěn zhòng yào.

大卫: 我能八点半而不是八点上班吗？我会待到五点半而不是五点下班？

dà wèi: wǒ néng bā diǎn bàn ér bù shì bā diǎn shàng bān ma? wǒ huì dāi dào wǔ diǎn bàn ér bù shì wǔ diǎn xià bān?

阿历克斯: 不行，大卫。我们的员工必须八点到。

ā lì kè sī: bù xíng, dà wèi. wǒ mén de yuán gōng bì xū bā diǎn dào.

大卫: 我觉得这不公平。我工作努力，帮了公司很多忙。

dà wèi: wǒ jué dé zhè bù gōng píng. wǒ gōng zuò nǔ lì, bāng le gōng sī hěn duō máng.

阿历克斯: 是的，但你必须尊重规则。你知道的，大卫……你的工作态度并不好。我们需要准时且负责任的员工。这周五是你工作的最后一天了。

ā lì kè sī: shì de, dàn nǐ bì xū zūn zhòng guī zé. nǐ zhī dào de, dà wèi……nǐ de gōng zuò tài dù bìng bù hǎo. wǒ mén xū yào zhǔn shí qiě fù zé rèn de yuán gōng. zhè zhōu wǔ shì nǐ gōng zuò de zuì hòu yī tiān le.

大卫: 什么？！

dà wèi: shén me?!

阿历克斯: 我很抱歉，大卫。你不能继续在这里工作了。

ā lì kè sī: wǒ hěn bào qiàn, dà wèi. nǐ bù néng jì xù zài zhè lǐ gōng zuò le.

YOU'RE FIRED

Alexis: Hi, David. Can I see you in my office? I want to talk to you about something.

David: Yeah, no problem.

Alexis: I want to talk to you about your tardiness. You have been more than ten minutes late seven or eight times recently. We talked to you about it and you promised to be punctual. But you are still coming to work late. If you continue to be late, we will have to terminate you.

David: I'm really sorry. I have three roommates and they always have parties. Sometimes I can't sleep because it's so loud. And sometimes I go to the parties because I just moved to this city and I want to meet people and have fun.

Alexis: I understand that you want to meet people and have fun, but this is your job. It's important that you are punctual.

David: Can I just arrive at work at eight thirty instead of eight o'clock? And then stay until five thirty instead of five o'clock?

Alexis: No, David. Our employees must arrive at eight o'clock.

David: I don't think that's fair. I work hard and I have helped the company a lot.

Alexis: Yes. But you have to respect the rules. You know, David... your attitude is not very good. We need employees that are punctual and responsible. This Friday will be your last day.

David: What?!

Alexis: I'm sorry, David. You can't work here anymore.

59

我的三十岁生日（A2）- MY THIRTIETH BIRTHDAY - WǑ DE SĀN SHÍ SUÌ SHĒNG RÌ

丹妮拉: 嗨，诺兰！

dān nī lā: hāi, nuò lán!

诺兰: 嘿，丹妮拉！

nuò lán: hēi, dān nī lā!

丹妮拉: 周五晚上你有安排吗？

dān nī lā: zhōu wǔ wǎn shàng nǐ yǒu ān pái ma?

诺兰: 我周五工作到晚上 7 点。怎么了？

nuò lán: wǒ zhōu wǔ gōng zuò dào wǎn shàng 7 diǎn. zěn me le?

丹妮拉: 这周末是我生日，周五我会办个派对。

dān nī lā: zhè zhōu mò shì wǒ shēng rì, zhōu wǔ wǒ huì bàn gè pài duì.

诺兰: 哦，酷！派对在什么时候？

nuò lán: ó, kù! pài duì zài shén me shí hòu?

丹妮拉: 大约下午 6 点。但如果你晚到也没关系！我们会去一家餐厅，吃完饭接着去酒吧。你可以到酒吧和我们见面。

dān nī lā: dà yuē xià wǔ 6 diǎn. dàn rú guǒ nǐ wǎn dào yě méi guān xì! wǒ mén huì qù yī jiā cān tīng, chī wán fàn jiē zhe qù jiǔ bā. nǐ kě yǐ dào jiǔ bā hé wǒ mén jiàn miàn.

诺兰: 好的！我很想去。我好久没见你了！

nuò lán: hǎo de! wǒ hěn xiǎng qù. wǒ hǎo jiǔ méi jiàn nǐ le!

丹妮拉: 我知道！一切怎么样？

dān nī lā: wǒ zhī dào! yī qiè zěn me yàng?

诺兰: 还不错，就是忙工作。

nuò lán: hái bù cuò, jiù shì máng gōng zuò.

丹妮拉: 安娜怎么样？

dān nī lā: ān nà zěn me yàng?

诺兰: 她很好。她热爱自己的新工作。

nuò lán: tā hěn hǎo. tā rè ài zì jǐ de xīn gōng zuò.

丹妮拉: 太棒了。

dān nī lā: tài bàng le.

诺兰: 所以，你们打算去哪家餐厅呢？

nuò lán: suǒ yǐ, nǐ mén dǎ suàn qù nǎ jiā cān tīng ne?

丹妮拉: 都市披萨。你去过那里吗？

dān nī lā: dū shì pī sà. nǐ qù guò nà lǐ ma?

诺兰: 没有，但是我朋友去过那里，而且说那里特别棒。

nuò lán: méi yǒu, dàn shì wǒ péng yǒu qù guò nà lǐ, ér qiě shuō nà lǐ tè bié bàng.

丹妮拉: 耶。

dān nī lā: yē.

诺兰: 你们接着去哪间酒吧呢？

nuò lán: nǐ mén jiē zhe qù nǎ jiān jiǔ bā ne?

丹妮拉: 我还不确定，但我会告诉你的！

dān nī lā: wǒ hái bù què dìng, dàn wǒ huì gào sù nǐ de!

诺兰: 听起来不错。这周末见！哦，这是你几岁生日？

nuò lán: tīng qǐ lái bù cuò. zhè zhōu mò jiàn! ò, zhè shì nǐ jǐ suì shēng rì?

丹妮拉: 三十岁。我确实地老了！

dān nī lā: sān shí suì. wǒ què shí de lǎo le!

诺兰: 不，你没有。你看上去依然像 21 岁。

nuò lán: bù, nǐ méi yǒu. nǐ kàn shàng qù yī rán xiàng 21 suì.

丹妮拉: 哇哦，谢谢你！周五我请你喝酒。

dān nī lā: wà ò, xiè xiè nǐ! zhōu wǔ wǒ qǐng nǐ hē jiǔ.

诺兰: 哈哈，好的！

nuò lán: hā hā, hǎo de!

MY THIRTIETH BIRTHDAY

Daniela: Hi, Nolan!

Nolan: Hey, Daniela!

Daniela: Do you have plans on Friday night?

Nolan: I work until 7 p.m. on Friday. Why?

Daniela: It's my birthday this weekend and I'm having a party on Friday.

Nolan: Oh, cool! What time is the party?

Daniela: Around 6:00 p.m. But if you get there late, it's okay! We are going to a restaurant and then a bar after we finish dinner. You can meet us at the bar.

Nolan: Okay! I would love to go. I haven't seen you in a long time!

Daniela: I know! How is everything going?

Nolan: It's good. Just busy with work.

Daniela: How's Ana?

Nolan: She's great. She loves her new job.

Daniela: Awesome.

Nolan: So, which restaurant are you going to?

Daniela: Urban Pizzeria. Have you been there?

Nolan: No, but my friend went there and said it was really good.

Daniela: Yay.

Nolan: And which bar are you going to later?

Daniela: I'm not sure yet, but I will let you know!

Nolan: Sounds good. I'll see you this weekend! Oh, and which birthday is this?

Daniela: It's my thirtieth. I'm officially old!

Nolan: No you're not! And you still look like you're twenty-one.

Daniela: Oh, wow. Thank you! I'm buying you a drink on Friday.

Nolan: Ha ha, okay!

60

那是我的（A2）- THAT'S MINE

-

NÀ SHÌ WǑ DE

马蒂亚斯: 看我找到了什么！我最喜欢的 T 恤！我两个月前把它弄丢了。

mǎ dì yà sī: kàn wǒ zhǎo dào le shén me! wǒ zuì xǐ huān de T xù! wǒ liǎng gè yuè qián bǎ tā nòng diū le.

杰克林: 那是我的 T 恤。

jié kè lín: nà shì wǒ de T xù.

马蒂亚斯: 不......是我的。

mǎ dì yà sī: bù......shì wǒ de.

杰克林: 你把那件 T 恤给我的。

jié kè lín: nǐ bǎ nà jiàn T xù gěi wǒ de.

马蒂亚斯: 不，我没有。我把它借给你，因为你其他的睡衣都脏了，而你想要穿着它睡觉。然后它就不见了。

mǎ dì yà sī: bù, wǒ méi yǒu. wǒ bǎ tā jiè gěi nǐ, yīn wèi nǐ qí tā de shuì yī dōu zāng le, ér nǐ xiǎng yào chuān zhe tā shuì jiào. rán hòu tā jiù bù jiàn le.

杰克林: 我以为你永远地把它给我了。

jié kè lín: wǒ yǐ wéi nǐ yǒng yuǎn de bǎ tā gěi wǒ le.

马蒂亚斯: 不！我喜欢这件 T 恤。我只是借你穿穿。

mǎ dì yà sī: bù! wǒ xǐ huān zhè jiàn T xù. wǒ zhǐ shì jiè nǐ chuān chuān.

杰克林: 哦......

jié kè lín: ò......

马蒂亚斯: 我在沙发后面找到它的。它怎么跑到那里去了？

mǎ dì yà sī: wǒ zài shā fā hòu miàn zhǎo dào tā de. tā zěn me pǎo dào nà lǐ qù le?

杰克林: 我不知道。我想我们需要更经常打扫。

jié kè lín: wǒ bù zhī dào. wǒ xiǎng wǒ mén xū yào gèng jīng cháng dǎ sǎo.

马蒂亚斯: 是的。

mǎ dì yà sī: shì de.

杰克林: 所以……我能拥有这件 T 恤吗？

jié kè lín: suǒ yǐ……wǒ néng yōng yǒu zhè jiàn T xù ma?

马蒂亚斯: 不行！这是我最喜欢的 T 恤。

mǎ dì yà sī: bù xíng! zhè shì wǒ zuì xǐ huān de T xù.

杰克林: 我们能分享吗？

jié kè lín: wǒ mén néng fēn xiǎng ma?

马蒂亚斯: 你可以偶尔穿，但必须先问过我。

mǎ dì yà sī: nǐ kě yǐ ǒu ěr chuān, dàn bì xū xiān wèn guò wǒ.

杰克林: 哈哈，真的吗？

jié kè lín: hā hā, zhēn de ma?

马蒂亚斯: 是的！你是个 T 恤小偷。

mǎ dì yà sī: shì de! nǐ shì gè tōu T xù xiǎo tōu.

杰克林: 好吧。

jié kè lín: hǎo ba.

THAT'S MINE

Mathias: Look what I found! My favorite T-shirt! I lost this two months ago.

Jacklyn: That's my T-shirt.

Mathias: No... it's mine.

Jacklyn: You gave that shirt to me.

Mathias: No I didn't. I lent it to you because you wanted to wear it to bed when all your other pajamas were dirty. And then it disappeared.

Jacklyn: I thought you were giving it to me forever.

Mathias: No! I love this shirt. I was just letting you borrow it.

Jacklyn: Oh...

Mathias: I found it behind the sofa. How did it get back there?

Jacklyn: I don't know. I think we need to clean more often!

Mathias: Yeah.

Jacklyn: So... can I have the shirt?

Mathias: No! It's my favorite T-shirt.

Jacklyn: Can we share it?

Mathias: Yon can wear it once in a while. But you have to ask me first.

Jacklyn: Ha ha, really?

Mathias: Yes! You're a T-shirt thief.

Jacklyn: Okay, fine.

61

绿色的拇指（A2）- A GREEN THUMB

-

LǙ SÈ DE MǓ ZHǏ

里奇: 嗨，玛丽安。

lǐ qí: hāi, mǎ lì ān.

玛丽安: 你好，里奇！今天过得怎么样？

mǎ lì ān: nǐ hǎo, lǐ qí! jīn tiān guò dé zěn me yàng?

里奇: 我很好。你呢？

lǐ qí: wǒ hěn hǎo. nǐ ne?

玛丽安: 我还不错。我刚刚给植物浇了水。

mǎ lì ān: wǒ hái bù cuò. wǒ gāng gāng gěi zhí wù jiāo le shuǐ.

里奇:其实我正想和你谈谈你的植物。

lǐ qí: qí shí wǒ zhèng xiǎng hé nǐ tán tán nǐ de zhí wù.

玛丽安: 哦，是吗？

mǎ lì ān: ó, shì ma?

里奇: 是的。我和我的家人要出去旅行两周，我想问你能否在我们不在时帮我浇花。

lǐ qí: shì de. wǒ hé wǒ de jiā rén yào chū qù lǚ xíng liǎng zhōu, wǒ xiǎng wèn nǐ néng fǒu zài wǒ mén bù zài shí bāng wǒ jiāo huā.

玛丽安: 当然！我总是乐意帮助我最喜欢的邻居。

mǎ lì ān: dāng rán! wǒ zǒng shì lè yì bāng zhù wǒ zuì xǐ huān de lín jū.

里奇: 非常感谢！我不太会养植物。我永远不清楚要给它们多少水和光照。它们总是死掉。

lǐ qí: fēi cháng gǎn xiè! wǒ bù tài huì yǎng zhí wù. wǒ yǒng yuǎn bù qīng chǔ yào gěi tā mén duō shǎo shuǐ hé guāng zhào. tā mén zǒng shì sǐ diào.

玛丽安: 哦，不！好吧，我很乐意教你一点养植物的知识。人们说我有绿色的拇指。

mǎ lì ān: ò, bù! hǎo ba, wǒ hěn lè yì jiāo nǐ yī diǎn yǎng zhí wù de zhī shì. rén mén shuō wǒ yǒu lǜ sè de mǔ zhǐ.

里奇: 什么意思？你的拇指不是绿色的。

lǐ qí: shén me yì si? nǐ de mǔ zhǐ bù shì lǜ sè de.

玛丽安: 哈哈，不是，我不是说它真的是绿色的。"绿色的拇指"意思是你很擅长照料植物。

mǎ lì ān: hā hā, bù shì, wǒ bù shì shuō tā zhēn de shì lǜ sè de. "lǜ sè de mǔ zhǐ" yì si shì nǐ hěn shàn cháng zhào liào zhí wù.

里奇: 哦！我之前从没听过这种说法。

lǐ qí: ó! wǒ zhī qián cóng méi tīng guò zhè zhǒng shuō fǎ.

玛丽安: 真的吗？

mǎ lì ān: zhēn de ma?

里奇: 真的。

lǐ qí: zhēn de.

玛丽安: 好吧，现在你知道这种表达方式了！在我教你种植物之后，也许你的拇指也会变成绿色的！

mǎ lì ān: hǎo ba, xiàn zài nǐ zhī dào zhè zhǒng biǎo dá fāng shì le! zài wǒ jiāo nǐ zhòng zhí wù zhī hòu, yě xǔ nǐ de mǔ zhǐ yě huì biàn chéng lǜ sè de!

里奇: 希望如此！我妻子说我总是杀死我们的植物。如果我们的植物一直活着，她会很高兴的。

lǐ qí: xī wàng rú cǐ! wǒ qī zi shuō wǒ zǒng shì shā sǐ wǒ mén de zhí wù. rú guǒ wǒ mén de zhí wù yī zhí huó zhe, tā huì hěn gāo xìng de.

玛丽安: 我相信你的植物也会很高兴！

mǎ lì ān: wǒ xiāng xìn nǐ de zhí wù yě huì hěn gāo xìng!

A GREEN THUMB

Rich: Hi, Maryann.

Maryann: Hello, Rich! How are you today?

Rich: I'm great. How are you?

Maryann: I'm good. I'm just watering my plants.

Rich: I actually wanted to talk to you about your plants.

Maryann: Oh really?

Rich: Yes. My family and I are taking a trip for two weeks, and I wanted to ask you if you can water our plants while we are gone.

Maryann: Of course! I'm always happy to help my favorite neighbors.

Rich: Thanks so much! I am so bad with plants. I never know how much water or light to give them. They always die.

Maryann: Oh no! Well, I'm happy to teach you a little about plants. People say I have a green thumb.

Rich: What do you mean? Your thumb isn't green.

Maryann: Ha ha. No, I don't mean it's *actually* green. "A green thumb" means you are good at taking care of plants.

Rich: Oh! I've never heard that before.

Maryann: Really?!

Rich: Really.

Maryann: Well, now you know that expression! And after I teach you about plants, maybe your thumb will turn green, too!

Rich: I hope so! My wife says I always kill our plants. She will be happy if our plants stay alive.

Maryann: I'm sure your plants will be happy, too!

62

你的美好一天（A2）- YOUR PERFECT DAY
-
NǏ DE MĚI HǍO YĪ TIĀN

吉欢: 我们来玩个游戏。

jí huān: wǒ mén lái wán gè yóu xì.

朱丽特: 游戏？什么游戏？

zhū lì tè: yóu xì? shén me yóu xì?

吉欢: 闭上眼睛，想象美好的一天。

jí huān: bì shàng yǎn jīng, xiǎng xiàng měi hǎo de yī tiān.

朱丽特: 我为什么需要闭上眼睛？

zhū lì tè: wǒ wèi shén me xū yào bì shàng yǎn jīng?

吉欢: 因为这会帮助你想象。

jí huān: yīn wèi zhè huì bāng zhù nǐ xiǎng xiàng.

朱丽特: 好吧。

zhū lì tè: hǎo ba.

吉欢: 好的，你的一天是如何开始的？

jí huān: hǎo de, nǐ de yī tiān shì rú hé kāi shǐ de?

朱丽特: 我醒过来，我在巴厘岛一间令人惊叹的房间里，躺在一张超级舒服的床上。

zhū lì tè: wǒ xǐng guò lái, wǒ zài bā lí dǎo yī jiān lìng rén jīng tàn de fáng jiān lǐ, tǎng zài yī zhāng chāo jí shū fú de chuáng shàng.

吉欢: 巴厘岛！酷。然后呢？

jí huān: bā lí dǎo! kù. rán hòu ne?

朱丽特: 我听到卧室外面的瀑布声，鸟儿在啁啾。我走到室外，看到美丽的景色。我有一个私人泳池，在私人泳池后面是一片雨林，有蝴蝶在我身边飞舞。

zhū lì tè: wǒ tīng dào wǒ shì wài miàn de pù bù shēng, niǎo er zài zhāo jiū. wǒ zǒu dào shì wài, kàn dào měi lì de jǐng sè. wǒ yǒu yī gè sī rén yǒng chí, zài sī rén yǒng chí hòu miàn shì yī piàn yǔ lín, yǒu hú dié zài wǒ shēn biān fēi wǔ.

吉欢: 听上去很漂亮。现在你要做什么？

jí huān: tīng shàng qù hěn piào liàng. xiàn zài nǐ yào zuò shén me?

朱丽特： 一个英俊的男士给我送来早餐。

zhū lì tè: yī gè yīng jùn de nán shì gěi wǒ sòng lái zǎo cān.

吉欢： 等等——是我还是另一位英俊的男士？

jí huān: děng děng——shì wǒ hái shì lìng yī wèi yīng jùn de nán shì?

朱丽特： 我说一位英俊的男士。

zhū lì tè: wǒ shuō yī wèi yīng jùn de nán shì.

吉欢： 这很卑鄙！

jí huān: zhè hěn bēi bǐ!

朱丽特： 我在开玩笑！你说"美好的一天"，而这就是我美好的一天。

zhū lì tè: wǒ zài kāi wán xiào! nǐ shuō "měi hǎo de yī tiān", ér zhè jiù shì wǒ měi hǎo de yī tiān.

吉欢： 好吧，继续。

jí huān: hǎo ba, jì xù.

朱丽特： 一位英俊的男士给我送来早餐。味道很好，我享用着早餐，并看着美丽的景色。然后一头小象向我跑来，我们玩了一个小时。

zhū lì tè: yī wèi yīng jùn de nán shì gěi wǒ sòng lái zǎo cān. wèi dào hěn hǎo, wǒ xiǎng yòng zhe zǎo cān, bìng kàn zhe měi lì de jǐng sè. rán hòu yī tóu xiǎo xiàng xiàng wǒ pǎo lái, wǒ mén wán le yī gè xiǎo shí.

吉欢： 哇。

jí huān: wà.

朱丽特： 然后我到河里和房间附近的瀑布游泳。

zhū lì tè: rán hòu wǒ dào hé lǐ hé fáng jiān fù jìn de pù bù yóu yǒng.

吉欢： 我在那里吗？

jí huān: wǒ zài nà lǐ ma?

朱丽特： 是的，现在你和我一起。你刚才在睡觉，但是幼象把你弄醒了。然后我们一整天都在探索海滩和丛林！

zhū lì tè: shì de, xiàn zài nǐ hé wǒ yī qǐ. nǐ gāng cái zài shuì jiào, dàn shì yòu xiàng bǎ nǐ nòng xǐng le. rán hòu wǒ mén yī zhěng tiān dōu zài tàn suǒ hǎi tān hé cóng lín!

吉欢： 听上去棒极了！我们在现实生活中可以这样做吗？

jí huān: tīng shàng qù bàng jí le! wǒ mén zài xiàn shí shēng huó zhōng kě yǐ zhè yàng zuò ma?

朱丽特： 可以！只是我们首先要挣得多钱！

zhū lì tè: kě yǐ! zhǐ shì wǒ mén shǒu xiān yào zhèng hěn duō qián!

吉欢： 哈哈，好吧！现在我有动力了！

jí huān: hā hā, hǎo ba! xiàn zài wǒ yǒu dòng lì le!

YOUR PERFECT DAY

Ji-hwan: Let's play a game.

Juliette: A game? What kind of game?

Ji-hwan: Close your eyes and imagine your perfect day.

Juliette: Why do I need to close my eyes?

Ji-hwan: Because it will help you imagine it better.

Juliette: Okay.

Ji-hwan: All right, so how do you begin your day?

Juliette: I wake up, and I am in a super comfortable bed in an amazing house in Bali.

Ji-hwan: Bali! Cool. Then what?

Juliette: I hear the sound of a waterfall outside my bedroom, and the birds are chirping. I walk outside and I see a beautiful view. I have a private pool and behind my private pool there is a rainforest. And there are butterflies flying around me.

Ji-hwan: That sounds beautiful. What do you do now?

Juliette: A handsome man delivers breakfast to me.

Ji-hwan: Wait—me or a different handsome man?

Juliette: I said a *handsome* man.

Ji-hwan: That's mean!

Juliette: I'm kidding! You said "perfect day" and this is my perfect day.

Ji-hwan: Okay, fine. Continue.

Juliette: A handsome man delivers breakfast to me. It's delicious and I'm enjoying it and looking at the beautiful scenery. Then a baby elephant runs over to me and we play for an hour.

Ji-hwan: Wow.

Juliette: And then I swim in the river and the waterfall near my house.

Ji-hwan: Am I there?

Juliette: Yes, now you're with me. You were sleeping but the baby elephant woke you up. Then we explore beaches and jungles all day!

Ji-hwan: That sounds amazing! Can we do that in real life?

Juliette: Yes. We just need to make a lot more money first!

Ji-hwan: Ha ha, okay! Now I'm motivated!

63

你想学什么语言？（A2）- WHAT LANGUAGE DO YOU WANT TO LEARN?
-
NǏ XIǍNG XUÉ SHÉN ME YǓ YÁN?

瓦妮莎：杰伊，你会说多少种语言？

wǎ nī shā: jié yī, nǐ huì shuō duō shǎo zhǒng yǔ yán?

杰伊：只会说英语。我在高中学过西班牙语，所以我懂一点。你呢？

jié yī: zhǐ huì shuō yīng yǔ. wǒ zài gāo zhōng xué guò xī bān yá yǔ, suǒ yǐ wǒ dǒng yī diǎn. nǐ ne?

瓦妮莎：我会说英语和西班牙语，而且我在初中和高中学过法语。

wǎ nī shā: wǒ huì shuō yīng yǔ hé xī bān yá yǔ, ér qiě wǒ zài chū zhōng hé gāo zhōng xué guò fǎ yǔ.

杰伊：哦，哇！法语对你来说难学吗？

jié yī: ó, wà! fǎ yǔ duì nǐ lái shuō nán xué ma?

瓦妮莎：不是很难。它和西班牙语相似。

wǎ nī shā: bù shì hěn nán. tā hé xī bān yá yǔ xiāng sì.

杰伊：耶，这说的通。西班牙语和英语也很像。

jié yī: yè, zhè shuō de tōng. xī bān yá yǔ hé yīng yǔ yě hěn xiàng.

瓦妮莎：确实。它们和英语比和中文更像，举个例子！

wǎ nī shā: què shí. tā mén hé yīng yǔ bǐ hé zhōng wén gèng xiàng, jǔ gè lì zi!

杰伊：是的，像多了！事实上，我想要学中文。

jié yī: shì de, xiàng duō le! shì shí shàng, wǒ xiǎng yào xué zhōng wén.

瓦妮莎：真的吗？为什么？

wǎ nī shā: zhēn de ma? wèi shén me?

杰伊：嗯，我想成为一名商人，找认为禾来中文会非常有用。它会变得更普遍。

jié yī: ǹ, wǒ xiǎng chéngwéi yī míng shāng rén, wǒ rèn wéi wèi lái zhōng wén huì fēi cháng yǒu yòng. tā huì biàn dé gèng pǔ biàn.

瓦妮莎: 是的，没有错。但中文很难学，对不对？

wǎ nī shā: shì de, méi yǒu cuò. dàn zhōng wén hěn nán xué, duì bù duì?

杰伊: 是的，非常难。尤其是阅读、写作和发音。

jié yī: shì de, fēi cháng nán. yóu qí shì yuè dú, xiě zuò hé fā yīn.

瓦妮莎: 你怎么学的？

wǎ nī shā: nǐ zěn me xué de?

杰伊: 我有一本教科书，而且我在网上看一些中文电视节目。

jié yī: wǒ yǒu yī běn jiào kē shū, ér qiě wǒ zài wǎng shàng kàn yī xiē zhōng wén diàn shì jié mù.

瓦妮莎: 那很棒！你是什么时候开始学中文的？

wǎ nī shā: nà hěn bàng! nǐ shì shén me shí hòu kāi shǐ xué zhōng wén de?

杰伊: 大约三个月以前。我还是一名初学者。但我可以说一些句子，所以我很开心。

jié yī: dà yuē sān gè yuè yǐ qián. wǒ hái shì yī míng chū xué zhě. dàn wǒ kě yǐ shuō yī xiē jù zi, suǒ yǐ wǒ hěn kāi xīn.

瓦妮莎: 那太棒了！我觉得学中文是个好主意。当你申请工作时，公司会对你的申请感兴趣。

wǎ nī shā: nà tài bàng le! wǒ jué dé xué zhōng wén shì gè hǎo zhǔ yì. dāng nǐ shēn qǐng gōng zuò shí, gōng sī huì duì nǐ de shēn qǐng gǎn xìng qù.

杰伊: 希望如此。你想学什么语言？

jié yī: xī wàng rú cǐ. nǐ xiǎng xué shén me yǔ yán?

瓦妮莎: 我想学意大利语。我认为它太美了。

wǎ nī shā: wǒ xiǎng xué yì dà lì yǔ. wǒ rèn wéi tā tài měi le.

杰伊: 我同意！你应该学意大利语。

jié yī: wǒ tóng yì! nǐ yīng gāi xué yì dà lì yǔ.

瓦妮莎: 事实上，你启发了我。我认为应该从现在就开始学习！

wǎ nī shā: shì shí shàng, nǐ qǐ fā le wǒ. wǒ rèn wéi yīng gāi cóng xiàn zài jiù kāi shǐ xué xí!

杰伊: 太好了！

jié yī: tài hǎo le!

WHAT LANGUAGE DO YOU WANT TO LEARN?

Vanessa: How many languages do you speak, Jay?

Jay: Just English. I studied Spanish in high school so I know a little bit of it. What about you?

Vanessa: I speak English and Spanish, and I studied French in middle school and high school.

Jay: Oh, wow! Was French hard for you to learn?

Vanessa: Not really. It's similar to Spanish.

Jay: Yeah, that makes sense. Spanish and English are similar, too.

Vanessa: True. They are more similar than English and Chinese, for example!

Jay: Yes, much more similar! Actually, I want to learn Chinese.

Vanessa: Really? Why?

Jay: Well, I want to be a businessman, and I think Chinese will be very useful in the future. It is becoming more widespread.

Vanessa: Yes, it is. But Chinese is very difficult to learn, right?

Jay: Yeah. It's very hard. Especially reading, writing, and pronunciation.

Vanessa: How are you studying?

Jay: I have a textbook and I watch some Chinese TV shows on the Internet.

Vanessa: That's so cool! When did you start learning Chinese?

Jay: About three months ago. I'm still a beginner. But I can say a few sentences, so I'm happy about that.

Vanessa: That's awesome! And I think it's a good idea to study Chinese. When you apply for jobs, the companies will be interested in your application.

Jay: I hope so. What language do you want to learn?

Vanessa: I want to learn Italian. I think it's so beautiful.

Jay: I agree! You should study Italian.

Vanessa: Actually, you are inspiring me. I think I will start learning it now!

Jay: Great!

64

你有太多鞋了！（A2）- YOU HAVE TOO MANY SHOES! - NǏ YǑU TÀI DUŌ XIÉ LE!

布兰顿: 斯蒂凡尼，柜子太满了！都没有地方放我的衣服了。

bù lán dùn: sī dì fán ní, guì zi tài mǎn le! dōu méi yǒu dì fāng fàng wǒ de yī fú le.

斯蒂凡尼: 哎呀，对不起。我有太多鞋了。

sī dì fán ní: āi yā, duì bù qǐ. wǒ yǒu tài duō xié le.

布兰顿: 你有太多鞋子了！你总共有多少双鞋？

bù lán dùn: nǐ yǒu tài duō xié zi le! nǐ zǒng gòng yǒu duō shǎo shuāng xié?

斯蒂凡尼: 嗯......上个月我有三十四双，但我上周又买了一双。

sī dì fán ní: ǹ......shàng gè yuè wǒ yǒu sān shí sì shuāng, dàn wǒ shàng zhōu yòu mǎi le yī shuāng.

布兰顿: 所以你有三十五双鞋？！

bù lán dùn: suǒ yǐ nǐ yǒu sān shí wǔ shuāng xié?!

斯蒂凡尼: 是的。

sī dì fán ní: shì de.

布兰顿: 你真的需要三十五双鞋吗？

bù lán dùn: nǐ zhēn de xū yào sān shí wǔ shuāng xié ma?

斯蒂凡尼: 我真的喜欢鞋。而且大部分我都会穿。

sī dì fán ní: wǒ zhēn de xǐ huān xié. ér qiě dà bù fèn wǒ dōu huì chuān.

布兰顿: 但你并不是所有都穿。你应该把一些鞋捐给慈善机构。

bù lán dùn: dàn nǐ bìng bù shì suǒ yǒu dōu chuān. nǐ yīng gāi bǎ yī xiē xié juān gěi cí shàn jī gòu.

斯蒂凡尼: 你说得对。我现在就看看我的鞋子，然后决定哪些是我想要留着的。

sī dì fán ní: nǐ shuo dé duì. wǒ xiàn zài jiù kàn kàn wǒ de xié zi, rán hòu jué dìng nǎ xiē shì wǒ xiǎng yào liú zhe de.

布兰顿: 我觉得这是个非常好的主意。你需要帮忙吗？

bù lán dùn: wǒ jué dé zhè shì gè fēi cháng hǎo de zhǔ yì. nǐ xū yào bāng máng ma?

斯蒂凡尼: 当然。

sī dì fán ní: dāng rán.

布兰顿: 好吧......紫色的这双怎么样？

bù lán dùn: hǎo ba......zǐ sè de zhè shuāng zěn me yàng?

斯蒂凡尼: 我喜欢那双！我穿着它们去的伊莎贝尔的婚礼，去年还穿着它们去了公司聚会。

sī dì fán ní: wǒ xǐ huān nà shuāng! wǒ chuān zhe tā mén qù de yī shā bèi ěr de hūn lǐ, qù nián hái chuān zhe tā mén qù le gōng sī jù huì.

布兰顿: 所以你只穿了两次？

bù lán dùn: suǒ yǐ nǐ zhǐ chuān le liǎng cì?

斯蒂凡尼: 是的。

sī dì fán ní: shì de.

布兰顿: 你什么时候还会再穿？

bù lán dùn: nǐ shén me shí hòu hái huì zài chuān?

斯蒂凡尼: 我不知道。也许明年。

sī dì fán ní: wǒ bù zhī dào. yě xǔ míng nián.

布兰顿: 明年？！你真的想把它们在柜子里放一年吗？如果你把它们捐给慈善机构，另一个人就可以穿它们。

bù lán dùn: míng nián?! nǐ zhēn de xiǎng bǎ tā mén zài guì zi lǐ fàng yī nián ma? rú guǒ nǐ bǎ tā mén juān gěi cí shàn jī gòu, lìng yī gè rén jiù kě yǐ chuān tā mén.

斯蒂凡尼: 是的，你说得对。再见了，紫色的鞋。我很享受穿着你们！

sī dì fán ní: shì de, nǐ shuō dé duì. zài jiàn le, zǐ sè de xié. wǒ hěn xiǎng shòu chuān zhe nǐ mén!

布兰顿: 干得好，斯蒂凡尼！好了，这双蓝色运动鞋呢......？

bù lán dùn: gàn dé hǎo, sī dì fán ní! hǎo le, zhè shuāng lán sè yùn dòng xié ne......?

YOU HAVE TOO MANY SHOES!

Brandon: Steph, the closet is so full! There is no space for my clothes.

Stephanie: Oops. I'm sorry. I have a lot of shoes.

Brandon: You have too many shoes! And how many pairs of shoes do you have?

Stephanie: Umm… I had thirty-four last month. But I bought another pair last week.

Brandon: So you have thirty-five pairs of shoes?!

Stephanie: Yes.

Brandon: Do you really need thirty-five pairs of shoes?

Stephanie: I really like shoes. And I wear most of them.

Brandon: But you don't wear all of them. You should donate some of your shoes to charity.

Stephanie: You're right. I will look at all my shoes now and decide which ones I want to keep.

Brandon: I think that's a really good idea. Do you want some help?

Stephanie: Sure.

Brandon: Okay…. what about these purple ones?

Stephanie: I love those! I wore those to Isabelle's wedding and to my office party last year.

Brandon: So you only wore them two times?

Stephanie: Yes.

Brandon: When will you wear them again?

Stephanie: I don't know. Maybe next year.

Brandon: Next year?! Do you really want to keep these in the closet for a year? If you give them to charity, another person can wear them.

Stephanie: Yeah. You're right. Bye, purple shoes. I enjoyed wearing you!

Brandon: Good job, Steph! Okay, what about these blue sneakers…?

65

那不太好（A2）- THAT'S NOT VERY NICE

-

NÀ BÙ TÀI HǍO

阿里安娜：克里斯托弗！不要说你妹妹"蠢"！那不太好。

ā lǐ ān nà: kè lǐ sī tuō fú! bù yào shuō nǐ mèi mèi "chǔn"! nà bù tài hǎo.

克里斯托弗：但她抢走了我的球！

kè lǐ sī tuō fú: dàn tā qiǎng zǒu le wǒ de qiú!

阿里安娜：好吧，那是她做得不太好。但你不应该说她蠢，那不是一个好词。

ā lǐ ān nà: hǎo ba, nà shì tā zuò dé bù tài hǎo. dàn nǐ bù yìng gāi shuō tā chǔn, nà bù shì yī gè hǎo cí.

克里斯托弗：我不管。我很生她的气。

kè lǐ sī tuō fú: wǒ bù guǎn. wǒ hěn shēng tā de qì.

阿里安娜：请跟她说对不起。

ā lǐ ān nà: qǐng gēn tā shuō duì bù qǐ.

克里斯托弗：不。

kè lǐ sī tuō fú: bù.

阿里安娜：克里斯托弗，听我说。向你妹妹道歉。

ā lǐ ān nà: kè lǐ sī tuō fú, tīng wǒ shuō. xiàng nǐ mèi mèi dào qiàn.

克里斯托弗：我一会儿再说。

kè lǐ sī tuō fú: wǒ yī huì er zài shuō.

阿里安娜：请现在就做。

ā lǐ ān nà: qǐng xiàn zài jiù zuò.

克里斯托弗：好吧。凯特，对不起。

kè lǐ sī tuō fú: hǎo ba. kǎi tè, duì bù qǐ.

阿里安娜：你为什么对不起？告诉她。

ā lǐ ān nà: nǐ wèi shén me duì bù qǐ? gào sù tā

克里斯托弗：对不起我叫你蠢。

kè lǐ sī tuō fú: duì bù qǐ wǒ jiào nǐ chǔn.

阿里安娜：谢谢你，克里斯托弗。你听到她说的话了吗？她刚刚也向你道歉了。

ā lǐ ān nà: xiè xiè nǐ, kè lǐ sī tuō fú. nǐ tīng dào tā shuō de huà le ma? tā gāng gāng yě xiàng nǐ dào qiàn le.

克里斯托弗: 好吧。姐妹们真烦人。

kè lǐ sī tuō fú: hǎo ba. jiě mèi mén zhēn fán rén.

阿里安娜: 姐妹们非常棒。我的妹妹是我最好的朋友。当我们还是孩子的时候，我们总是打架。但现在我很感激她。

ā lǐ ān nà: jiě mèi mén fēi cháng bàng. wǒ de mèi mèi shì wǒ zuì hǎo de péng yǒu. dāng wǒ mén hái shì hái zi de shí hòu, wǒ mén zǒng shì dǎ jià. dàn xiàn zài wǒ hěn gǎn jī tā.

克里斯托弗: 你和克里斯蒂娜阿姨为什么打架？

kè lǐ sī tuō fú: nǐ hé kè lǐ sī dì nà ā yí wèi shén me dǎ jià?

阿里安娜: 所有事。一般小孩子的事情。

ā lǐ ān nà: suǒ yǒu shì. yī bān xiǎo hái zi de shì qíng.

克里斯托弗: 她有抢过你的玩具吗？

kè lǐ sī tuō fú: tā yǒu qiǎng guò nǐ de wán jù ma?

阿里安娜: 当然。

ā lǐ ān nà: dāng rán.

克里斯托弗: 你怎么做的？

kè lǐ sī tuō fú: nǐ zěn me zuò de?

阿里安娜: 我很生她的气，有时候对她说了刻薄的话。但接着我妈妈就告诉我们向彼此道歉。之后我们就感觉好多了。

ā lǐ ān nà: wǒ hěn shēng tā de qì, yǒu shí hòu duì tā shuō le kè bó de huà. dàn jiē zhe wǒ mā mā jiù gào sù wǒ mén xiàng bǐ cǐ dào qiàn. zhī hòu wǒ mén jiù gǎn jué hǎo duō le.

克里斯托弗: 我没有感觉好多了。

kè lǐ sī tuō fú: wǒ méi yǒu gǎn jué hǎo duō le.

阿里安娜: 也许现在还没有。但你会的。

ā lǐ ān nà: yě xǔ xiàn zài hái méi yǒu. dàn nǐ huì de.

克里斯托弗: 好吧。现在我能去外面玩了吗？

kè lǐ sī tuō fú: hǎo ba. xiàn zài wǒ néng qù wài miàn wán le ma?

阿里安娜: 可以。但晚饭半小时后就好了。

ā lǐ ān nà: kě yǐ. dàn wǎn fàn bàn xiǎo shí hòu jiù hǎo le.

克里斯托弗: 好的。谢谢妈妈。

kè lǐ sī tuō fú: hǎo de. xiè xiè mā mā.

阿里安娜: 当然，甜心。

ā lǐ ān nà: dāng rán, tián xīn.

THAT'S NOT VERY NICE

Arianna: Kristoffer! Don't call your sister "stupid"! That's not very nice.

Kristoffer: But she took my ball!

Arianna: Well, that was not nice of her. But you should not call her stupid. That's not a nice word.

Kristoffer: I don't care. I'm mad at her.

Arianna: Please tell her you're sorry.

Kristoffer: No.

Arianna: Kris, listen to me. Apologize to your sister.

Kristoffer: I'll do it later.

Arianna: Please do it now.

Kristoffer: Fine. Kate, I'm sorry.

Arianna: What are you sorry for? Tell her.

Kristoffer: I'm sorry I called you stupid.

Arianna: Thank you, Kris. And did you hear her? She just apologized to you, too.

Kristoffer: Okay. Sisters are so annoying.

Arianna: Sisters are wonderful. My sister is my best friend. When we were kids, we fought a lot. But now I am so grateful for her.

Kristoffer: What did you and Aunt Kristina fight about?

Arianna: Everything. Normal kid things.

Kristoffer: Did she ever take your toys?

Arianna: Of course.

Kristoffer: What did you do?

Arianna: I got angry at her and sometimes I said mean things to her. But then my mom told us to say I'm sorry to each other. And we felt better after.

Kristoffer: I don't feel better.

Arianna: Maybe not yet. But you will.

Kristoffer: Okay. Can I go play outside now?

Arianna: Yes. But dinner will be ready in half an hour.

Kristoffer: All right. Thanks, Mom.

Arianna: Of course, sweetie.

66

开一个银行账户（B1）- SETTING UP A BANK ACCOUNT

-

KĀI YĪ GÈ YÍN HÁNG ZHÀNG HÙ

银行职员: 您好！我能怎么帮助您？

yín háng zhí yuán: nín hǎo! wǒ néng zěn me bang zhù nín?

詹姆斯: 你好。我想开一个银行账户。

zhān mǔ sī: nǐ hǎo. wǒ xiǎng kāi yī gè yín háng zhàng hù.

银行职员: 好的！我可以帮您。您想要开哪类账户？

yín háng zhí yuán: hǎo de! wǒ kě yǐ bāng nín. nín xiǎng yào kāi nǎ lèi zhàng hù?

詹姆斯: 一个支票账户。

zhān mǔ sī: yī gè zhī piào zhàng hù.

银行职员: 好的。只要一个支票账户？您也想要开一个储蓄账户吗？

yín háng zhí yuán: hǎo de. zhǐ yào yī gè zhī piào zhàng hù? nín yě xiǎng yào kāi yī gè chǔ xù zhàng hù ma?

詹姆斯: 不用了，只要一个支票账户。

zhān mǔ sī: bù yòng le, zhǐ yào yī gè zhī piào zhàng hù.

银行职员: 完美。你需要存款至少二十五美元来开户。

yín háng zhí yuán: wán měi. nǐ xū yào cún kuǎn zhì shǎo èr shí wǔ měi yuán lái kāi hù.

詹姆斯: 好的。我可以多存一些吗？

zhān mǔ sī: hǎo de. wǒ kě yǐ duō cún yī xiē ma?

银行职员: 可以，当然！无论存多少都可以，只要超过二十五美元就行。

yín háng zhí yuán: kě yǐ, dāng rán! wú lùn cún duō shǎo dōu kě yǐ, zhǐ yào chāo guò èr shí wǔ měi yuán jiù xíng.

詹姆斯: 好的。我先存一百美元。

zhān mǔ sī: hǎo de. wǒ xiān cún yī bǎi měi yuán.

银行职员： 听上去不错。我需要你的驾照和社会保险号。你需要在这张表格填上你的基本资料。

yín háng zhí yuán: tīng shàng qù bù cuò. wǒ xū yào nǐ de jià zhào hé shè huì bǎo xiǎn hào. nǐ xū yào zài zhè zhāng biǎo gé tián shàng nǐ de jī zī liào.

詹姆斯： 我没带社会保险卡，可以吗？但我知道我的社保号。

zhān mǔ sī: wǒ mò dài shè huì bǎo xiǎn kǎ, kě yǐ ma? dàn wǒ zhī dào wǒ de shè bǎo hào.

银行职员： 可以。我们只需要你的社保号。

yín háng zhí yuán: kě yǐ. wǒ mén zhǐ xū yào nǐ de shè bǎo hào.

詹姆斯： 好的。我今天就能拿到一张借记卡吗？

zhān mǔ sī: hǎo de. wǒ jīn tiān jiù néng ná dào yī zhāng jiè jì kǎ ma?

银行职员： 不行，需要五到十天才能收到你的卡。你会通过邮寄收到。

yín háng zhí yuán: bù xíng, xū yào wǔ dào shí tiān cái néng shōu dào nǐ de kǎ. nǐ huì tōng guò yóu jì shōu dào.

詹姆斯： 哦。那在我拿到借记卡之前要怎么买东西呢？

zhān mǔ sī: ò. nà zài wǒ ná dào jiè jì kǎ zhī qián yào zěn me mǎi dōng xī ne?

银行职员： 你必须用之前的支票账户，或者你可以今天取一点现金出来，然后在收到卡片之前用现金。

yín háng zhí yuán: nǐ bì xū yòng zhī qián de zhī piào zhàng hù, huò zhě nǐ kě yǐ jīn tiān qǔ yī diǎn xiàn jīn chū lái, rán hòu zài shōu dào kǎ piàn zhī qián yòng xiàn jīn.

詹姆斯： 我明白了。好吧，谢谢你的帮助。

zhān mǔ sī: wǒ míng bái le. hǎo ba, xiè xiè nǐ de bāng zhù.

银行职员： 也谢谢你！祝你有愉快的一天！

yín háng zhí yuán: yě xiè xiè nǐ! zhù nǐ yǒu yú kuài de yī tiān!

詹姆斯： 谢谢；你也是。

zhān mǔ sī: xiè xiè; nǐ yě shì.

SETTING UP A BANK ACCOUNT

Bank employee: Hello! How can I help you?

James: Hi. I need to set up a bank account.

Bank employee: Great! I can help you with that. What kind of account would you like to open?

James: A checking account.

Bank employee: All right. Just a checking account? Would you like to open a savings account as well?

James: No, just a checking account.

Bank employee: Perfect. So you'll need to deposit at least twenty-five dollars to open the account.

James: That's fine. Can I deposit more?

Bank employee: Yes, of course! You can start with however much you'd like, as long as it's over twenty-five dollars.

James: Okay. I'll start with one hundred dollars.

Bank employee: Sounds good. I'll need your driver's license and social security number. And you'll need to fill out this form with your basic information.

James: I don't have my social security card with me. Is that okay? But I know my number.

Bank employee: That's fine. We just need your number.

James: Okay. Do I get a debit card today?

Bank employee: No, it takes between five and ten days to receive your card. You'll get it in the mail.

James: Oh. How do I make purchases before I get my debit card?

Bank employee: You'll have to use your previous checking account, or you can withdraw some cash today and use that until you receive the card.

James: I see. All right, thanks for your help.

Bank employee: Thank you, too! Have a good day!

James: Thanks; you too.

67

准备登机 （B1）- WAITING TO BOARD AN AIRPLANE

- ZHǓN BÈI DĒNG JĪ

梅森: 什么时候开始登机?

méi sēn: shén me shí hòu kāi shǐ dēng jī?

阿历克斯: 现在就开始了。

ā lì kè sī: xiàn zài jiù kāi shǐ le.

梅森: 哦，好吧。我们最好把登机牌拿出来。

méi sēn: ó, hǎo ba. wǒ mén zuì hǎo bǎ dēng jī pái ná chū lái.

阿历克斯: 是的。我们的座位号是什么?

ā lì kè sī: shì de. wǒ mén de zuò wèi hào shì shén me?

梅森: 47B 和 47C. 中间和靠走廊的座位。

méi sēn: 47B hé 47C. zhōng jiān hé kào zǒu láng de zuò wèi.

阿历克斯: 如果你想要靠走廊的座位，我不介意坐中间。

ā lì kè sī: rú guǒ nǐ xiǎng yào kào zǒu láng de zuò wèi, wǒ bù jiè yì zuò zhōng jiān.

梅森: 这是短途飞行，所以我真的不介意坐中间。

méi sēn: zhè shì duǎn tú fēi xíng, suǒ yǐ wǒ zhēn de bù jiè yì zuò zhōng jiān.

阿历克斯: 你腿长，所以你可以坐靠走廊的座位。

ā lì kè sī: nǐ tuǐ cháng, suǒ yǐ nǐ kě yǐ zuò kào zǒu láng de zuò wèi.

梅森: 谢谢! 等我们在西雅图着陆后我请你喝东西。

méi sēn: xiè xiè! děng wǒ mén zài xī yǎ tú zhuó lù hòu wǒ qǐng nǐ hē dōng xī.

阿历克斯: 哈哈，成交!

ā lì kè sī: hā hā, chéng jiāo!

梅森: 有太多人在排队，我想这趟航班会满员。

méi sēn: yǒu tài duō rén zài pái duì, wǒ xiǎng zhè tàng háng bān huì mǎn yuán.

阿历克斯: 我想你说的对。我一点不惊讶，这是节日的周末。

ā lì kè sī: wǒ xiǎng nǐ shuō de duì. wǒ yī diǎn bù jīng yà, zhè shì jié rì de zhōu mò.

梅森：对。我希望头上行李架有足够空间让我们放包。我们没有托运行李是有风险的。

méi sēn: duì. wǒ xī wàng tóu shàng xíng lǐ jià yǒu zú gòu kōng jiān ràng wǒ mén fàng bāo. wǒ mén méi yǒu tuō yùn xíng lǐ shì yǒu fēng xiǎn de.

阿历克斯：我知道。带着手提行李到处走有点麻烦，但我宁愿让我的包和我在一起，而且我不喜欢在行李转盘那里等自己的包。

ā lì kè sī: wǒ zhī dào. dài zhe shǒu tí xíng lǐ dào chù zǒu yǒu diǎn má fan, dàn wǒ nìng yuàn ràng wǒ de bāo hé wǒ zài yī qǐ, ér qiě wǒ bù xǐ huān zài xíng lǐ zhuàn pán nà lǐ děng zì jǐ de bāo.

梅森：是的。有时候要等很长时间包才会出来！我到达的时候只想离开机场开始旅行！

méi sēn: shì de. yǒu shí hòu yào děng hěn cháng shí jiān bāo cái huì chū lái! wǒ dào dá de shí hòu zhǐ xiǎng lí kāi jī chǎng kāi shǐ lǚ xíng!

阿历克斯：我也是。我也没有耐心。这一定是为什么我们是朋友的原因！

ā lì kè sī: wǒ yě shì. wǒ yě méi yǒu nài xīn. zhè yī dìng shì wèi shén me wǒ mén shì péng yǒu de yuán yīn!

梅森：哈哈。那是许多个原因之一！

méi sēn: hā hā. nà shì xǔ duō gè yuán yīn zhī yī!

211

WAITING TO BOARD AN AIRPLANE

Mason: When does boarding start?

Alexis: It's starting now.

Mason: Oh, okay. We'd better get our boarding passes out.

Alexis: Yeah. What are our seat numbers?

Mason: 47B and 47C. Middle and aisle seats.

Alexis: I don't mind sitting in the middle if you want the aisle seat.

Mason: It's a short flight, so I really don't mind sitting in the middle.

Alexis: You have longer legs, so you can take the aisle.

Mason: Thanks! I'll buy you a drink when we land in Seattle.

Alexis: Ha ha, deal!

Mason: There are so many people in line; I think it will be a full flight.

Alexis: I think you're right. I'm not surprised; it's a holiday weekend.

Mason: Right. I hope there is enough space for our bags in the overhead bins. We took a risk by not checking our bags!

Alexis: I know. It's kind of a pain to lug around a carry-on bag, but I prefer to have my bag with me. And I don't like waiting for my bag at the baggage carousel.

Mason: Yeah. Sometimes it can take forever for the bags to come out! When I arrive I just want to get out of the airport and start my trip!

Alexis: Me too. I'm not patient, either. That must be why we're friends!

Mason: Ha ha. That's one of the many reasons!

68

收养一只狗（B1）- ADOPTING A DOG

-

SHŌU YǍNG YĪ ZHǏ GǑU

温迪: 我觉得巴利需要一个朋友。

wēn dí: wǒ jué dé bā lì xū yào yī gè péng yǒu.

胡安: 你想再要一只狗？你确定你还有空闲吗？

hú ān: nǐ xiǎng zài yào yī zhī gǒu? nǐ què dìng nǐ hái yǒu kòng xián ma?

温迪: 是的，我想是时候了。

wēn dí: shì de, wǒ xiǎng shì shí hòu le.

胡安: 好吧，你想要什么类型的狗？

hú ān: hǎo ba, nǐ xiǎng yào shén me lèi xíng de gǒu?

温迪: 我不确定，但我知道我想领养一只。收容所有很多狗，所以我想收养一只被营救的狗。

wēn dí: wǒ bù què dìng, dàn wǒ zhī dào wǒ xiǎng lǐng yǎng yī zhǐ. shōu róng suǒ yǒu hěn duō gǒu, suǒ yǐ wǒ xiǎng shōu yǎng yī zhǐ bèi yíng jiù de gǒu.

胡安: 但你不担心狗的性格吗？如果那只狗不太友好怎么办？

hú ān: dàn nǐ bù dān xīn gǒu de xìng gé ma? rú guǒ nà zhǐ gǒu bù tài yǒu hǎo zěn me bàn?

温迪: 我的朋友有被营救的狗，每一只都很可爱。我觉得狗会很感激呆在一个有爱的家里，它们可爱的性格似乎就说明了一切。

wēn dí: wǒ de péng yǒu yǒu bèi yíng jiù de gǒu, měi yī zhī dōu hěn kě ài. wǒ jué dé gǒu huì hěn gǎn jī dāi zài yī gè yǒu ài de jiā lǐ, tā mén kě ài de xìng gé sì hū jiù shuō míng liǎo yī qiè.

胡安: 我猜是这样的。我朋友的狗布里斯科特似乎也非常可爱，而且我知道它是被收养的。

hú ān: wǒ cāi shì zhè yàng de. wǒ péng yǒu de gǒu bù lǐ sī kē tè sì hū yě fēi cháng kě ài, ér qiě wǒ zhī dào tā shì bèi shōu yǎng de.

温迪: 没错!

wēn dí: méi cuò!

胡安: 所以你打算去哪里收养狗？收容所吗？

hú ān: suǒ yǐ nǐ dǎ suàn qù nǎ lǐ shōu yǎng gǒu? shōu róng suǒ ma?

温迪: 是的，但我也可以去收容中心或宠物救助组织的网站上找一只。

wēn dí: shì de, dàn wǒ yě kě yǐ qù shōu róng zhōng xīn huò chǒng wù jiù zhù zǔ zhī de wǎng zhàn shàng zhǎo yī zhī.

胡安: 我明白了。你只需要选一只，他们就会把宠物运给你吗？

hú ān: wǒ míng bái le. nǐ zhǐ xū yào xuǎn yī zhī, tā mén jiù huì bǎ chǒng wù yùn gěi nǐ ma?

温迪: 不是的，你必须填一份收养表。我想机构会有人来家里核实。

wēn dí: bù shì de, nǐ bì xū tián yī fèn shōu yǎng biǎo. wǒ xiǎng jī gòu huì yǒu rén lái jiā lǐ hé shí.

胡安: 哇，那比我以为的复杂多了。

hú ān: wà, nà bǐ wǒ yǐ wéi de fù zá duō le.

温迪: 是的，我想他们只是要确保狗将在一个好家里一直住下去。我听说很多动物在被收养之后又被送回去。

wēn dí: shì de, wǒ xiǎng tā mén zhǐ shì yào què bǎo gǒu jiāng zài yī gè hǎo jiā lǐ yī zhí zhù xià qù. wǒ tīng shuō hěn duō dòng wù zài bèi shōu yǎng zhī hòu yòu bèi sòng huí qù.

胡安: 好吧，希望巴利和这只新狗能相处愉快。

hú ān: hǎo ba, xī wàng bā lì hé zhè zhī xīn gǒu néng xiāng chǔ yú kuài.

温迪: 我也希望如此。我等不及收养另一只狗了！

wēn dí: wǒ yě xī wàng rú cǐ. wǒ děng bù jí shōu yǎng lìng yī zhī gǒu le!

ADOPTING A DOG

Wendy: I think Barley needs a buddy.

Juan: You want to get another dog? Are you sure you have time for that?

Wendy: Yeah, I think it's time.

Juan: Okay, what kind of dog are you thinking of getting?

Wendy: I'm not sure, but I know I want to adopt one. There are a lot of dogs at the shelter, so I want to adopt a rescue.

Juan: But aren't you worried about the dog's personality? What if the dog is mean?

Wendy: My friends have rescues and each dog is so loving. I think the dogs are grateful to be in a loving home and their loving personalities seem to reflect that.

Juan: I guess that's true. Your friend's dog Brisket seems to be very loving, and I know he was adopted.

Wendy: Exactly!

Juan: So where are you going to go to adopt a dog? The pound?

Wendy: Yeah, but I can also go on the Internet sites for adoption centers or pet rescue organizations to find one.

Juan: I see. Do you just pick one and they deliver the pet to you?

Wendy: No, you have to fill out an adoption form, and I think someone from the organization comes over to do a home check.

Juan: Wow, this is much more complicated than I thought.

Wendy: Yeah, I think they're just trying to make sure that the dog is going to a good home permanently. I have heard that many animals are returned to shelters after they are adopted.

Juan: Well, hopefully Barley and the new dog will get along.

Wendy: I hope so, too. I can't wait to adopt another dog!

69

海滩的一天（B1）- A DAY AT THE BEACH

-

HǍI TĀN DE YĪ TIĀN

约什: 嘿，蕾贝卡！我正开始以为你来不了了。我很高兴你能来。

yuē shí: hēi, lěi bèi kǎ! wǒ zhèng kāi shǐ yǐ wéi nǐ lái bu liǎo le. wǒ hěn gāo xìng nǐ néng lái.

蕾贝卡: 是的，来到这里费了点时间。我为了离海滩近一些而搬到加利福尼亚，所以这是值得的。此外，最近天气很好。

lěi bèi kǎ: shì de, lái dào zhè lǐ fèi le diǎn shí jiān. wǒ wèi le lí hǎi tān jìn yī xiē ér bān dào jiā lì fú ní yǎ, suǒ yǐ zhè shì zhí dé de. cǐ wài, zuì jìn tiān qì hěn hǎo.

约什: 但你住在西科维纳，距离海滩不是四小时路程吗？

yuē shí: dàn nǐ zhù zài xī kē wéi nà, jù lí hǎi tān bù shì sì xiǎo shí lù chéng ma?

蕾贝卡: 是的，但那是算上堵车的时间。我今天过来只花了两个小时。

lěi bèi kǎ: shì de, dàn nà shì suàn shàng dǔ chē de shí jiān. wǒ jīn tiān guò lái zhǐ huā le liǎng gè xiǎo shí.

约什: 那依然很远，但没关系！嘿，你饿不饿？我们这儿有好多食物。

yuē shí: nà yī rán hěn yuǎn, dàn méi guān xì! hēi, nǐ è bù è? wǒ mén zhè er yǒu hǎo duō shí wù.

蕾贝卡: 我饿！你们都有什么？

lěi bèi kǎ: wǒ è! nǐ mén dōu yǒu shén me?

约什: 我们有普通热狗、辣热狗、培根卷热狗和火鸡热狗。

yuē shí: wǒ mén yǒu pǔ tōng rè gǒu, là rè gǒu, péi gēn juǎn rè gǒu hé huǒ jī rè gǒu.

蕾贝卡: 你们有什么不是热狗的东西吗？

lěi bèi kǎ: nǐ mén yǒu shén me bù shì rè gǒu de dōng xī ma?

约什: 我想纳撒尼尔吃完了最后一个汉堡。但我们有无数的薯条和调味酱，那边的冷饮机有各种饮料。

yuē shí: wǒ xiǎng nà sā ní ěr chī wán le zuì hòu yī gè hàn bǎo. dàn wǒ mén yǒu wú shù de shǔ tiáo hé tiáo wèi jiàng, nà biān de lěng yǐn jī yǒu gè zhǒng yǐn liào.

蕾贝卡: 太棒了！实话说，如果还有的话，我想要一个培根卷热狗。

lěi bèi kǎ: tài bàng le! shí huà shuō, rú guǒ hái yǒu de huà, wǒ xiǎng yào yī gè péi gēn juǎn rè gǒu.

约什: 当然，给你。

yuē shí: dāng rán, gěi nǐ.

蕾贝卡: 谢谢，这看起来很美味！顺便问一下，你有防晒霜吗？我想我把我的落在房子里了。

lěi bèi kǎ: xiè xiè, zhè kàn qǐ lái hěn měi wèi! shùn biàn wèn yī xià, nǐ yǒu fáng shài shuāng ma? wǒ xiǎng wǒ bǎ wǒ de là zài fáng zi lǐ le.

约什: 对，这就有。

yuē shí: duì, zhè jiù yǒu.

蕾贝卡: 谢谢！你要和大家一起打排球吗？

lěi bèi kǎ: xiè xiè! nǐ yào hé dà jiā yī qǐ dǎ pái qiú ma?

约什: 也许会，但我刚吃了东西，所以我要等半小时再玩。我可不想胃疼。

yuē shí: yě xǔ huì, dàn wǒ gāng chī le dōng xī, suǒ yǐ wǒ yào děng bàn xiǎo shí zài wán. wǒ kě bù xiǎng wèi téng.

蕾贝卡: 好主意。你想来我的队吗？

lěi bèi kǎ: hǎo zhǔ yì. nǐ xiǎng lái wǒ de duì ma?

约什: 当然！

yuē shí: dāng rán!

蕾贝卡: 太好了！这将很有趣！

lěi bèi kǎ: tài hǎo le! zhè jiāng hěn yǒu qù!

A DAY AT THE BEACH

Josh: Hey, Rebecca! I was beginning to think you weren't going make it. I'm glad you're here.

Rebecca: Yeah, it took a while to get here. I moved to California to be closer to the beach so this is worth it. Plus, the weather has been beautiful lately.

Josh: But you live in West Covina. Aren't you four hours from the beach?

Rebecca: Yeah, but that's with traffic. It only took me two hours today.

Josh: That's still pretty far, but all right! Hey, are you hungry? We have lots of food here.

Rebecca: I am! What do you have?

Josh: We have regular hot dogs, spicy hot dogs, bacon-wrapped hot dogs, and turkey hot dogs.

Rebecca: Do you have anything that's not a hot dog?

Josh: I think Nathaniel ate the last hamburger. But we have tons of chips and dip and all kinds of beverages in the coolers over there.

Rebecca: Great! Actually, I'll have a bacon-wrapped hot dog if you have any left.

Josh: Sure, here you go.

Rebecca: Thanks, this looks delicious! By the way, do you have any sunscreen? I think I left mine at the house.

Josh: Yes, I have some right here.

Rebecca: Thanks! Are you going to play volleyball with everyone?

Josh: Probably, but I just ate so I'm going to wait half an hour before I play. I don't want to get a stomachache.

Rebecca: Good idea. Do you want to be on my team?

Josh: Sure!

Rebecca: Great! This is going to be so much fun!

70

我们来做芝士汉堡（B1）- LET'S MAKE CHEESEBURGERS - WǑ MÉN LÁI ZUÒ ZHĪ SHÌ HÀN BǍO

怀特尼：我饿了，我一整天都没有吃东西。

huái tè ní: wǒ è le, wǒ yī zhěng tiān dōu méi yǒu chī dōng xī.

约翰：你想吃什么？我也饿了。

yuē hàn: nǐ xiǎng chī shén me? wǒ yě è le.

怀特尼：我想要一个芝士汉堡。你能向我示范怎么做吗？你做的芝士汉堡真的很好吃！

huái tè ní: wǒ xiǎng yào yī gè zhī shì hàn bǎo. nǐ néng xiàng wǒ shì fàn zěn me zuò ma? nǐ zuò de zhī shì hàn bǎo zhēn de hěn hào chī!

约翰：当然！

yuē hàn: dāng rán!

怀特尼：我为我们准备了一些原料。

huái tè ní: wǒ wèi wǒ mén zhǔn bèi le yī xiē yuán liào.

约翰：真的吗？你有汉堡面包吗？

yuē hàn: zhēn de ma? nǐ yǒu hàn bǎo miàn bāo ma?

怀特尼：有的，我还有牛肉糜。

huái tè ní: yǒu de, wǒ hái yǒu niú ròu mí.

约翰：调味料呢？

yuē hàn: tiáo wèi liào ne?

怀特尼：我有芥末酱、蛋黄酱、番茄酱和甜碎渍瓜。

huái tè ní: wǒ yǒu jiè mò jiàng, dàn huáng jiàng, fān qié jiàng hé tián suì zì guā.

约翰：完美！我碰巧有一些生菜和西红柿，如果你想要一些的话。

yuē hàn: wán měi! wǒ pèng qiǎo yǒu yī xiē shēng cài hé xī hóng shì, rú guǒ nǐ xiǎng yào yī xiē de huà.

怀特尼：我觉得我想要有加特制酱汁和美国干酪的汉堡。

huái tè ní: wǒ jué dé wǒ xiǎng yào yǒu jiā tè zhì jiàng zhī hé měi guó gān lào de hàn bǎo.

约翰： 好的，很棒。做汉堡之前让我们把所有东西都准备好。

yuē hàn: hǎo de, hěn bàng. zuò hàn bǎo zhī qián ràng wǒ mén bǎ suǒ yǒu dōng xī dōu zhǔn bèi hǎo.

怀特尼： 你想让我做什么？

huái tè ní: nǐ xiǎng ràng wǒ zuò shén me?

约翰： 我在烤面包的时候你可以做特制酱汁。把等量的芥末酱、蛋黄酱、番茄酱和甜碎渍瓜在碗里混合好。

yuē hàn: wǒ zài kǎo miàn bāo de shí hòu nǐ kě yǐ zuò tè zhì jiàng zhī. bǎ děng liàng de jiè mò jiàng, dàn huáng jiàng, fān qié jiàng hé tián suì zì guā zài wǎn lǐ hùn hé hǎo.

怀特尼： 好的。

huái tè ní: hǎo de.

约翰： 我会加一点黄油烤面包。

yuē hàn: wǒ huì jiā yī diǎn huáng yóu kǎo miàn bāo.

怀特尼： 特制酱汁做好了。接下来我要做什么？

huái tè ní: tè zhì jiàng zhī zuò hǎo le. jiē xià lái wǒ yào zuò shén me?

约翰： 在砧板上把牛肉糜剁碎，弄成一个圆形。

yuē hàn: zài zhēn bǎn shàng bǎ niú ròu mí duò suì, nòng chéng yī gè yuán xíng.

怀特尼： 我要在中间加蛋黄吗？

huái tè ní: wǒ yào zài zhōng jiān jiā dàn huáng ma?

约翰： 对！好记性！你还应该滴一点橄榄油，撒一点盐和胡椒。然后把所有东西搅匀，用牛肉糜做两个球。不要把肉按得太紧。我来准备平底锅。

yuē hàn: duì! hǎo jì xìng! nǐ hái yīng gāi dī yī diǎn gǎn lǎn yóu, sǎ yī diǎn yán hé hú jiāo. rán hòu bǎ suǒ yǒu dōng xī jiǎo yún, yòng niú ròu mí zuò liǎng gè qiú. bù yào bǎ ròu àn dé tài jǐn. wǒ lái zhǔn bèi píng dǐ guō.

怀特尼： 我们接下来做什么？

huái tè ní: wǒ mén jiē xià lái zuò shén me?

约翰： 等平底锅热了，把肉球放在锅里，把它压成一块肉饼。肉饼每一面煎一分钟。然后在上面加上芝士。最后，把火关掉，让汉堡等几分钟。等汉堡凉了，你就可以开吃汉堡了。

yuē hàn: děng píng dǐ guō rè le, bǎ ròu qiú fàng zài guō lǐ, bǎ tā yā chéng yī kuài ròu bǐng. ròu bǐng měi yī miàn jiān yī fēn zhōng. rán hòu zài shàng miàn jiā shàng zhī shì. zuì hòu, bǎ huǒ guān diào, ràng hàn bǎo děng jǐ fēn zhōng. děng hàn bǎo liáng le, nǐ jiù kě yǐ kāi chī hàn bǎo le.

怀特尼： 听起来真棒！我等不及了！

huái tè ní: tīng qǐ lái zhēn bàng! wǒ děng bù jí le!

LET'S MAKE CHEESEBURGERS

Whitney: I'm hungry. I haven't eaten all day.

John: What do you want to eat? I am hungry, too.

Whitney: I want a cheeseburger. Can you show me how to make one? You make really good cheeseburgers!

John: Sure!

Whitney: I have some ingredients for us.

John: Really? Do you have hamburger buns?

Whitney: Yes. I also have ground beef.

John: What about condiments?

Whitney: I have mustard, mayonnaise, ketchup, and sweet relish.

John: Perfect! I happen to have some lettuce and tomatoes if you want some.

Whitney: I think I will have a burger with special sauce and American cheese.

John: Okay, cool. Let's get everything prepped before we make the burgers.

Whitney: What would you like me to do?

John: You can make the special sauce while I toast the buns. Mix equal parts mustard, mayonnaise, ketchup, and sweet relish together in a bowl.

Whitney: Okay.

John: I will toast the buns with a little bit of butter.

Whitney: The special sauce is ready. What do I do next?

John: Crumble the ground beef on a cutting board and make a circle with the ground beef.

Whitney: Do I add the egg yolk in the middle?

John: Yes! Good memory! You should also drizzle some olive oil and sprinkle on some salt and pepper. Then, mix everything together and form two balls from the ground beef. Don't pack the meat too tightly. I will get the pan ready.

Whitney: What do we do next?

John: Once the pan is hot, place a meat ball on the pan and then smash the ball into a patty. Cook the patty for a minute on each side. Then, add the cheese on top. Finally, turn off the heat and let the burger rest for a few minutes. Once the burger is cool, you can make your burger and eat it.

Whitney: Sounds great! I can't wait!

71

我的食物中有一根头发（B1) -
THERE'S A HAIR IN MY FOOD
-
WǑ DE SHÍ WÙ ZHŌNG YǑU YĪ GĒN TÓU FÀ

吉拉德: 你的沙拉怎么样?

jí lā dé: nǐ de shā lā zěn me yàng?

米莉: 一般般，不是很惊艳。你的肉馅饼呢?

mǐ lì: yī bān bān, bù shì hěn jīng yàn. nǐ de ròu xiàn bǐng ne?

吉拉德: 实话说，很好吃。很入味。而且……哦，天呐。它还有些其他东西。

jí lā dé: shí huà shuō, hěn hǎo chī. hěn rù wèi. ér qiě……ò, tiān nà. tā hái yǒu xiē qí tā dōng xī.

米莉: 什么?

mǐ lì: shén me?

吉拉德: 一根头发。

jí lā dé: yī gēn tóu fà.

米莉: 一根头发? 一根人的头发?

mǐ lì: yī gēn tóu fà? yī gēn rén de tóu fà?

吉拉德: 是的，而且非常长。

jí lā dé: shì de, ér qiě fēi cháng cháng.

米莉: 你确定吗?

mǐ lì: nǐ què dìng ma?

吉拉德: 就在这儿呢。

jí lā dé: jiù zài zhè er ne.

米莉: 吉拉德……

mǐ lì: jí lā dé……

吉拉德: 我的意思是，这家餐厅不便宜，不应该有头发在我们的食物里。

jí lā dé: wǒ de yì sī shì, zhè jiā cān tīng bù pián yí, bù yìng gāi yǒu tóu fà zài wǒ mén de shí wù lǐ.

米莉: 吉拉德!

mǐ lì: jí lā dé!

吉拉德: 怎么了？

jí lā dé: zěn me le?

米莉: 你的肉馅饼里的头发是白色的。

mǐ lì: nǐ de ròu xiàn bǐng lǐ de tóu fà shì bái sè de.

吉拉德: 所以？你想说什么？

jí lā dé: suǒ yǐ? nǐ xiǎng shuō shén me?

米莉: 向四周看看。这里没有其他人有白色的头发。

mǐ lì: xiàng sì zhōu kàn kàn. zhè lǐ méi yǒu qí tā rén yǒu bái sè de tóu fà.

吉拉德: 呃......

jí lā dé: è......

米莉: 我认为那是你的头发。

mǐ lì: wǒ rèn wéi nà shì nǐ de tóu fà.

THERE'S A HAIR IN MY FOOD

Gerald: How's your salad?

Millie: It's okay. Not amazing. How's your potpie?

Gerald: It's great, actually. It has a ton of flavor. And... oh my gosh. It has something else, too.

Millie: What?

Gerald: A hair.

Millie: A hair? A human hair?

Gerald: Yeah, and it's pretty long.

Millie: Are you sure?

Gerald: It's right here.

Millie: Gerald...

Gerald: I mean, this restaurant isn't cheap. There shouldn't be hair in our food.

Millie: Gerald!

Gerald: What is it?

Millie: The hair in your potpie is white.

Gerald: So? What's your point?

Millie: Take a look around. There's no one else here who has white hair.

Gerald: Uh...

Millie: I think that's your hair.

72

右利手还是左利手？ （B1） - RIGHT-HANDED OR LEFT-HANDED? - YÒU LÌ SHǑU HÁI SHÌ ZUǑ LÌ SHǑU?

桑提亚哥: 你是右利手，对吗？

sāng tí yà gē: nǐ shì yòu lì shǒu, duì ma?

劳伦: 是的。你也是，对吗？

láo lún: shì de. nǐ yě shì, duì ma?

桑提亚哥: 是的，但我爸爸和我兄弟都是左利手。

sāng tí yà gē: shì de, dàn wǒ bà bà hé wǒ xiōng dì dōu shì zuǒ lì shǒu.

劳伦: 哦，有意思。右利手和左利手是家族遗传吗？

láo lún: ó, yǒu yì sī. yòu lì shǒu hé zuǒ lì shǒu shì jiā zú yí chuán ma?

桑提亚哥: 我不知道。但我听说性格和其他特征都与你的惯用手有关联。

sāng tí yà gē: wǒ bù zhī dào. dàn wǒ tīng shuō xìng gé hé qí tā tè zhēng dōu yǔ nǐ de guàn yòng shǒu yǒu guān lián.

劳伦: 真的吗？你听说了什么？

láo lún: zhēn de ma? nǐ tīng shuō le shén me?

桑提亚哥: 我不确定是否是真的，但我读到右利手的人通常在智力测验中得分更高，而且寿命更长。

sāng tí yà gē: wǒ bù què dìng shì fǒu shì zhēn de, dàn wǒ dú dào yòu lì shǒu de rén tōng cháng zài zhì lì cè yàn zhōng dé fēn gèng gāo, ér qiě shòu mìng gèng cháng.

劳伦: 哦，哇，不可能。

láo lún: ó, wà, bù kě néng.

桑提亚哥: 而左利手的人通常更有创造性，也更可能是天才。哦，左利手的人比右利手的人赚的钱多 25%左右。

sāng tí yà gē: ér zuǒ lì shǒu de rén tōng cháng gèng yǒu chuàng zào xìng, yě gèng kě néng shì tiān cái. ò, zuǒ lì shǒu de rén bǐ yòu lì shǒu de rén zhuàn de qián duō 25% zuǒ yòu.

劳伦: 哇。我在想为什么会这样。

láo lún: wà. wǒ zài xiǎng wèi shén me huì zhè yàng.

桑提亚哥: 好吧，也许如果我是左利手，我就会是一个天才，而且明白这是为什么！

sāng tí yà gē: hǎo ba, yě xǔ rú guǒ wǒ shì zuǒ lì shǒu, wǒ jiù huì shì yī gè tiān cái, ér qiě míng bái zhè shì wèi shén me!

劳伦: 哈哈，是的！你不够聪明，无法理解这一点。

láo lún: hā hā, shì de! nǐ bù gòu cōng míng, wú fǎ lǐ jiě zhè yī diǎn.

桑提亚哥: 还有很多世界领袖和历史人物都是左利手。奥巴马是左利手，乔治·W.布什和比尔·克林顿也是。据说还有亚历山大大帝、尤里乌斯·凯撒，以及拿破仑。一些音乐家，例如科特·柯本、吉米·亨德里克斯，也是左利手。

sāng tí yà gē: hái yǒu hěn duō shì jiè lǐng xiù hé lì shǐ rén wù dōu shì zuǒ lì shǒu. ào bā mǎ shì zuǒ lì shǒu, qiáo zhì W bù shí hé bǐ ěr kè lín dùn yě shì. jù shuō hái yǒu yà lì shān dà dà dì, yóu lǐ wū sī kǎi sǎ, yǐ jí ná pò lún. yī xiē yīn yuè jiā, lì rú kē tè kē běn, jí mǐ hēng dé lǐ kè sī, yě shì zuǒ lì shǒu.

劳伦: 哇，你是怎么知道这么多的？

láo lún: wà, nǐ shì zěn me zhī dào zhè me duō de?

桑提亚哥: 我不知道！我觉得这很有趣。

sāng tí yà gē: wǒ bù zhī dào! wǒ jué dé zhè hěn yǒu qù.

劳伦: 确实。现在我希望自己是左利手了。

láo lún: què shí. xiàn zài wǒ xī wàng zì jǐ shì zuǒ lì shǒu le.

桑提亚哥: 好吧，你已经 28 岁了，所以我不确定你还能改过来。

sāng tí yà gē: hǎo ba, nǐ yǐ jīng 28 suì le, suǒ yǐ wǒ bù què dìng nǐ hái néng gǎi guò lái.

RIGHT-HANDED OR LEFT-HANDED?

Santiago: You're right-handed, aren't you?

Lauren: Yeah. You are too, right?

Santiago: Yes. But my dad and brother are left-handed.

Lauren: Oh, interesting. Does right- and left-handedness run in families?

Santiago: I have no idea. But I've heard that personality and other characteristics are connected to your dominant hand.

Lauren: Really? What have you heard?

Santiago: I'm not sure if it's true, but I read that right-handed people often score higher on intelligence tests and they live longer.

Lauren: Oh wow. No way.

Santiago: And left-handed people tend to be more creative and are more likely to be geniuses. Oh, and left-handed people earn something like 25 percent more money than right-handed people.

Lauren: Whoa. I wonder why that happens.

Santiago: Well, maybe if I were left-handed I'd be a genius and understand why!

Lauren: Ha ha, true! We aren't smart enough to understand it.

Santiago: There have also been a lot of world leaders and historical figures who were left-handed. Obama is left-handed. So are George W. Bush and Bill Clinton. Supposedly, Alexander the Great, Julius Caesar, and Napoleon were lefties. And some musicians like Kurt Cobain and Jimi Hendrix.

Lauren: Wow, how do you know so much about this?

Santiago: I don't know! I think it's fascinating.

Lauren: It is. Now I wish I were left-handed.

Santiago: Well, you're twenty-eight years old, so I'm not sure you can change that now!

73

信息瓶 （B1） - MESSAGE IN A BOTTLE

-

XÌN XĪ PÍNG

斯科特: 我真的非常喜欢这片海滩。它总是空旷无人，而且水非常清澈。

sī kē tè: wǒ zhēn de fēi cháng xǐ huān zhè piàn hǎi tān. tā zǒng shì kōng kuàng wú rén, ér qiě shuǐ fēi cháng qīng chè.

斯凯伊: 就像我们自己的天堂一隅。

sī kǎi yī: jiù xiàng wǒ mén zì jǐ de tiān táng yī yú.

斯科特: 沙子太柔软了！感觉就像面粉。

sī kē tè: shā zi tài róu ruǎn le! gǎn jué jiù xiàng miàn fěn.

斯凯伊: 白沙海滩太棒了。

sī kǎi yī: bái shā hǎi tān tài bàng le.

斯科特: 你不喜欢这个地方吗？

sī kē tè: nǐ bù xǐ huān zhè ge dì fāng ma?

斯凯伊: 我真的很喜欢。海风吹着让人非常平静和放松。我们应该赶快去游泳。

sī kǎi yī: wǒ zhēn de hěn xǐ huān. hǎi fēng chuī zhe ràng rén fēi cháng píng jìng hé fàng sōng. wǒ mén yīng gāi gǎn kuài qù yóu yǒng.

斯科特: 我同意。这水感觉太棒了！

sī kē tè: wǒ tóng yì. zhè shuǐ gǎn jué tài bàng le!

斯凯伊: 等等......你看到那个了吗？

sī kǎi yī: děng děng......nǐ kàn dào nà gè le ma?

斯科特: 看到什么？

sī kē tè: kàn dào shén me?

斯凯伊: 有什么闪光的东西漂在水里。看上去像是......一个瓶子。

sī kǎi yī: yǒu shén me shǎn guāng de dōng xī piāo zài shuǐ lǐ. kàn shàng qù xiàng shì......yī gè píng zi.

斯科特: 如果瓶子里有个消息不是很有趣吗？

sī kē tè: rú guǒ píng zi lǐ yǒu gè xiāo xī bù shì hěn yǒu qù ma?

斯凯伊: 是的，那就有趣了！

sī kǎi yī: shì de, nà jiù yǒu qù le!

斯科特: 这是那个瓶子。它有个软木塞。

sī kē tè: zhè shì nà gè píng zi. tā yǒu gè ruǎn mù sāi.

斯凯伊: 看！我觉得里面有个卷起来的东西，看上去像是纸。

sī kǎi yī: kàn! wǒ jué dé lǐ miàn yǒu gè juǎn qǐ lái de dōng xī, kàn shàng qù xiàng shì zhǐ.

斯科特: 给我点时间。啊哈！拿到了。

sī kē tè: gěi wǒ diǎn shí jiān. a hā! ná dào le.

斯凯伊: 上面写的是什么？

sī kǎi yī: shàng miàn xiě de shì shén me?

斯科特: 我不知道……很难看懂，因为字迹看上去非常古老。就我所能辨识的而言，我想它说的是……

sī kē tè: wǒ bù zhī dào……hěn nán kàn dǒng, yīn wèi zì jì kàn shàng qù fēi cháng gǔ lǎo. jiù wǒ suǒ néng biàn shí de ér yán, wǒ xiǎng tā shuō de shì……

斯凯伊: ……嗯？

sī kǎi yī: ……ń?

斯科特: 没事。没什么。

sī kē tè: méi shì. méi shén me.

斯凯伊: 得了吧！它说了什么？我非常好奇！

sī kǎi yī: dé le ba! tā shuō le shén me? wǒ fēi cháng hào qí!

斯科特: 它说，"逃命吧……"

sī kē tè: tā shuō, "táo mìng ba……"

斯凯伊: 哈哈，非常有趣。它到底写了什么？

sī kǎi yī: hā hā, fēi cháng yǒu qù. tā dào dǐ xiě le shén me?

斯科特: 你自己看。

sī kē tè: nǐ zì jǐ kàn.

斯凯伊: 它……真的写了这个。多么愚蠢的消息。

sī kǎi yī: tā……zhēn de xiě le zhè gè. duō me yú chǔn de xiāo xī.

斯科特: 对，我想是的。

sī kē tè: duì, wǒ xiǎng shì de.

斯凯伊: 嘿，我看到一艘船在远方。我认为附近不应该有任何船。

sī kǎi yī: hēi, wǒ kàn dào yī sōu chuán zài yuǎn fāng. wǒ rèn wéi fù jìn bù yīng gāi yǒu rèn hé chuán.

斯科特: 你带望远镜了吗？

229

sī kē tè: nǐ dài wàng yuǎn jìng le ma?

斯凯伊: 带了，给你。

sī kǎi yī: dài le, gěi nǐ.

斯科特: 谢谢。我看到了……一面黑旗子，上面有一个白色的骷髅，还有两根骨头摆成"X"形状。船向这边过来了。

sī kē tè: xiè xiè. wǒ kàn dào le……yī miàn hēi qí zi, shàng miàn yǒu yī gè bái sè de kū lóu, hái yǒu liǎng gēn gǔ tóu bǎi chéng "x" xíng zhuàng. chuán xiàng zhè biān guò lái le.

斯凯伊: 我认为那是海盗!

sī kǎi yī: wǒ rèn wéi nà shì hǎi dào!

斯科特: 我们必须离开这里。快跑!

sī kē tè: wǒ mén bì xū lí kāi zhè lǐ. kuài pǎo!

MESSAGE IN A BOTTLE

Scott: I really love this beach. It's always empty and the water is so clear.

Sky: It's like our own little slice of heaven.

Scott: The sand is so soft! It feels like powder.

Sky: White sand beaches are so nice.

Scott: Don't you love this place?

Sky: I really do. The ocean breeze is so calming and relaxing. We should go for a swim soon.

Scott: I agree. The water feels great!

Sky: Wait… do you see that?

Scott: See what?

Sky: There's something shiny floating in the water. It looks like… a bottle.

Scott: Wouldn't it be funny if there was a message in that bottle?

Sky: Yeah, that'd be funny!

Scott: Here's the bottle. It has a cork.

Sky: And look! I think there's something rolled up inside. Looks like paper.

Scott: Give me a second. Aha! Got it.

Sky: What does it say?

Scott: I don't know… it's hard to make out because the writing looks really old. From what I can tell, I think it says…

Sky: …Well?

Scott: Nothing. It's nothing.

Sky: Come on! What does it say? I'm so curious!

Scott: It says, "Run for your lives…"

Sky: Ha ha. Very funny. What does it actually say?

Scott: See for yourself.

Sky: It… really does say that. What a silly message.

Scott: Yeah, I guess.

Sky: Hey, I see a ship in the distance. I didn't think there would be any ships nearby.

Scott: Did you bring the binoculars?

Sky: Yeah, here they are.

Scott: Thanks. I see… a black flag with a white skull and two bones in an "X" shape. And the ship is coming this way.

Sky: I think those are pirates!

Scott: We have to get out of here. Run!

74

我怎么去那里（B1）- HOW DO I GET THERE?
-
WǑ ZĚN ME QÙ NÀ LǏ

杰弗瑞: 要去看你的新住处，我太兴奋了！

jié fú ruì: yào qù kàn nǐ de xīn zhù chù, wǒ tài xīng fèn le!

萨琳娜: 是的，我也是！

sà lín nà: shì de, wǒ yě shì!

杰弗瑞: 我难以相信自从你搬家以来，我就没有去新房子看过你。

jié fú ruì: wǒ nán yǐ xiāng xìn zì cóng nǐ bān jiā yǐ lái, wǒ jiù méi yǒu qù xīn fáng zi kàn guò nǐ.

萨琳娜: 没关系！你太忙了。

sà lín nà: méi guān xì! nǐ tài máng le.

杰弗瑞: 是的，我太忙了。我很开心工作慢下来了一些。我差不多有三个月时间没有社交生活了！

jié fú ruì: shì de, wǒ tài máng le. wǒ hěn kāi xīn gōng zuò màn xià lái le yī xiē. wǒ chà bù duō yǒu sān gè yuè shí jiān méi yǒu shè jiāo shēng huó le!

萨琳娜: 好吧，你刚刚开始创业。可以理解事情令人抓狂。

sà lín nà: hǎo ba, nǐ gāng gāng kāi shǐ chuàng yè. kě yǐ lǐ jiě shì qíng lìng rén zhuā kuáng.

杰弗瑞: 我知道会很抓狂，但比我想象的还要糟糕！但我喜欢为自己工作。很有压力，但最终所有工作都是值得的。

jié fú ruì: wǒ zhī dào huì hěn zhuā kuáng, dàn bǐ wǒ xiǎng xiàng de hái yào zāo gāo! dàn wǒ xǐ huān wèi zì jǐ gōng zuò. hěn yǒu yā lì, dàn zuì zhōng suǒ yǒu gōng zuò dōu shì zhí dé de.

萨琳娜: 那很好。

sà lín nà: nà hěn hǎo.

杰弗瑞: 所以，我只用手机上的地图应用就能找到你的住处吗？

jié fú ruì: suǒ yǐ, wǒ zhǐ yòng shǒu jī shàng de dì tú yīng yòng jiù néng zhǎo dào nǐ de zhù chù ma?

萨琳娜: 事实上，我正要给你路线，有些人在来的路上迷路了。

sà lín nà: shì shí shàng, wǒ zhèng yào gěi nǐ lù xiàn, yǒu xiē rén zài lái de lù shàng mí lù le.

杰弗瑞: 好的，好的。那我应该怎么过去？

jié fú ruì: hǎo de, hǎo de. nà wǒ yīng gāi zěn me guò qù?

萨琳娜: 走东 94 号路到斯普林街，然后出高速公路后右转。之后立刻再右转。那里有一条小路，很多人都会错过。

sà lín nà: zǒu dōng 94 hào lù dào sī pǔ lín jiē, rán hòu chū gāo sù gōng lù hòu yòu zhuǎn. zhī hòu lì kè zài yòu zhuǎn. nà lǐ yǒu yī tiáo xiǎo lù, hěn duō rén dōu huì cuò guò.

杰弗瑞: 所以，高速公路之后右转，然后立刻再右转到一条小路。

jié fú ruì: suǒ yǐ, gāo sù gōng lù zhī hòu yòu zhuǎn, rán hòu lì kè zài yòu zhuǎn dào yī tiáo xiǎo lù.

萨琳娜: 对的。然后直行大约两个街区，在橡树巷左转。向山上开，到山上右转。我们是那间白色的房子，门口有一棵棕榈树。

sà lín nà: duì de. rán hòu zhí xíng dà yuē liǎng gè jiē qū, zài xiàng shù xiàng zuǒ zhuǎn. xiàng shān shàng kāi, dào shān shàng yòu zhuǎn. wǒ mén shì nà jiān bái sè de fáng zi, mén kǒu yǒu yī kē zōng lǘ shù.

杰弗瑞: 好的，明白了。谢谢！我大约六点半到，如果迷路了我会告诉你。

jié fú ruì: hǎo de, míng bái le. xiè xiè! wǒ dà yuē liù diǎn bàn dào, rú guǒ mí lù le wǒ huì gào sù nǐ.

萨琳娜: 好的，如果你需要更多指路信息就打给我！好了，一会儿见！

sà lín nà: hǎo de, rú guǒ nǐ xū yào gèng duō zhǐ lù xìn xī jiù dǎ gěi wǒ！hǎo le, yī huǐ er jiàn!

杰弗瑞: 再见！

jié fú ruì: zài jiàn!

HOW DO I GET THERE?

Jeffrey: I'm so excited to see your new place!

Sarina: Yay, me too!

Jeffrey: I can't believe I haven't visited you at your new house since you moved.

Sarina: It's okay! You've been so busy.

Jeffrey: Yeah, I have. I'm glad work has slowed down a bit. I haven't had a social life for, like, three months!

Sarina: Well, you just started a business. It's understandable that things have been so crazy.

Jeffrey: I knew it would be crazy, but it was even worse than I imagined! But I love working for myself. It's stressful but, in the end, all the work is worth it.

Sarina: That's great to hear.

Jeffrey: So, can I just use a maps app on my phone to get to your place?

Sarina: Actually, I'm going to give you directions. Some people have gotten lost on the way here.

Jeffrey: Okay, okay. So how do I get there?

Sarina: Take 94 East to Spring Street. Then turn right after you exit the freeway. Immediately after you turn right, turn right again. It's a small street and many people miss it.

Jeffrey: So, turn right after the freeway. Then make an immediate right again on a small street.

Sarina: Yes. And then go straight for about two blocks, and then turn left on Oak Tree Lane. Go up the hill. Turn right at the top of the hill. Our house is the white one with the palm tree in the front.

Jeffrey: Okay, got it. Thanks! I'll be there around 6:30. I'll let you know if I get lost.

Sarina: Yes, give me a call if you need more directions! All right, see you soon!

Jeffrey: See ya!

75

买一张机票（B1）- BUYING A PLANE TICKET - MĂI YĪ ZHĀNG JĪ PIÀO

帕姆: 你想和我一起旅行吗？

pà mǔ: nǐ xiǎng hé wǒ yī qǐ lǚ xíng ma?

吉姆: 当然！你有什么想法？

jí mǔ: dāng rán! nǐ yǒu shén me xiǎng fǎ?

帕姆: 我很想吃披萨，所以我们去纽约！

pà mǔ: wǒ hěn xiǎng chī pī sà, suǒ yǐ wǒ mén qù niǔ yuē!

吉姆: 你想一路去纽约，就为了披萨？

jí mǔ: nǐ xiǎng yī lù qù niǔ yuē, jiù wèi le pī sà?

帕姆: 是的！此外，我们会拜访我的堂兄弟姐妹。我好多年没有见过他们了。

pà mǔ: shì de! cǐ wài, wǒ mén huì bài fǎng wǒ de táng xiōng dì jiě mèi. wǒ hǎo duō nián méi yǒu jiàn guò tā mén le.

吉姆: 好的，我们就这么办吧。我们什么时候去？

jí mǔ: hǎo de, wǒ mén jiù zhè me bàn ba. wǒ mén shén me shí hòu qù?

帕姆: 我想，过几周我可以利用一些假期时间去。

pà mǔ: wǒ xiǎng, guò jǐ zhōu wǒ kě yǐ lì yòng yī xiē jià qī shí jiān qù.

吉姆: 这很好，因为我们还有一个月才开学。

jí mǔ: zhè hěn hǎo, yīn wèi wǒ mén hái yǒu yī gè yuè cái kāi xué.

帕姆: 我们上网看看飞机票。我认为有些航班正在做促销，希望我们能得到一些好折扣。

pà mǔ: wǒ mén shàng wǎng kàn kàn fēi jī piào. wǒ rèn wéi yǒu xiē háng bān zhèng zài zuò cù xiāo, xī wàng wǒ mén néng dé dào yī xiē hǎo zhé kòu.

吉姆: 我们或许应该早上出发，这样我们能准时到达吃晚饭。

jí mǔ: wǒ mén huò xǔ yīng gāi zǎo shàng chū fā, zhè yàng wǒ mén néng zhǔn shí dào dá chī wǎn fàn.

帕姆: 一落地就吃披萨？我已经爱上这趟旅行了！

pà mǔ: yī luò dì jiù chī pī sà? wǒ yǐ jīng ài shàng zhè tàng lǚ xíng le!

吉姆: 我也是。你有找到什么吗？

jí mǔ: wǒ yě shì. nǐ yǒu zhǎo dào shén me ma?

帕姆: 是的，现在最低票价是往返每人 280 美元，不过是红眼航班。

pà mǔ: shì de, xiàn zài zuì dī piào jià shì wǎng fǎn měi rén 280 měi yuán, bù guò shì hóng yǎn háng bān.

吉姆: 早上的航班呢？

jí mǔ: zǎo shàng de háng bān ne?

帕姆: 呃......700 美元。

pà mǔ: è......700 měi yuán.

吉姆: 什么？！这太夸张了！

jí mǔ: shén me?! zhè tài kuā zhāng le!

帕姆: 对吧？我一般不买过夜航班，但这个价格差太多了。

pà mǔ: duì ba? wǒ yī bān bù mǎi guò yè háng bān, dàn zhè gè jià gé chà tài duō le.

吉姆: 我同意。我们就买红眼航班吧，一到那里就睡一觉。

jí mǔ: wǒ tóng yì. wǒ mén jiù mǎi hóng yǎn háng bān ba, yī dào nà lǐ jiù shuì yī jiào.

帕姆: 好的。我们还有里程积分吗？

pà mǔ: hǎo de. wǒ mén hái yǒu lǐ chéng jī fēn ma?

吉姆: 没了，但我们还有剩余酒店积分。

jí mǔ: méi le, dàn wǒ mén hái yǒu shèng yú jiǔ diàn jī fēn.

帕姆: 耶！好了，我刚用我的信用卡买了两张票。你能预订一间酒店吗？

pà mǔ: yè! hǎo le, wǒ gāng yòng wǒ de xìn yòng kǎ mǎi le liǎng zhāng piào. nǐ néng yù dìng yī jiàn jiǔ diàn ma?

吉姆: 刚刚预定完。我想我们要去纽约了。

jí mǔ: gāng gāng yù dìng wán. wǒ xiǎng wǒ mén yào qù niǔ yuē le.

帕姆: 披萨，我们来了！

pà mǔ: pī sà, wǒ mén lái le!

BUYING A PLANE TICKET

Pam: Would you like to go on a trip with me?

Jim: Sure! What do you have in mind?

Pam: I really want some pizza, so we're going to New York!

Jim: You want to go all the way to New York just for pizza?

Pam: Yes! Plus, we'll get to visit my cousins. I haven't seen them in ages.

Jim: Okay, let's do it. When are we going?

Pam: I think I will be able to use some vacation time in a few weeks.

Jim: That's good because I don't start school for another month.

Pam: Let's check online for some plane tickets. I think some of the airlines are having a sale right now, so hopefully we can get some great deals.

Jim: We should probably try to leave in the morning so we can get there in time for dinner.

Pam: Pizza as soon as we land? I am loving this journey already!

Jim: Me too. Have you found anything?

Pam: Yeah, the lowest ticket price right now is $280 round trip per person, but it's a red-eye flight.

Jim: What about the morning flights?

Pam: Uh... $700.

Jim: What?! That's ridiculous!

Pam: Right? I normally don't purchase overnight flights, but the price difference is too great.

Jim: I agree. Let's buy the red-eye flight tickets and take a nap as soon as we get there.

Pam: Okay. Do we have any mileage points left?

Jim: No, but we still have hotel credit leftover.

Pam: Yay! All right, I just purchased two tickets with my credit card. Can you book us a hotel?

Jim: Just did. I guess we're going to New York.

Pam: Pizza, here we come!

76

打扫房间 （B1） - CLEANING THE HOUSE - DǍ SǍO FÁNG JIĀN

特蕾西: 今天是打扫日!

tè lěi xī: jīn tiān shì dǎ sǎo rì!

兰顿: 一个月中我最喜欢的日子!

lán dùn: yī gè yuè zhōng wǒ zuì xǐ huān de rì zi!

特蕾西: 哈哈。你想打扫哪个房间?

tè lěi xī: hā hā. nǐ xiǎng dǎ sǎo nǎ gè fáng jiān?

兰顿: 嗯，除了厨房我做什么都行。

lán dùn: ǹ, chú le chú fáng wǒ zuò shén me dōu xíng.

特蕾西: 好吧。如果你打扫浴室，我就打扫厨房。

tè lěi xī: hǎo ba. rú guǒ nǐ dǎ sǎo yù shì, wǒ jiù dǎ sǎo chú fáng.

兰顿: 可以。

lán dùn: kě yǐ.

特蕾西: 我会打扫卧室，你想要打扫客厅吗?

tè lěi xī: wǒ huì dǎ sǎo wò shì, nǐ xiǎng yào dǎ sǎo kè tīng ma?

兰顿: 当然。车库呢?

lán dùn: dāng rán. chē kù ne?

特蕾西: 呃，我们把它留到下一次吧。那一个地方就要花一整天。

tè lěi xī: è, wǒ mén bǎ tā liú dào xià yī cì ba. nà yī gè dì fāng jiù yào huā yī zhěng tiān.

兰顿: 确实。所有清理工具都在水槽下方吗?

lán dùn: què shí. suǒ yǒu qīng lǐ gōng jù dōu zài shuǐ cáo xià fāng ma?

特蕾西: 是的。如果你需要的话，食品柜里还有多余的纸巾。

tè lěi xī: shì de. rú guǒ nǐ xū yào de huà, shí pǐn guì lǐ hái yǒu duō yú de zhǐ jīn.

兰顿: 很棒。我准备放一些打扫音乐!

lán dùn: hěn bàng. wǒ zhǔn bèi fàng yī xiē dǎ sǎo yīn yuè!

特蕾西: 哈哈，那是什么样的音乐？

tè lěi xī: hā hā, nà shì shén me yàng de yīn yuè?

兰顿: 今天是 80 年代的摇滚。我讨厌打扫，所以我需要一直被激励！

lán dùn: jīn tiān shì 80 nián dài de yáo gǔn. wǒ tǎo yàn dǎ sǎo, suǒ yǐ wǒ xū yào yī zhí bèi jī lì!

特蕾西: 对你有用随便都可以！

tè lěi xī: duì nǐ yǒu yòng suí biàn dōu kě yǐ!

兰顿: *(正在打扫浴室)* 亲爱的，你为什么需要这么多洗发水？

lán dùn: *(zhèng zài dǎ sǎo yù shì)* qīn ài de, nǐ wèi shén me xū yào zhè me duō xǐ fǎ shuǐ?

特蕾西: 我没有那么多洗发水……

tè lěi xī: wǒ méi yǒu nà me duō xǐ fà shuǐ……

兰顿: 你有四瓶不同的洗发水在这。

lán dùn: nǐ yǒu sì píng bù tóng de xǐ fà shuǐ zài zhè.

特蕾西: 好吧，我喜欢试试不同的类型，然后看我最喜欢哪种。

tè lěi xī: hǎo ba, wǒ xǐ huān shì shì bù tóng de lèi xíng, rán hòu kàn wǒ zuì xǐ huān nǎ zhǒng.

兰顿: 都只是洗发水！

lán dùn: dōu zhǐ shì xǐ fà shuǐ!

特蕾西: 我的头发很重要！同样的运动鞋你为什么要买三种不同颜色的？

tè lěi xī: wǒ de tóu fà hěn zhòng yào! tóng yàng de yùn dòng xié nǐ wèi shén me yào mǎi sān zhǒng bù tóng yán sè de?

兰顿: 我喜欢运动鞋！

lán dùn: wǒ xǐ huān yùn dòng xié!

特蕾西: 嘿，我们应该把这块洗碗布扔掉吗？已经很破了。

tè lěi xī: hēi, wǒ men yīng gāi bǎ zhè kuài xǐ wǎn bù rēng diào ma? yǐ jīng hěn pò le.

兰顿: 对，我们或许可以扔掉它。

lán dùn: duì, wǒ mén huò xǔ kě yǐ rēng diào tā.

特蕾西: 好了，我清理完厨房了。要继续前往卧室了！

tè lěi xī: hǎo le, wǒ qīng lǐ wán chú fáng le. yào jì xù qián wǎng wò shì le!

兰顿: 好的！

lán dùn: hǎo de!

CLEANING THE HOUSE

Tracy: It's cleaning day!

Landon: My favorite day of the month!

Tracy: Ha ha. Which rooms do you want to tackle?

Landon: Umm, I'll do anything except the kitchen.

Tracy: Okay, fine. I'll do the kitchen if you do the bathroom.

Landon: That works.

Tracy: And I'll do the bedroom. Do you want to do the living room?

Landon: Sure. What about the garage?

Tracy: Ugh. Let's just save that for next time. That'll take a whole day by itself.

Landon: True. Are all the cleaning products under the sink?

Tracy: Yeah and there are extra paper towels in the pantry if you need them.

Landon: Cool. I'm going to put on some cleaning music!

Tracy: Ha ha. What kind of music is that?

Landon: Today it's 80s rock. I hate cleaning, so I need to stay motivated!

Tracy: Whatever works for you!

Landon: *(cleaning the bathroom)* Honey, why do you need so many shampoos?

Tracy: I don't have that many shampoos…

Landon: You have four different kinds here.

Tracy: Well, I like to try different types and see which one I like best.

Landon: It's just shampoo!

Tracy: My hair is important! Why do you have the same pair of sneakers in three different colors?

Landon: I like sneakers!

Tracy: Hey, should we throw out this kitchen towel? It's pretty torn up.

Landon: Yeah, we can probably get rid of it.

Tracy: All right, I'm done with the kitchen. Time to move on to the bedroom!

Landon: Okay!

77

狗还是猫？ （B1） - DOG OR CAT?
-
GǑU HÁI SHÌ MĀO?

马利: 史蒂夫！你想玩吗？我现在太无聊了！

mǎ lì: shǐ dì fū! nǐ xiǎng wán ma? wǒ xiàn zài tài wú liáo le!

史蒂夫: 不，马利。我今天没有时间。

shǐ dì fū: bù, mǎ lì. wǒ jīn tiān méi yǒu shí jiān.

马利: 来吧，我们来玩一个游戏！会很有趣的！

mǎ lì: lái ba, wǒ mén wán yī gè yóu xì! huì hěn yǒu qù de!

史蒂夫: 不要。

shǐ dì fū: bù yào.

马利: 但我已经买了千层面！

mǎ lì: dàn wǒ yǐ jīng mǎi le qiān céng miàn!

史蒂夫: ......好吧。交出千层面。

shǐ dì fū: ......hǎo ba. jiāo chū qiān céng miàn.

马利: 我们玩完游戏你可以拿走所有你想要的千层面！

mǎ lì: wǒ mén wán wán yóu xì nǐ kě yǐ ná zǒu suǒ yǒu nǐ xiǎng yào de qiān céng miàn!

史蒂夫: 好吧，什么游戏？

shǐ dì fū: hǎo ba, shén me yóu xì?

马利: 哪个更好：狗还是猫？

mǎ lì: nǎ gè gèng hǎo: gǒu hái shì māo?

史蒂夫: 这个游戏怎么玩？

shǐ dì fū: zhè gè yóu xì zěn me wán?

马利: 我会列出为什么狗更好的理由，而你必须列出猫更好的理由。

mǎ lì: wǒ huì liè chū wèi shén me gǒu gèng hǎo de lǐ yóu, ér nǐ bì xū liè chū māo gèng hǎo de lǐ yóu.

史蒂夫: 然后呢？

shǐ dì fū: rán hòu ne?

马利: 然后谁想到更好的理由谁就赢了。

mǎ lì: rán hòu shuí xiǎng dào gèng hǎo de lǐ yóu shuí jiù yíng le.

史蒂夫: 谁来决定谁是赢家？

shǐ dì fū: shuí lái jué dìng shuí shì yíng jiā?

马利: 我们都可以！

mǎ lì: wǒ mén dōu kě yǐ!

史蒂夫: 这说不通，但千层面看上去真不错。

shǐ dì fū: zhè shuō bù tōng, dàn qiān céng miàn kàn shàng qù zhēn bù cuò.

马利: 这将是你吃过的最好的千层面！

mǎ lì: zhè jiāng shì nǐ chī guò de zuì hǎo de qiān céng miàn!

史蒂夫: 好吧，我就玩你愚蠢的游戏吧。

shǐ dì fū: hǎo ba, wǒ jiù wán nǐ yú chǔn de yóu xì ba.

马利: 太好了！我先来。

mǎ lì: tài hǎo le! wǒ xiān lái.

史蒂夫: 请。

shǐ dì fū: qǐng.

马利: 好的，狗很棒，因为它们可爱、忠诚、顽皮、非常有趣、好玩、愚蠢、毛茸茸的、跑得快、聪明、非常非常有趣、非常非常顽皮，而且它们可以玩叼球，跑得非常快，叫得非常大声！哦，而且他们还有最好的嗅觉！

mǎ lì: hǎo de, gǒu hěn bàng, yīn wèi tā mén kě ài, zhōng chéng, wán pí, fēi cháng yǒu qù, hǎo wán, yú chǔn, máo róng rōng de, pǎo dé kuài, cōng míng, fēi cháng fēi cháng yǒu qù, fēi cháng fēi cháng wán pí, ér qiě tā mén kě yǐ wán diāo qiú, pǎo dé fēi cháng kuài, jiào dé fēi cháng dà shēng! ò, ér qiě tā mén hái yǒu zuì hǎo de xiù jué!

史蒂夫: 有一些理由重复了。

shǐ dì fū: yǒu yī xiē lǐ yóu chóng fù le.

马利: 没有，超级有趣和非常非常有趣是不一样的。现在轮到你了！

mǎ lì: méi yǒu, chāo jí yǒu qù hé fēi cháng fēi cháng yǒu qù shì bù yī yàng de. xiàn zài lún dào nǐ le!

史蒂夫: 不。

shǐ dì fū: bù.

马利: 什么？

mǎ lì: shén me?

史蒂夫: 不值得。

shǐ dì fū: bù zhí dé.

马利: 哦，来吧！

mǎ lì: ò, lái ba!

史蒂夫: 再见，马利。

shǐ dì fū: zài jiàn, mǎ lì.

242

DOG OR CAT?

Marley: Steve! Do you want to play? I'm so bored right now!

Steve: No, Marley. I don't have time for this today.

Marley: Come on, let's play a game! It'll be fun!

Steve: No.

Marley: But I've brought lasagna!

Steve: ...fine. Hand over the lasagna.

Marley: You can have all the lasagna you want after we play a game!

Steve: All right, what's the game?

Marley: Which is better: dog or cat?

Steve: How do we play this game?

Marley: I'll list reasons why dogs are better and you have to list reasons why cats are better.

Steve: And then?

Marley: And then the winner is whoever comes up with better reasons.

Steve: Who decides on the winner?

Marley: We both do!

Steve: This doesn't make sense, but that lasagna looks really good.

Marley: It's the best lasagna you will ever have!

Steve: Okay, fine. I'll play your silly game.

Marley: Great! I'll go first.

Steve: Go on.

Marley: Okay, so dogs are great because they are loving, loyal, playful, super fun, funny, silly, fluffy, fast, smart, really, really fun, really, really playful, and they can play fetch, run really fast, and bark really loud! Oh, and they have the best sense of smell!

Steve: Some of those were repeated.

Marley: No, super fun is different from really, really fun. Now it's your turn!

Steve: No.

Marley: What?

Steve: This isn't worth it.

Marley: Oh, come on!

Steve: See you later, Marley.

78

去一间咖啡店（B1）- VISITING A COFFEE SHOP - QÙ YĪ JIÀN KĀ FĒI DIÀN

莱利: 你好，欢迎！我能帮你做什么？

lái lì: nǐ hǎo, huān yíng! wǒ néng bāng nǐ zuò shén me?

努尔: 你好。我能要一杯……嗯……我想要咖啡，但不确定今天要哪种。

nǔ ěr: nǐ hǎo. wǒ néng yào yī bēi……ǹ……wǒ xiǎng yào kā fēi, dàn bù què dìng jīn tiān yào nǎ zhǒng.

莱利: 好吧，你想喝滴漏咖啡吗？一杯浓缩咖啡，例如拿铁或卡布奇诺？或者来点不同的，例如手冲咖啡？

lái lì: hǎo ba, nǐ xiǎng hē dī lòu kā fēi ma? yī bēi nóng suō kā fēi, lì rú ná tiě huò kǎ bù jī nuò? huò zhě lái diǎn bù tóng de, lì rú shǒu chōng kā fēi?

努尔: 什么是手冲咖啡？我一直在咖啡店的菜单上看到，但我不知道那是什么。

nǔ ěr: shén me shì shǒu chōng kā fēi? wǒ yī zhí zài kā fēi diàn de cài dān shàng kàn dào, dàn wǒ bù zhī dào nà shì shén me.

莱利: 手冲咖啡是用这边柜台上你看到的工具和容器制作的。咖啡师慢慢地把热水浇到新磨出来的咖啡粉上，然后咖啡从这个漏斗形装的容器里流出来。

lái lì: shǒu chōng kā fēi shì yòng zhè biān guì tái shàng nǐ kàn dào de gōng jù hé róng qì zhì zuò de. kā fēi shī màn màn de bǎ rè shuǐ jiāo dào xīn mó chū lái de kā fēi fěn shàng, rán hòu kā fēi cóng zhè gè lòu dǒu xíng zhuàng de róng qì lǐ liú chū lái.

努尔: 啊，我明白了！谢谢你的解释。

nǔ ěr: a, wǒ míng bái le! xiè xiè nǐ de jiě shì.

莱利: 不客气。不着急，慢慢选，等你准备好点咖啡时告诉我。

lái lì: bù kè qì. bù zháo jí, màn màn xuǎn, děng nǐ zhǔn bèi hǎo diǎn kā fēi shí gào sù wǒ.

努尔: 我认为我想好了。我能要一中杯香草拿铁吗？

nǔ ěr: wǒ rèn wéi wǒ xiǎng hǎo le. wǒ néng yào yī zhōng bēi xiāng cǎo ná tiě ma?

莱利: 当然。你想加哪种牛奶？

lái lì: dāng rán. nǐ xiǎng jiā nǎ zhòng niú nǎi?

努尔: 杏仁牛奶，麻烦你。

nǔ ěr: xìng rén niú nǎi, má fán nǐ.

莱利: 没问题。你想吃点什么吗？

lái lì: méi wèn tí. nǐ xiǎng chī diǎn shén me ma?

努尔: 嗯，当然。我要一个香橙司康。

nǔ ěr: ǹ, dāng rán. wǒ yào yī gè xiāng chéng sī kāng.

莱利: 那是我的最爱。

lái lì: nà shì wǒ de zuì ài.

努尔: 是吗？看上去不错！

nǔ ěr: shì ma? kàn shàng qù bù cuò!

莱利: 是的！好了，中杯香草拿铁和香橙司康，一共是 6.78 美元。

lái lì: shì de! hǎo le, zhōng bēi xiāng cǎo ná tiě hé xiāng chéng sī kāng, yī gòng shì 6.78 měi yuán.

努尔: 太棒了，这是我的卡。

nǔ ěr: tài bàng le, zhè shì wǒ de kǎ.

莱利: 其实你可以插进这里。

lái lì: qí shí nǐ kě yǐ chā jìn zhè lǐ.

努尔: 哦，我明白了。

nǔ ěr: ò, wǒ míng bái le.

莱利: 好了，都安排好了！祝你有愉快的一天！

lái lì: hǎo le, dōu ān pái hǎo le! zhù nǐ yǒu yú kuài de yī tiān!

努尔: 谢谢。你也是！

nǔ ěr: xiè xiè. nǐ yě shì!

VISITING A COFFEE SHOP

Riley: Hi, welcome! What can I get for you?

Nour: Hi. Can I get a…. hmm… I want coffee but I'm not sure what kind today.

Riley: Well, are you in the mood for drip coffee? An espresso drink like a latte or cappuccino? Or something different like a pour over?

Nour: What's a pour over? I keep seeing that on coffee shop menus and I don't know what it is.

Riley: A pour over coffee is made with the tools and containers you see on the counter here. The barista slowly pours hot water over freshly ground coffee and the coffee comes out in this funnel-shaped container.

Nour: Ah, I see! Thanks for that explanation.

Riley: No problem. Take your time and let me know when you're ready to order.

Nour: I think I'm ready. Can I have a medium vanilla latte?

Riley: Sure. What kind of milk would you like in that?

Nour: Almond milk, please.

Riley: No problem. Would you like anything to eat?

Nour: Umm, sure. I'll have an orange scone.

Riley: Those are my favorite.

Nour: Yeah? It looks good!

Riley: It is! Okay, so with the medium vanilla latte and orange scone your total comes to $6.78.

Nour: Great. Here's my card.

Riley: Actually, you can just insert it here.

Nour: Oh, I see.

Riley: Okay, you're all set! Have a good day!

Nour: Thanks. You too!

79

我找不到我的钥匙了（B1）- I CAN'T FIND MY KEYS

-

WǑ ZHǍO BÙ DÀO WǑ DE YÀO SHÍ LE

李娜: 丹尼，你有看到我的钥匙吗？

lǐ nà: dān ní, nǐ yǒu kàn dào wǒ de yào shí ma?

丹尼: 它们没在门边的桌子上吗？

dān ní: tā mén méi zài mén biān de zhuō zi shàng ma?

李娜: 没有。

lǐ nà: méi yǒu.

丹尼: 你检查过厨房的台面了吗？

dān ní: nǐ jiǎn chá guò chú fáng de tái miàn le ma?

李娜: 我到处都找遍了。

lǐ nà: wǒ dào chù dōu zhǎo biàn le.

丹尼: 连卧室也找了？浴室呢？

dān ní: lián wò shì yě zhǎo le? yù shì ne?

李娜: 是的，我找了卧室和浴室，找了两遍。

lǐ nà: shì de, wǒ zhǎo le wò shì hé yù shì, zhǎo le liǎng biàn.

丹尼: 你最后一次见到它们是在哪里？

dān ní: nǐ zuì hòu yī cì jiàn dào tā mén shì zài nǎ lǐ?

李娜: 我记得拿着它们在房间里走，那是我上一次记得看到它们。

lǐ nà: wǒ jì dé ná zhe tā mén zài fáng jiān lǐ zǒu, nà shì wǒ shàng yī cì jì dé kàn dào tā mén.

丹尼: 你总是如此!

dān ní: nǐ zǒng shì rú cǐ!

李娜: 我知道。我需要变得更有条理!

lǐ nà: wǒ zhī dào. wǒ xū yào biàn dé gèng yǒu tiáo lǐ!

丹尼: 你应该每次把它们放回同一个地方。这样你就不会再找不见它们了。

dān ní: nǐ yīng gāi měi cì bǎ tā mén fàng huí tóng yī gè dì fāng. zhè yàng nǐ jiù bù huì zài zhǎo bù jiàn tā mén le.

李娜: 是的，你说得对。但现在我只需要找到它们。

lǐ nà: shì de, nǐ shuō dé duì. dàn xiàn zài wǒ zhī xū yào zhǎo dào tā mén.

丹尼: 好吧，我来帮你找。我会找客厅，你可以再找一遍卧室和浴室。你觉得有可能把它们落在你的车里了吗？

dān ní: hǎo ba, wǒ lái bāng nǐ zhǎo. wǒ huì zhǎo kè tīng, nǐ kě yǐ zài zhǎo yī biàn wò shì hé yù shì. nǐ jué dé yǒu kě néng bǎ tā mén là zài nǐ de chē lǐ le ma?

李娜: 不可能，因为我必须用钥匙锁车然后进房间。

lǐ nà: bù kě néng, yīn wèi wǒ bì xū yòng yào shí suǒ chē rán hòu jìn fáng jiān.

丹尼: 说得对。

dān ní: shuō dé duì.

李娜: 它们不在床上面，它们不在床下面，它们不在地板上，它们不在浴室台面上，也不在浴室抽屉里。

lǐ nà: tā mén bù zài chuáng shàng miàn, tā mén bù zài chuáng xià miàn, tā mén bù zài dì bǎn shàng, tā mén bù zài yù shì tái miàn shàng, yě bù zài yù shì chōu tì lǐ.

丹尼: 你检查过你的钱包了吗？

dān ní: nǐ jiǎn chá guò nǐ de qián bāo le ma?

李娜: 当然，我检查过了！

lǐ nà: dāng rán, wǒ jiǎn chá guò le!

丹尼: 或许再检查一次，以防万一。

dān ní: huò xǔ zài jiǎn chá yī cì, yǐ fáng wàn yī.

李娜: .....

lǐ nà: .....

丹尼: 怎么了？

dān ní: zěn me le?

李娜: 我找到它们了。

lǐ nà: wǒ zhǎo dào tā mén le.

丹尼: 在哪里？

dān ní: zài nǎ lǐ?

李娜: 在我的钱包里。

lǐ nà: zài wǒ de qián bāo lǐ.

丹尼: 哦我的天......

dān ní: ò wǒ de tiān......

I CAN'T FIND MY KEYS

Li Na: Danny, have you seen my keys?

Danny: They're not on the table by the door?

Li Na: No.

Danny: Have you checked the kitchen counter?

Li Na: I've looked everywhere.

Danny: Even the bedroom? What about the bathroom?

Li Na: Yes, I've looked in the bedroom and the bathroom. Twice.

Danny: Where was the last place you saw them?

Li Na: I remember walking in the house with them. And that's the last time I remember seeing them.

Danny: This always happens to you!

Li Na: I know. I need to get more organized!

Danny: You should put them back in the same place every time. That way you won't lose them.

Li Na: Yeah, you're right. But right now I just need to find them.

Danny: Okay, I'll help you search for them. I'll look in the living room, and you can look again in the bedroom and bathroom. Do you think you could have left them in your car?

Li Na: No, because I had to lock my car and then get into the house.

Danny: Good point.

Li Na: They're not on the bed. They're not under the bed. They're not on the ground. They're not on the bathroom counter or in the bathroom drawers.

Danny: Did you check your purse?

Li Na: Of course I did!

Danny: Maybe check again, just in case.

Li Na: .....

Danny: What?

Li Na: I found them.

Danny: Where?

Li Na: In my purse.

Danny: Oh my gosh...

80

正在下雨（B1）- IT'S RAINING!

-

ZHÈNG ZÀI XIÀ YǓ

阿基拉: 我想今天会下雨。

ā jī lā: wǒ xiǎng jīn tiān huì xià yǔ.

亚瑟: 真的吗？天气预报说将会是晴天。

yà sè: zhēn de ma? tiān qì yù bào shuō jiāng huì shì qíng tiān.

阿基拉: 我看的天气预报说降水概率是百分之三十。

ā jī lā: wǒ kàn de tiān qì yù bào shuō jiàng shuǐ gài lǜ shì bǎi fēn zhī sān shí.

亚瑟: 你确定吗？你看的是正确的城市吗？

yà sè: nǐ què dìng ma? nǐ kàn de shì zhèng què de chéng shì ma?

阿基拉: 呃，我想是的！我看的是手机上的天气应用。

ā jī lā: è, wǒ xiǎng shì de! wǒ kàn de shì shǒu jī shàng de tiān qì yīng yòng.

亚瑟: 这很奇怪。

yà sè: zhè hěn qí guài.

阿基拉: 你应该带一把伞，以防万一。

ā jī lā: nǐ yīng gāi dài yī bǎ sǎn, yǐ fáng wàn yī.

亚瑟: 不用。

yà sè: bù yòng.

阿基拉: 好吧！别说我没提醒过你！

ā jī lā: hǎo ba! bié shuō wǒ méi tí xǐng guò nǐ!

亚瑟: 哈哈，好的！

yà sè: hā hā, hǎo de!

（八小时之后……）

(bā xiǎo shí zhī hòu……)

阿基拉: 工作怎么样？

ā jī lā: gōng zuò zěn me yàng?

亚瑟: 很好，但很忙。我现在要去跑步了。

yà sè: hěn hǎo, dàn hěn máng. wǒ xiàn zài yào qù pǎo bù le.

阿基拉: 你要赶快！云看上去要变天了。

ā jī lā: nǐ yào gǎn kuài! yún kàn shàng qù yào biàn tiān le.

亚瑟: 不会下雨的，阿基拉！

yà sè: bù huì xià yǔ de, ā jī lā!

阿基拉: 嗯，我们等着瞧。

ā jī lā: ǹ, wǒ mén děng zhe qiáo.

(亚瑟二十分钟后回来。)

(yà sè èr shí fēn zhōng hòu huí lái.)

阿基拉: 哦天哪，你湿透了！

ā jī lā: ò tiān na, nǐ shī tòu le!

亚瑟: 我正跑步时开始下雨了！

yà sè: wǒ zhèng pǎo bù shí kāi shǐ xià yǔ le!

阿基拉: 我告诉过你要下雨的！

ā jī lā: wǒ gào sù guò nǐ yào xià yǔ de!

亚瑟: 呃，好吧，你对了。我应该听你的。

yà sè: è, hǎo ba, nǐ duì le. wǒ yīng gāi tīng nǐ de.

阿基拉: 看？我总是对的。

ā jī lā: kàn? wǒ zǒng shì duì de.

亚瑟: 并不总是，但……大部分时候。

yà sè: bìng bù zǒng shì, dàn……dà bù fèn shí hòu.

阿基拉: 哈哈，谢谢！现在去换上干衣服！

ā jī lā: hā hā, xiè xiè! xiàn zài qù huàn shàng gān yī fú!

IT'S RAINING!

Akira: I think it's going to rain today.

Yasir: Really? The weather forecast said it would be sunny.

Akira: The forecast I saw said there was a 30 percent chance of rain.

Yasir: Are you sure? Were you looking at the right city?

Akira: Uh, I think so! I was just looking at the weather app on my phone.

Yasir: That's weird.

Akira: You should take an umbrella just in case.

Yasir: Nah.

Akira: All right! Don't say I didn't warn you!

Yasir: Ha ha. Okay!

(Eight hours later...)

Akira: How was work?

Yasir: It was good but busy. I'm going to go for a run now.

Akira: You should hurry! The clouds look ominous.

Yasir: It's not going to rain, Akira!

Akira: Hmm, we'll see.

(Yasir returns twenty minutes later.)

Akira: Oh my gosh, you're soaked!

Yasir: It started raining while I was running!

Akira: I told you it was going to rain!

Yasir: Ugh, fine, you were right. I should have listened to you.

Akira: See? I'm always right.

Yasir: Not always, but... a lot of the time.

Akira: Ha ha, thanks! Now go get into some dry clothes!

81

我很抱歉 （B1） - I'M SORRY

-

WǑ HĚN BÀO QIÀN

马特: 我想跟丹娜道歉。我对她太粗鲁了，我感觉不太好。

mǎ tè: wǒ xiǎng gēn dān nà dào qiàn. wǒ duì tā tài cū lǔ le, wǒ gǎn jué bù tài hǎo.

贝斯: 我想这是个好主意。

bèi sī: wǒ xiǎng zhè shì gè hǎo zhǔ yì.

马特: 我应该怎么道歉？

mǎ tè: wǒ yīng gāi zěn me dào qiàn?

贝斯: 你应该给她打电话，请求见一面。告诉她你想和她谈谈发生的事情，并道歉。

bèi sī: nǐ yīng gāi gěi tā dǎ diàn huà, qǐng qiú jiàn yī miàn. gào sù tā nǐ xiǎng hé tā tán tán fā shēng de shì qíng, bìng dào qiàn.

马特: 好吧，我刚给她打过电话，我们准备下周见面。

mǎ tè: hǎo ba, wǒ gāng gěi tā dǎ guò diàn huà, wǒ mén zhǔn bèi xià zhōu jiàn miàn.

贝斯: 这很好。我很开心她同意见你。

bèi sī: zhè hěn hǎo. wǒ hěn kāi xīn tā tóng yì jiàn nǐ.

马特: 我也是。当我见她的时候应该说什么？

mǎ tè: wǒ yě shì. dāng wǒ jiàn tā de shí hòu yīng gāi shuō shén me?

贝斯: 你应该告诉她你很抱歉，以及为什么抱歉。同时也确保她告诉你她的感受。

bèi sī: nǐ yīng gāi gào sù tā nǐ hěn bào qiàn, yǐ jí wèi shén me bào qiàn. tóng shí yě què bǎo tā gào sù nǐ tā de gǎn shòu.

马特: 是的。我讨厌自己说让我后悔的话，有时候我希望能让自己闭嘴。

mǎ tè: shì de. wǒ tǎo yàn zì jǐ shuō ràng wǒ hòu huǐ de huà, yǒu shí hòu wǒ xī wàng néng ràng zì jǐ bì zuǐ.

贝斯: 每个人都会做令他们后悔的事。好的是你认识到你说的是错的，并且愿意为此道歉。不是每个人都能这么做。

bèi sī: měi gè rén dōu huì zuò lìng tā mén hòu huǐ de shì. hǎo de shì nǐ rèn shì dào nǐ shuō de shì cuò de, bìng qiě yuàn yì wèi cǐ dào qiàn. bù shì měi gè rén dōu néng zhè me zuò.

马特: 我想是的。丹娜和我是许多年的朋友了。我记得第一次见到她，我们当时在大学选了同一门关于恐龙的课。

mǎ tè: wǒ xiǎng shì de. dān nà hé wǒ shì xǔ duō nián de péng yǒu le. wǒ jì dé dì yī cì jiàn dào tā, wǒ mén dāng shí zài dà xué xuǎn le tóng yī mén guān yú kǒng lóng de kè.

贝斯: 恐龙？！

bèi sī: kǒng lóng?!

马特: 是的，非常酷！有一天我们上课时座位挨着，然后就开始聊天了。后来在我还没意识到的时候，我们就已经差不多每天一起出去玩了。

mǎ tè: shì de, fēi cháng kù! yǒu yī tiān wǒ mén shàng kè shí zuò wèi āi zhe, rán hòu jiù kāi shǐ liáo tiānle. hòu lái zài wǒ hái méi yì shí dào de shí hòu, wǒ mén jiù yǐ jīng chà bù duō měi tiān yī qǐ chū qù wán le.

贝斯: 哇，那太棒了。我确信她会原谅你。我并不怎么担心。

bèi sī: wà, nà tài bàng le. wǒ què xìn tā huì yuán liàng nǐ. wǒ bìng bù zěn me dān xīn.

马特: 我希望你是对的。她的友谊对我真的非常重要。

mǎ tè: wǒ xī wàng nǐ shì duì de. tā de yǒu yì duì wǒ zhēn de fēi cháng zhòng yào.

贝斯: 我想她明白这一点。祝你下周好运！告诉我进展如何。

bèi sī: wǒ xiǎng tā míng bái zhè yī diǎn. zhù nǐ xià zhōu hǎo yùn! gào sù wǒ jìn zhǎn rú hé.

马特: 会的。

mǎ tè: huì de.

I'M SORRY

Matt: I want to apologize to Dana. I was rude to her and I feel bad about it.

Beth: I think that's a good idea.

Matt: How should I apologize?

Beth: You should call her and ask her to meet you. Tell her you want to talk about what happened and apologize.

Matt: Okay, I just called her. We're going to meet next week.

Beth: That's good. I'm happy she agreed to meet with you.

Matt: Me too. So what do I say when I see her?

Beth: You should tell her you're sorry and why you're sorry. And make sure she tells you how she feels too.

Matt: Yeah. I hate it when I say something that I regret. I wish I could just keep my mouth shut sometimes.

Beth: Everyone does things they regret. The good thing is that you realized what you said was wrong and you want to apologize for it. Not everyone would do that.

Matt: I guess. Dana and I have been friends for so many years. I remember when I first met her. We were both taking a class on dinosaurs in college.

Beth: Dinosaurs?!

Matt: Yeah, it was cool! We sat next to each other in class one day and we just started talking. And then before I knew it, we were hanging out almost every day!

Beth: Aww, that's so nice. I'm sure she'll forgive you. I wouldn't worry too much.

Matt: I hope you're right. Her friendship is really important to me.

Beth: I think she understands that. Good luck next week! Let me know how it goes.

Matt: Will do.

82

迎婴派对（B1）- A BABY SHOWER
-
YÍNG YĪNG PÀI DUÌ

凯尔: 你在做什么？

kǎi ěr: nǐ zài zuò shén me?

珍娜: 我在为安妮的迎婴派对准备来宾谢礼！

zhēn nà: wǒ zài wéi ān nī de yíng yīng pài duì zhǔn bèi lái bīn xiè lǐ!

凯尔: 什么样的来宾谢礼？

kǎi ěr: shén me yàng de lái bīn xiè lǐ?

珍娜: 这些是装满了防晒霜、太阳镜，以及其他沙滩上好玩东西的沙滩包。每位客人都会拿到一个有他们姓名的沙滩包。

zhēn nà: zhè xiē shì zhuāng mǎn le fáng shài shuāng, tài yáng jìng, yǐ jí qí tā shā tān shàng hǎo wán dōng xī de shā tān bāo. měi wèi kè rén dōu huì ná dào yī gè yǒu tā mén xìng míng de shā tān bāo.

凯尔: 这是个好主意！它们看上去很棒。

kǎi ěr: zhè shì gè hǎo zhǔ yì! tā mén kàn shàng qù hěn bàng.

珍娜: 谢谢。还蛮费力的！

zhēn nà: xiè xiè. hái mán fèi lì de!

凯尔: 是的，但安妮会真的很开心。

kǎi ěr: shì de, dàn ān nī huì zhēn de hěn kāi xīn.

珍娜: 我希望如此！

zhēn nà: wǒ xī wàng rú cǐ!

凯尔: 那么迎婴派对上会做什么呢？我从来没有参加过。

kǎi ěr: nà me yíng yīng pài duì shàng huì zuò shén me ne? wǒ cóng lái méi yǒu cān jiā guò.

珍娜: 我想那取决于派对，但通常由一位与准妈妈关系密切的人来筹备派对，例如她的姐妹或最好的朋友。派对上会有食物和游戏，有时准妈妈还会开礼物。

zhēn nà: wǒ xiǎng nà qǔ jué yú pài duì, dàn tōng cháng yóu yī wèi yǔ zhǔn mā mā guān xì mì qiè de rén lái chóu bèi pài duì, lì rú tā de jiě mèi huò zuì hǎo de péng yǒu. pài duì shàng huì yǒu shí wù hé yóu xì, yǒu shí zhǔn mā mā hái huì kāi lǐ wù.

凯尔: 你们会玩什么类型的游戏?

kǎi ěr: nǐ mén huì wán shén me lèi xíng de yóu xì?

珍娜: 有很多不同的游戏。在一个很受欢迎的游戏中,你不能在派对上说"宝宝"这个词。当客人到达时,每个人都会得到一片尿布别针,别在他们的衬衫上。如果一位客人听到另一个人说了"宝宝",他/她就可以拿走打破规则者的别针。获得别针最多的人就赢了游戏。

zhēn nà: yǒu hěn duō bù tóng de yóu xì. zài yī gè hěn shòu huān yíng de yóu xì zhōng, nǐ bù néng zài pài duì shàng shuō "bǎo bǎo" zhè ge cí. dāng kè rén dào dá shí, měi gè rén dōu huì dé dào yī piàn niào bù bié zhēn, bié zài tā mén de chèn shān shàng. rú guǒ yī wèi kè rén tīng dào lìng yī gè rén shuō le "bǎo bǎo", tā/tā jiù kě yǐ ná zǒu dǎ pò guī zé zhě de bié zhēn. huò dé bié zhēn zuì duō de rén jiù yíng le yóu xì.

凯尔: 听起来很有趣。

kǎi ěr: tīng qǐ lái hěn yǒu qù.

珍娜: 是的。还有其他游戏,例如脏尿布。

zhēn nà: shì de. hái yǒu qí tā yóu xì, lì rú zāng niào bù.

凯尔: 呃,什么?

kǎi ěr: è, shén me?

珍娜: 哈哈,尿布并不是真的"脏了"。你把融化的巧克力棒放到尿布里,然后所有人传递尿布,猜是那种糖棒。

zhēn nà: hā hā, niào bù bìng bù shì zhēn de "zāng le". nǐ bǎ róng huà de qiǎo kè lì bàng fàng dào niào bù lǐ, rán hòu suǒ yǒu rén chuán dì niào bù, cāi shì nà zhǒng táng bàng.

凯尔: 哇,那真是......有趣。

kǎi ěr: wà, nà zhēn shì......yǒu qù.

珍娜: 是的,但很好玩!

zhēn nà: shì de, dàn hěn hǎo wán!

凯尔: 好吧,祝你们在派对上玩得开心。我确信每个人都会喜欢这个沙滩包的。

kǎi ěr: hǎo ba, zhù nǐ mén zài pài duì shàng wán dé kāi xīn. wǒ què xìn měi gè rén dōu huì xǐ huān zhè gè shā tān bāo de.

珍娜: 谢谢!

zhēn nà: xiè xiè!

A BABY SHOWER

Kyle: What are you doing?

Jenna: I'm making party favors for Annie's baby shower!

Kyle: What kind of party favors?

Jenna: These are beach bags filled with things like sunscreen, sunglasses, flip-flops, and other fun things for the beach. Each guest gets a bag with their name on it.

Kyle: That's a good idea! And they look great.

Jenna: Thanks. It's a lot of work!

Kyle: Yeah, but Annie will be really happy.

Jenna: I hope so!

Kyle: So what happens at a baby shower? I've never been to one.

Jenna: I think it depends on the shower, but usually someone close to the mother-to-be, like her sister or best friend, plans a party. There's food and games and sometimes the mom-to-be opens gifts.

Kyle: What kind of games do you play?

Jenna: There are a lot of different games. In one popular game you can't say the word "baby" at the party. When guests arrive, everyone is given a diaper pin and they wear it on their shirt. If one guest hears another guest say "baby," he or she can take the rule breaker's pin. The person with the most pins wins the game.

Kyle: That's kind of funny.

Jenna: Yeah. There are other games too like dirty diapers.

Kyle: Umm, what?

Jenna: Ha ha. The diapers aren't *actually* "dirty." You put melted chocolate bars inside diapers and everyone passes the diapers around and guesses what kind of candy bar it is.

Kyle: Wow. That's... interesting.

Jenna: It is. But it's fun!

Kyle: Well, I hope you have fun at the party! And I'm sure everyone will love the beach bags.

Jenna: Thanks!

83

在裁缝店（B1）- AT THE TAILOR
-
ZÀI CÁI FÉNG DIÀN

贾斯汀: 你好，我想给这条裤子缝个边，它有点太长了。我还想把这件衬衫改瘦一点。

jiǎ sī tīng: nǐ hǎo, wǒ xiǎng gěi zhè tiáo kù zi fèng gè biān, tā yǒu diǎn tài cháng le. wǒ hái xiǎng bǎ zhè jiàn chèn shān gǎi shòu yī diǎn.

裁缝: 好的。你愿意试一下裤子和衬衫吗？

cái féng: hǎo de. nǐ yuàn yì shì yī xià kù zi hé chèn shān ma?

贾斯汀: 是的，麻烦你。

jiǎ sī tīng: shì de, má fán nǐ.

裁缝: 好的，试衣间就在那里。

cái féng: hǎo de, shì yī jiān jiù zài nà lǐ.

贾斯汀: 谢谢。

jiǎ sī tīng: xiè xiè.

（三分钟之后......)

(sān fēn zhōng zhī hòu......)

裁缝: 好的，过来站在镜子前。所以，如果我改短 1 英寸，就是这么长。看上去怎么样？

cái féng: hǎo de, guò lái zhàn zài jìng zi qián. suǒ yǐ, rú guǒ wǒ gǎi duǎn 1 yīng cùn, jiù shì zhè me cháng. kàn shàng qù zěn me yàng?

贾斯汀: 好，看上去不错。

jiǎ sī tīng: hǎo, kàn shàng qù bù cuò.

裁缝: 很好。我们再看看衬衫。

cái féng: hěn hǎo. wǒ mén zài kàn kàn chèn shān.

贾斯汀: 我觉得两侧有一点肥了。能收进去一点吗？

jiǎ sī tīng: wǒ jué dé liǎng cè yǒu yī diǎn féi le. néng shōu jìn qù yī diǎn ma?

裁缝: 当然。这怎么样？

cái féng: dāng rán. zhè zěn me yàng?

贾斯汀：嗯……我觉得其实有一点太紧了。能再宽松一点吗？

jiǎ sī tīng: ǹ……wǒ jué dé qí shí yǒu yī diǎn tài jǐn le. néng zài kuān sōng yī diǎn ma?

裁缝：好的，这样呢？

cái féng: hǎo de, zhè yàng ne?

贾斯汀：完美。

jiǎ sī tīng: wán měi.

裁缝：太好了！就这样改了。脱裤子和衬衫时小心点，因为上面有别针！

cái féng: tài hǎo le! jiù zhè yàng gǎi le. tuō kù zi hé chèn shān shí xiǎo xīn diǎn, yīn wéi shàng miàn yǒu bié zhēn!

贾斯汀：哦，谢谢提醒！我可不想被扎到！

jiǎ sī tīng: ò, xiè xiè tí xǐng! wǒ kě bù xiǎng bèi zhā dào!

裁缝：你不会想的，那不是好事！

cái féng: nǐ bù huì xiǎng de, nà bù shì hǎo shì!

(四分钟之后……)

(sì fēn zhōng zhī hòu……)

贾斯汀：我现在付钱还是等会付？

jiǎ sī tīng: wǒ xiàn zài fù qián hái shì děng huì fù?

裁缝：随便你！

cái féng: suí biàn nǐ!

贾斯汀：好的，等我来取的时候付钱。

jiǎ sī tīng: hǎo de, děng wǒ lái qǔ de shí hòu fù qián.

裁缝：听起来不错。

cái féng: tīng qǐ lái bù cuò.

贾斯汀：什么时候能改好？

jiǎ sī tīng: shén me shí hòu néng gǎi hǎo?

裁缝：我想这需要七到十天。等改好了我给你打电话。

cái féng: wǒ xiǎng zhè xū yào qī dào shí tiān. děng gǎi hǎo le wǒ gěi nǐ dǎ diàn huà.

贾斯汀：好的，谢谢。

jiǎ sī tīng: hǎo de, xiè xiè.

裁缝：没问题。祝你有美好的一天！

cái féng: méi wèn tí. zhù nǐ yǒu měi hǎo de yī tiān!

贾斯汀：你也是。

jiǎ sī tīng: nǐ yě shì.

AT THE TAILOR

Justin: Hi. I'd like to get these pants hemmed. They're a little long. And I also want to make this shirt a little narrower on the sides.

Tailor: Great. Would you like to try on the pants and shirt?

Justin: Yes, please.

Tailor: All right, the fitting room is right there.

Justin: Thanks.

(Three minutes later...)

Tailor: Okay, come stand in front of the mirror. So, if I shorten them about an inch, they will be this long. How does that look?

Justin: Yeah, that looks good.

Tailor: Good. Let's take a look at the shirt.

Justin: I feel like it's a little wide on the sides. Can we take it in?

Tailor: Sure. How does this look?

Justin: Hmm... I actually think that's a little too tight. Can we make it a little looser?

Tailor: Yep. How's that?

Justin: That's perfect.

Tailor: Great! Go ahead and get changed. Be careful taking off your pants and shirt because there are pins in there!

Justin: Oh, thanks for the warning! I don't want to get jabbed!

Tailor: No, that wouldn't be good!

(Four minutes later...)

Justin: Do I pay now or later?

Tailor: It's up to you!

Justin: Okay, I'll pay when I pick them up.

Tailor: Sounds good.

Justin: When will they be ready?

Tailor: I think these will take between seven and ten days. I will give you a call when they're finished.

Justin: Great, thanks.

Tailor: No problem. Have a good day!

Justin: Same to you.

84

找一个停车位（B1）- LOOKING FOR A PARKING SPOT
-
ZHǍO YĪ GÈ TÍNG CHĒ WÈI

丹尼: 这个仓库俱乐部在这个时段总是非常繁忙。我们为什么又来这里？

dān ní: zhè gè cāng kù jù lè bù zài zhè gè shí duàn zǒng shì fēi cháng fán máng. wǒ mén wèi shén me yòu lái zhè lǐ?

约翰: 嗯，我们有那么大的派对，所有朋友和家人都要从北部过来。有那么多人，我们需要大量买东西，这样才能省钱。此外，其他日子我都没空。

yuē hàn: ǹ, wǒ mén yǒu nà me dà de pài duì, suǒ yǒu péng yǒu hé jiā rén dōu yào cóng běi bù guò lái. yǒu nà me duō rén, wǒ mén xū yào dà liàng mǎi dōng xī, zhè yàng cái néng shěng qián. cǐ wài, qí tā rì zi wǒ dōu méi kōng.

丹尼: 我们能至少停下买热狗和披萨吗？他们的披萨非常棒。

dān ní: wǒ mén néng zhì shǎo tíng xià mǎi rè gǒu hé pī sà ma? tā mén de pī sà fēi cháng bàng.

约翰: 当然！也许我应该把你放下，这样我找停车位的时候你就可以点餐了。

yuē hàn: dāng rán! yě xǔ wǒ yīng gāi bǎ nǐ fàng xià, zhè yàng wǒ zhǎo tíng chē wèi de shí hòu nǐ jiù kě yǐ diǎn cān le.

丹尼: 别傻了。我们一起找个位子。不管怎样我觉得这会花很久。

dān ní: bié shǎ le. wǒ mén yī qǐ zhǎo gè wèi zi. bù guǎn zěn yàng wǒ jué dé zhè huì huā hěn jiǔ.

约翰: 好的。我想我在远处那个角落看到一个空位！

yuē hàn: hǎo de. wǒ xiǎng wǒ zài yuǎn chù nà gè jiǎo luò kàn dào yī gè kòng wèi!

丹尼: 这里转弯！停车场的这个区通常车更少。

dān ní: zhè lǐ zhuǎn wān! tíng chē chǎng de zhè gè qū tōng cháng chē gèng shǎo.

约翰: 好主意！哦，这有个空位——嘿！

yuē hàn: hǎo zhǔ yì! ò, zhè yǒu gè kòng wèi——hēi!

丹尼: 他刚刚是偷了我们的停车位吗？！那明显是我们的！

dān ní: tā gāng gāng shì tōu le wǒ mén de tíng chē wèi ma?! nà míng xiǎn shì wǒ mén de!

约翰： 那真不好。

yuē hàn: nà zhēn bù hǎo.

丹尼： 呃，我们继续找吧。哦！我想我看到了一个！哦等等......这个人只是开着车灯。车里没人。

dān ní: è, wǒ mén jì xù zhǎo ba. ò! wǒ xiǎng wǒ kàn dào le yī gè! ò děng děng......zhè gè rén zhǐ shì kāi zhe chē dēng. chē lǐ méi rén.

约翰： 我们现在已经在这个停车场转了十五分钟了。我感觉我犯了一个严重的错误。

yuē hàn: wǒ mén xiàn zài yǐ jīng zài zhè gè tíng chē chǎng zhuàn le shí wǔ fēn zhōng le. wǒ gǎn jué wǒ fàn le yī gè yán zhòng de cuò wù.

丹尼： 你太容易就放弃了......看那里！那个人正要离开！

dān ní: nǐ tài róng yì jiù fàng qì le......kàn nà lǐ! nà gè rén zhèng yào lí kāi!

约翰： 是的！这个停车位是我们的！

yuē hàn: shì de! zhè gè tíng chē wèi shì wǒ mén de!

丹尼： 万岁！披萨时间！

dān ní: wàn suì! pī sà shí jiān!

LOOKING FOR A PARKING SPOT

Dany: This warehouse club is always so busy at this time of day. Why are we here again?

Jon: Well, we have that giant party where all our friends and family from up north are coming down. With that many people, we need to purchase things in bulk quantities so we can save money. Plus, I don't have time any other day.

Dany: Can we at least stop for hot dogs and some pizza? Their pizza is awesome.

Jon: Sure! Maybe I should drop you off so you can order while I go find parking?

Dany: Don't be silly. Let's just look for a spot together. I feel like this is going to take much too long anyway.

Jon: Okay. I think I see a space in the far corner!

Dany: Turn in here! There are usually fewer cars in this section of the parking lot.

Jon: Good idea! Oh, here's a spot—HEY!

Dany: Did he just steal our parking space?! It was clearly ours!

Jon: That wasn't very nice.

Dany: Ugh, let's just keep looking. Oh! I think I see one! Oh wait… this person just left the car's lights on. There's no one in it.

Jon: We've been circling this parking lot for fifteen minutes now. I feel like I've made a huge mistake.

Dany: You give up too easily… look over there! That person is leaving!

Jon: Yes! This parking space is ours!

Dany: Hooray! Time for pizza!

85

我们应该看什么？ （B1） - WHAT SHOULD WE WATCH? - WǑ MÉN YĪNG GĀI KÀN SHÉN ME?

威尔: 你今晚想出门吗？

wēi ěr: nǐ jīn wǎn xiǎng chū mén ma?

卡拉: 事实上，我正在想，我们可以待在家里，在一个串流设备上看点东西，然后叫外卖。

kǎ lā: shì shí shàng, wǒ zhèng zài xiǎng, wǒ mén kě yǐ dāi zài jiā lǐ, zài yī gè chuàn liú shè bèi shàng kàn diǎn dōng xī, rán hòu jiào wài mài.

威尔: 那听起来不错。反正我不是真的很想出去。泰国菜听起来怎么样？

wēi ěr: nà tīng qǐ lái bù cuò. fǎn zhèng wǒ bù shì zhēn de hěn xiǎng chū qù. tài guó cài tīng qǐ lái zěn me yàng?

卡拉: 听上去很好吃！但重要的是，我们应该看什么？

kǎ lā: tīng shàng qù hěn hào chī! dàn zhòng yào de shì, wǒ mén yīng gāi kàn shén me?

威尔: 好问题。你想把那部剧集看完吗？讲一个家伙被某个秘密政府机关追捕的？

wēi ěr: hǎo wèn tí. nǐ xiǎng bǎ nà bù jù jí kàn wán ma? jiǎng yī gè jiā huo bèi mǒu gè mì mì zhèng fǔ jī guān zhuī bǔ de?

卡拉: 不，我不想看悬疑的。

kǎ lā: bù, wǒ bù xiǎng kàn xuán yí de.

威尔: 好吧，英国的烧烤节目呢？

wēi ěr: hǎo ba, yīng guó de shāo kǎo jié mù ne?

卡拉: 我很喜欢那个节目，但今晚不太想看。

kǎ lā: wǒ hěn xǐ huān nà gè jié mù, dàn jīn wǎn bù tài xiǎng kàn.

威尔: 好吧......讲侦探试图破旧案子的那个节目怎么样？

wēi ěr: hǎo ba......jiǎng zhēn tàn shì tú zhēn pò jiù àn zi de nà gè jié mù zěn me yàng?

卡拉: 嗯，好的！那听上去不错。

kǎ lā: ǹ, hǎo de! nà tīng shàng qù bù cuò.

威尔: 我们上次看的是哪一集?

wēi ěr: wǒ mén shàng cì kàn de shì nǎ yī jí?

卡拉: 我不记得了。

kǎ lā: wǒ bù jì dé le.

威尔: 我记得是看他们在北卡罗来纳的森林里?

wēi ěr: wǒ jì dé shì kàn tā mén zài běi kǎ luó lái nà de sēn lín lǐ?

卡拉: 对! 你说得对! 我想那是第四集?

kǎ lā: duì! nǐ shuō dé duì! wǒ xiǎng nà shì dì sì jí?

威尔: 哇, 好记性! 让我们看第五集!

wēi ěr: wà, hǎo jì xìng! ràng wǒ mén kàn dì wǔ jí!

WHAT SHOULD WE WATCH?

Will: Do you want to go out tonight?

Kala: Actually, I was thinking we could stay at home, watch something on one of our streaming services, and get food delivered.

Will: That sounds great. I don't really feel like going out anyway. How does Thai food sound?

Kala: That sounds delicious! But more importantly, what should we watch?

Will: Good question. Do you want to finish watching that series where that guy is being chased by some secret government agency?

Kala: Nah, I don't feel like watching something suspenseful.

Will: Okay, how about that baking show from England?

Kala: I love that show but I don't feel like watching it tonight.

Will: All right... how about that show where the detectives are trying to solve old crimes?

Kala: Hmm, okay! That sounds good.

Will: What was the last episode we watched?

Kala: I can't remember.

Will: I think they were in a forest in North Carolina?

Kala: Yes! You're right! That was episode four, I think?

Will: Wow, good memory. Let's watch episode five!

86

酒店入住（B1）- CHECKING IN AT THE HOTEL -

JIǓ DIÀN RÙ ZHÙ

前台: 你好，欢迎来到海边酒店。我能为您做什么？

qián tái: nǐ hǎo, huān yíng lái dào hǎi biān jiǔ diàn. wǒ néng wèi nín zuò shén me?

弗雷迪: 嗨，我们有预定，姓是琼斯。

fú léi dí: hāi, wǒ mén yǒu yù dìng, xìng shì qióng sī.

前台: 好的，让我查看一下。好……你们预定了一个大房间，双人床，一共三个晚上。

qián tái: hǎo de, ràng wǒ chá kàn yī xià. hǎo……nǐ mén yù dìng le yī gè dà fáng jiān, shuāng rén chuáng, yī gòng sān gè wǎn shàng.

弗雷迪: 对的。

fú léi dí: duì de.

前台: 我能看一下您预订时用的身份证件和信用卡吗？

qián tái: wǒ néng kàn yī xià nín yù dìng shí yòng de shēn fèn zhèng jiàn hé xìn yòng kǎ ma?

弗雷迪: 可以，给你。

fú léi dí: kě yǐ, gěi nǐ.

前台: 谢谢你。你们是从哪里来的？

qián tái: xiè xiè nǐ. nǐ mén shì cóng nǎ lǐ lái de?

弗雷迪: 我们从湾区过来。

fú léi dí: wǒ mén cóng wān qū guò lái.

前台: 哦，真好！我喜欢湾区。

qián tái: ó, zhēn hǎo! wǒ xǐ huān wān qū.

弗雷迪: 我们也是！但我们也喜欢圣迭戈。我们试着每年来一次。

fú léi dí: wǒ mén yě shì! dàn wǒ mén yě xǐ huān shèng dié gē, wǒ mén shì zhe měi nián lái yī cì.

前台: 我也喜欢圣迭戈！所以我住在这里。好，欢迎回来！

qián tái: wǒ yě xǐ huān shèng dié gē! suǒ yǐ wǒ zhù zài zhè lǐ. hǎo, huān yíng huí lái!

弗雷迪: 谢谢！说实话，有房间可以看风景吗？

fú léi dí: xiè xiè! shuō shí huà, yǒu fáng jiān kě yǐ kàn fēng jǐng ma?

前台: 让我看看。哦，看来你们很幸运！五分钟前刚有一个预定取消了！

qián tái: ràng wǒ kàn kàn. ó, kàn lái nǐ mén hěn xìng yùn! wǔ fēn zhōng qián gāng yǒu yī gè yù dìng qǔ xiāo le!

弗雷迪: 哇！我很高兴我问了。

fú léi dí: wa! wǒ hěn gāo xìng wǒ wèn le.

前台: 我也是！让我在电脑上更改一下您的资料。

qián tái: wǒ yě shì! ràng wǒ zài diàn nǎo shàng gēng gǎi yī xià nín de zī liào.

弗雷迪: 没问题，我可以等。

fú léi dí: méi wèn tí, wǒ kě yǐ děng.

前台: 好了......您可以入住了。这是您的钥匙，这是无线网络信息。电梯在那边转角处。

qián tái: hǎo le......nín kě yǐ rù zhù le. zhè shì nín de yào shí, zhè shì wú xiàn wǎng luò xìn xī. diàn tī zài nà biān zhuǎn jiǎo chù.

弗雷迪: 太好了，谢谢你！

fú léi dí: tài hǎo le, xiè xiè nǐ!

前台: 我的荣幸。享受您们的住宿，如果有任何问题，请告诉我。

qián tái: wǒ de róng xìng. xiǎng shòu nín mén de zhù sù, rú guǒ yǒu rèn hé wèn tí, qǐng gào sù wǒ.

弗雷迪: 谢谢你！

fú léi dí: xiè xiè nǐ!

CHECKING IN AT THE HOTEL

Receptionist: Hello. Welcome to Hotel by the Sea. How can I help you?

Freddy: Hi, we have a reservation under the last name Jones.

Receptionist: Great, let me look that up. Okay... you have a large room with a king bed for three nights.

Freddy: Yes.

Receptionist: Can I see your ID and the credit card you used to make the booking?

Freddy: Yes, here they are.

Receptionist: Thank you. So where are you traveling from?

Freddy: We're from the Bay Area.

Receptionist: Oh, nice! I love the Bay Area.

Freddy: We do too! But we also love San Diego. We try to come here once a year.

Receptionist: I love San Diego too! That's why I live here. Well, welcome back!

Freddy: Thanks! Actually, are there any rooms with views available?

Receptionist: Let me check. Oh, it looks like you're in luck! We had a cancellation about five minutes ago!

Freddy: Wow! I'm glad I asked.

Receptionist: I am too! Let me change your information in the computer.

Freddy: That's fine; I can wait.

Receptionist: All right... you're good to go. Here are your keys and this is the Wi-Fi information. The elevators are around the corner there.

Freddy: Great, thank you!

Receptionist: My pleasure. Enjoy your stay and please let us know if you have any questions.

Freddy: Thank you!

87

你应该和教授谈谈（B1）- YOU SHOULD TALK TO THE PROFESSOR - NĬ YĪNG GĀI HÉ JIÀO SHÒU TÁN TÁN

黛比： 我觉得我在这门课表现不太好。

dài bǐ: wǒ jué dé wǒ zài zhè mén kè biǎo xiàn bù tài hǎo.

菲尔： 真的吗？为什么？课程很难吗？

fēi ěr: zhēn de ma? wèi shén me? kè chéng hěn nán ma?

黛比： 是的，有一点难，但我工作时间太长，没办法像我希望的学习那么多。我每天晚上只有大约一小时写作业和准备考试。我需要大约三小时！

dài bǐ: shì de, yǒu yī diǎn nán, dàn wǒ gōng zuò shí jiān tài cháng, méi bàn fǎ xiàng wǒ xī wàng de xué xí nà me duō. wǒ měi tiān wǎn shàng zhǐ yǒu dà yuē yī xiǎo shí xiě zuò yè hé zhǔn bèi kǎo shì. wǒ xū yào dà yuē sān xiǎo shí!

菲尔： 哦，我明白了。那太糟糕了。

fēi ěr: ò, wǒ míng bái le. nà tài zāo gāo le.

黛比： 我也需要在这门课取得一个好成绩。所以我有点担心。

dài bǐ: wǒ yě xū yào zài zhè mén kè qǔ dé yī gè hǎo chéng jī. suǒ yǐ wǒ yǒu diǎn dān xīn.

菲尔： 你能工作少一点吗？

fēi ěr: nǐ néng gōng zuò shǎo yī diǎn ma?

黛比： 现在不行。我需要补贴家里。

dài bǐ: xiàn zài bù xíng. wǒ xū yào bǔ tiē jiā lǐ.

菲尔： 我理解。也许你可以和教授谈谈，看他能不能额外给你一些时间来完成作业？

fēi ěr: wǒ lǐ jiě. yě xǔ nǐ kě yǐ hé jiào shòu tán tán, kàn tā néng bù néng é wài gěi nǐ yī xiē shí jiān lái wán chéng zuò yè?

黛比： 我已经在这样考虑了。但教授们不喜欢学生要求延期。当你加入一门课时，那就是你做出的一个承诺，而你必须严肃看待这个承诺。

dài bǐ: wǒ yǐ jīng zài zhè yàng kǎo lǜ le. dàn jiào shòu mén bù xǐ huān xué shēng yāo qiú yán qí. dāng nǐ jiā rù yī mén kè shí, nà jiù shì nǐ zuò chū de yī gè chéng nuò, ér nǐ bì xu yán sù kàn dài zhè gè chéng nuò.

菲尔: 我知道。但你永远不知道。教授也许体贴理解呢。

fēi ěr: wǒ zhī dào. dàn nǐ yǒng yuǎn bù zhī dào. jiào shòu yě xǔ tǐ tiē lǐ jiě ne.

黛比: 是……我想我明天会在答疑时间去和他谈谈。

dài bǐ: shì……wǒ xiǎng wǒ míng tiān huì zài dá yí shí jiān qù hé tā tán tán.

菲尔: 告诉我进展如何。

fēi ěr: gào sù wǒ jìn zhǎn rú hé.

黛比: 我会的。

dài bǐ: wǒ huì de.

(第二天)

(dì èr tiān)

黛比: 我和教授谈过了。

dài bǐ: wǒ hé jiào shòu tán guò le.

菲尔: 是吗? 怎么样?

fēi ěr: shì ma? zěn me yàng?

黛比: 他真的很好。他这周和下周的作业都给我延长了时间。我非常感激。

dài bǐ: tā zhēn de hěn hǎo. tā zhè zhōu hé xià zhōu de zuò yè dōu gěi wǒ yán cháng le shí jiān. wǒ fēi cháng gǎn jī.

菲尔: 看, 他人非常好。我告诉过你和他谈谈的!

fēi ěr: kàn, tā rén fēi cháng hǎo. wǒ gào sù guò nǐ hé tā tán tán de!

黛比: 我知道。这样要求让我感觉很糟糕, 但我很开心这样做了。

dài bǐ: wǒ zhī dào. zhè yàng yāo qiú ràng wǒ gǎn jué hěn zāo gāo, dàn wǒ hěn kāi xīn zhè yàng zuò le.

菲尔: 嗯, 希望几周之后你的日程安排能松弛下来, 让你有时间平衡一切。

fēi ěr: ǹ, xī wàng jǐ zhōu zhī hòu nǐ de rì chéng ān pái néng sōng chí xià lái, ràng nǐ yǒu shí jiān píng héng yī qiè.

黛比: 我希望如此!

dài bǐ: wǒ xī wàng rú cǐ!

YOU SHOULD TALK TO THE PROFESSOR

Debbie: I don't think I'm doing very well in this class.

Phil: Really? Why? Is the class difficult?

Debbie: Yes, it's a little difficult, but I've been working a lot and I haven't been able to study as much as I would like. I only have about one hour a night to do homework and study for tests. I need about three hours!

Phil: Oh, I see. That's too bad.

Debbie: I need to get a good grade in this class, too. So I'm a little worried.

Phil: Can you work a little less?

Debbie: Not right now. I need to help my family.

Phil: I understand. Maybe you can talk to the professor and see if he can give you a little extra time to finish assignments?

Debbie: I've been thinking about doing that. But professors don't like it when students ask for extensions. When you enroll in a class, that's a commitment you make and you have to take it seriously.

Phil: I know. But you never know. The professor may be understanding.

Debbie: Yeah... I think I'll go talk to him during his office hours tomorrow.

Phil: Let me know how it goes.

Debbie: I will.

(The next day.)

Debbie: So, I talked to the professor.

Phil: Yeah? How did it go?

Debbie: He was really nice. He's giving me an extension on the homework this week and next week. I'm so grateful.

Phil: That's so nice of him. See? I told you to talk to him!

Debbie: I know. I felt so bad for asking, but I'm glad I did.

Phil: Well, hopefully after a couple weeks your schedule will calm down and you'll have time to balance everything.

Debbie: I hope so!

88

准备一次远足旅行（B1）- PLANNING A BACKPACKING TRIP - ZHǓN BÈI YĪ CÌ YUǍN ZÚ LǙ XÍNG

珍妮特: 我们需要开始计划旅行了！

zhēn nī tè: wǒ mén xū yào kāi shǐ jì huà lǚ xíng le!

卡洛斯: 是的，我们需要！你现在有时间吗？

kǎ luò sī: shì de, wǒ mén xū yào! nǐ xiàn zài yǒu shí jiān ma?

珍妮特: 有。我们来带着笔记本电脑和旅行书坐下。

zhēn nī tè: yǒu. wǒ mén láidài zhe bǐ jì běn diàn nǎo hé lǚ xíng shū zuò xià.

卡洛斯: 好的，我来弄点咖啡。

kǎ luò sī: hǎo de, wǒ lái nòng diǎn kā fēi.

珍妮特: 太好了。我想我们应该从决定预算开始。

zhēn nī tè: tài hǎo le. wǒ xiǎng wǒ mén yīng gāi cóng jué dìng yù suàn kāi shǐ.

卡洛斯: 我同意。

kǎ luò sī: wǒ tóng yì.

珍妮特: 3500 美元听上去怎么样？

zhēn nī tè: 3500 měi yuán tīng shàng qù zěn me yàng?

卡洛斯: 3500 美元每个人还是我们两个人？

kǎ luò sī: 3500 měi yuán měi gè rén hái shì wǒ mén liǎng gè rén?

珍妮特: 嗯，当然是我们两个人！

zhēn nī tè: ǹ, dāng rán shì wǒ mén liǎng gè rén!

卡洛斯: 好吧，挺好。我还担心呢！

kǎ luò sī: hǎo ba, tǐng hǎo. wǒ hái dān xīn ne!

珍妮特: 如果我们飞去巴塞罗那，每张往返机票大约 1000 美元。

zhēn nī tè: rú guǒ wǒ mén fēi qù bā sài luó nà, měi zhāng wǎng fǎn jī piào dà yuē 1000 měi yuán.

卡洛斯: 嗯......那么我们还剩大约 1500 美元。你能请多少天假？

kǎ luò sī: ǹ……nà me wǒ mén hái shèng dà yuē 1500 měi yuán. nǐ néng qǐng duō shǎo tiān jià?

珍妮特: 十天。你能休息两周，对吗？

zhēn nī tè: shí tiān. nǐ néng xiū xī liǎng zhōu, duì ma?

卡洛斯: 是的。

kǎ luò sī: shì de.

珍妮特: 所以算上周末和往返飞行时间，我们可以在欧洲待大约十二晚。

zhēn nī tè: suǒ yǐ suàn shàng zhōu mò hé wǎng fǎn fēi xíng shí jiān, wǒ mén kě yǐ zài ōu zhōu dāi dà yuē shí èr wǎn.

卡洛斯: 太棒了。这意味着我们有 1500 美元用于十二晚。你想去哪些国家？

kǎ luò sī: tài bàng le. zhè yì wèi zhe wǒ mén yǒu 1500 měi yuán yòng yú shí èr wǎn. nǐ xiǎng qù nǎ xiē guó jiā?

珍妮特: 嗯，我们坐飞机去巴塞罗那，所以我们可以在西班牙待一些时间。除了西班牙，我真的很想去意大利和法国。

zhēn nī tè: ǹ, wǒ mén zuò fēi jī qù bā sài luó nà, suǒ yǐ wǒ mén kě yǐ zài xī bān yá dāi yī xiē shí jiān. chú le xī bān yá, wǒ zhēn de hěn xiǎng qù yì dà lì hé fà guó.

卡洛斯: 葡萄牙怎么样？我真的很想去那里，而且那儿离西班牙很近。

kǎ luò sī: pú táo yá zěn me yàng? wǒ zhēn de hěn xiǎng qù nà lǐ, ér qiě nà er lí xī bān yá hěn jìn.

珍妮特: 你会觉得十二晚四个国家太多了吗？

zhēn nī tè: nǐ huì jué dé shí èr wǎn sì gè guó jiā tài duō le ma?

卡洛斯: 嗯，在每个地方我们只能待两三晚。

kǎ luò sī: ǹ, zài měi gè dì fāng wǒ mén zhǐ néng dāi liǎng sān wǎn.

珍妮特: 我想我们应该只去三个国家，这样可以在每个国家多待一些时间。

zhēn nī tè: wǒ xiǎng wǒ mén yīng gāi zhǐ qù sān gè guó jiā, zhè yàng kě yǐ zài měi gè guó jiā duō dài yī xiē shí jiān.

卡洛斯: 好吧。我们把意大利留到下次再去怎么样？反正我真的想去那里待久一些。

kǎ luò sī: hǎo ba. wǒ mén bǎ yì dà lì liú dào xià cì zài qù zěn me yàng? fǎn zhèng wǒ zhēn de xiǎng qù nà lǐ dāi jiǔ yī xiē.

珍妮特: 是的，我迫不及待想去意大利，但我认为这是个好主意。要是我有钱又不用工作该多好！

zhēn nī tè: shì de, wǒ pò bù jí dài xiǎng qù yì dà lì, dàn wǒ rèn wéi zhè shì gè hǎo zhǔ yì. yào shì wǒ yǒu qián yòu bù yòng gōng zuò gāi duō hǎo!

卡洛斯: 我知道，对吧？好了，现在让我们确定我们的旅行路线……

kǎ luò sī: wǒ zhī dào, duì ba? hǎo le, xiàn zài ràng wǒ men què dìng wǒ mén de lǚ xíng lù xiàn ……

275

PLANNING A BACKPACKING TRIP

Janet: We need to start planning our trip!

Carlos: Yes, we do! Do you have time now?

Janet: Yep. Let's sit down with the laptop and our travel books.

Carlos: Okay, I'll make some coffee.

Janet: Great. I think we should start by deciding on a budget.

Carlos: I agree.

Janet: How does $3,500 sound?

Carlos: $3,500 each or for both of us?

Janet: Umm, definitely for both of us!

Carlos: All right, good. I was worried!

Janet: If we fly to Barcelona, the flight will be around $1,000 roundtrip for each ticket.

Carlos: Hmm... so then we will have around $1,500 left. How many days can you take off work?

Janet: Ten days. You can take two weeks off, right?

Carlos: Yeah.

Janet: So with weekends and the flights there and back we can spend about twelve nights in Europe.

Carlos: Awesome. That means we have $1,500 for twelve nights. What countries do you want to go to?

Janet: Well, we're flying into Barcelona, so we can spend some time in Spain. Aside from Spain, I really want to go to Italy and France.

Carlos: What about Portugal? I really want to go there and it's close to Spain.

Janet: Do you think four countries in twelve nights is too much?

Carlos: Well, we would only be able to spend about two or three nights in each place.

Janet: I think we should just do three countries. Then we could spend a little more time in each country.

Carlos: Okay. What about if we saved Italy for another time? I really want to spend more time there anyway.

Janet: Yeah, I'm dying to go to Italy but I think that's a good idea. If only I were rich and didn't have to work!

Carlos: I know, right? Well, for now let's figure out our itinerary...

89

买纪念品 （B1） - BUYING SOUVENIRS
-
MǍI JÌ NIÀN PǏN

丹尼尔: 记着，我们还需要给我们的朋友和家人买些纪念品。

dān ní ěr: jì zhe, wǒ mén hái xū yào gěi wǒ mén de péng yǒu hé jiā rén mǎi xiē jì niàn pǐn.

肯吉: 是的，我没有忘记。我们只去一两家店可以吗？我不想在购物上花太长时间。我们的假期只剩两天了。

kěn jí: shì de, wǒ méi yǒu wàng jì. wǒ mén zhǐ qù yī liǎng jiā diàn kě yǐ ma? wǒ bù xiǎng zài gòu wù shàng huā tài cháng shí jiān. wǒ mén de jià qī zhǐ shèng liǎng tiān le.

丹尼尔: 好的。让我们试着在两小时里买完所有东西。

dān ní ěr: hǎo de. ràng wǒ mén shì zhe zài liǎng xiǎo shí lǐ mǎi wán suǒ yǒu dōng xī.

肯吉: 好！我们应该去哪里？

kěn jí: hǎo! wǒ mén yīng gāi qù nǎ lǐ?

丹尼尔: 我们去中央市场吧。那里有食物和当地特产，而且你可以砍价。

dān ní ěr: wǒ mén qù zhōng yāng shì chǎng ba. nà lǐ yǒu shí wù hé dāng dì tè chǎn, ér qiě nǐ kě yǐ kǎn jià.

肯吉: 但可以你来砍价吗？我不太会！

kěn jí: dàn kě yǐ nǐ lái kǎn jià ma? wǒ bù tài huì!

丹尼尔: 你人太好了！你必须要严厉些。而且如果他们没有给你期望的价格，你必须走开。

dān ní ěr: nǐ rén tài hǎo le! nǐ bì xū yào yán lì xiē. ér qiě rú guǒ tā mén méi yǒu gěi nǐ qī wàng de jià gé, nǐ bì xū zǒu kāi.

肯吉: 我会试试的！

kěn jí: wǒ huì shì shì de!

丹尼尔: 我们应该给萨拉买什么？

dān ní ěr: wǒ mén yīng gāi gěi sà lā mǎi shén me?

肯吉: 或许一些咖啡？或者巧克力？或者两种都买。

kěn jí: huò xǔ yī xiē kā fēi? huò zhě qiǎo kè lì? huò zhě liǎng zhǒng dōu mǎi.

丹尼尔: 那是个好主意。她喜欢咖啡。

dān ní ěr: nà shì gè hǎo zhǔ yì. tā xǐ huān kā fēi.

肯吉: 明广呢?

kěn jí: míng guǎng ne?

丹尼尔: 嗯......太难给他买礼物了。他已经什么都有了!

dān ní ěr: ǹ......tài nán gěi tā mǎi lǐ wù le. tā yǐ jīng shén me dōu yǒu le!

肯吉: 我知道。他喜欢食物。我们可以给他带一些当地小吃。

kěn jí: wǒ zhī dào. tā xǐ huān shí wù. wǒ mén kě yǐ gěi tā dài yī xiē dāng dì xiǎo chī.

丹尼尔: 确实。好吧, 就带小吃。

dān ní ěr: què shí. hǎo ba, jiù dài xiǎo chī.

肯吉: 你妈妈呢?

kěn jí: nǐ mā mā ne?

丹尼尔: 我想她可能喜欢一些放在她房子里的艺术品。也许油画或素描?

dān ní ěr: wǒ xiǎng tā kě néng xǐ huān yī xiē fàng zài tā fáng zi lǐ de yì shù pǐn. yě xǔ yóu huà huò sù miáo?

肯吉: 好主意。但运回家会很困难吧?

kěn jí: hǎo zhǔ yì. dàn yùn huí jiā huì hěn kùn nán ba?

丹尼尔: 是的, 我们得找到某种不会毁了我们行李箱的东西。

dān ní ěr: shì de, wǒ mén děi zhǎo dào mǒu zhǒng bù huì huǐ le wǒ mén xíng lǐ xiāng de dōng xī.

肯吉: 说得对。好了, 我们出发!

kěn jí: shuō dé duì. hǎo le, wǒ mén chū fā!

BUYING SOUVENIRS

Danielle: Remember, we still need to buy some souvenirs for our friends and family.

Kenji: Yep, I haven't forgotten. Can we go to just one or two stores? I don't want to spend too long shopping. We only have two more days left of our vacation.

Danielle: Yeah, let's try to buy everything in two hours.

Kenji: Okay! Where should we go?

Danielle: Let's go to the central market. They have food and local products. And you can bargain there.

Kenji: Can you do the bargaining, though? I'm not good at it!

Danielle: You're too nice! You have to be firmer. And you have to walk away if they don't give you the price you want.

Kenji: I'll try!

Danielle: What should we get Sarah?

Kenji: Maybe some coffee? Or chocolates. Or both.

Danielle: That's a good idea. She loves coffee.

Kenji: What about Akihiro?

Danielle: Hmm... it's so difficult to get presents for him. He already has everything!

Kenji: I know. He likes food. We could get him some local snacks.

Danielle: True. Okay, snacks it is.

Kenji: And how about your mom?

Danielle: I think she would love some kind of art for her house. Maybe a painting or drawing?

Kenji: Good call. But will it be hard to transport it home?

Danielle: Yeah. We need to find something that won't get ruined in our suitcases.

Kenji: Right. Okay, off we go!

90

职业变动 （B1） - CAREER CHANGE

-

ZHÍ YÈ BIÀN DÒNG

扎拉: 我想我要辞职了。

zhā lā: wǒ xiǎng wǒ yào cí zhí le.

T.J.: 真的吗?！为什么？我以为你热爱你的工作!

T.J.: zhēn de ma?! wèi shén me? wǒ yǐ wéi nǐ rè ài nǐ de gōng zuò!

扎拉: 我曾经热爱，但现在已经有点感到厌倦了。

zhā lā: wǒ céng jīng rè ài, dàn xiàn zài yǐ jīng yǒu diǎn gǎn dào yàn juàn le.

T.J.: 什么意思？

T.J.: shén me yì sī?

扎拉: 我感觉每天都在做同样的事。我想要做些更有挑战性的事情。

zhā lā: wǒ gǎn jué měi tiān dōu zài zuò tóng yàng de shì. wǒ xiǎng yào zuò xiē gèng yǒu tiǎo zhàn xìng de shì qíng.

T.J.: 我明白，有道理。你想要在同一个领域找工作吗，还是另一个完全不同的领域？

T.J.: wǒ míng bái, yǒu dào lǐ. nǐ xiǎng yào zài tóng yī gè lǐng yù zhǎo gōng zuò ma, hái shì lìng yī gè wán quán bù tóng de lǐng yù?

扎拉: 我不知道。我喜欢会计，但其实我在考虑进入室内设计行业。

zhā lā: wǒ bù zhī dào. wǒ xǐ huān kuài jì, dàn qí shí wǒ zài kǎo lǜ jìn rù shì nèi shè jì háng yè.

T.J.: 真的吗?！哇，那可是一个大变化。不过我认为你会在室内设计做得非常好的。

T.J.: zhēn de ma?! wà, nà kě shì yī gè dà biàn huà. bù guò wǒ rèn wéi nǐ huì zài shì nèi shè jì zuò dé fēi cháng hǎo de.

扎拉: 谢谢! 你知道，我一直对此很感兴趣，它是我的一个爱好。但我一直在考虑把它作为一个事业。

zhā lā: xiè xiè! nǐ zhī dào, wǒ yī zhí duì cǐ hěn gǎn xìng qù, tā shì wǒ de yī gè ài hào. dàn wǒ yī zhí zài kǎo lǜ bǎ tā zuò wéi yī gè shì yè.

T.J.: 这真是一个有趣的消息! 对于要做哪类室内设计有什么想法吗？

T.J.: zhè zhēn shì yī gè yǒu qù de xiāo xī! duì yú yào zuò nǎ lèi shì nèi shè jì yǒu shén me xiǎng fǎ ma?

扎拉: 我还不确定，但我喜欢帮助餐厅做设计。

zhā lā: wǒ hái bù què dìng, dàn wǒ xǐ huān bāng zhù cān tīng zuò shè jì.

T.J.: 哦，那会很有趣。你觉得你会像厌倦会计一样厌倦室内设计吗？

T.J.: ó, nà huì hěn yǒu qù. nǐ jué dé nǐ huì xiàng yàn juàn kuài jì yī yàng yàn juàn shì nèi shè jì ma?

扎拉: 我不这么觉得。室内设计需要创造性，而且你总是在设计不同的东西。

zhā lā: wǒ bù zhè me jué dé. shì nèi shè jì xū yào chuàng zào xìng, ér qiě nǐ zǒng shì zài shè jì bù tóng de dōng xī.

T.J.: 是的，这有道理。好吧，祝你在这段新征程上好运！

T.J.: shì de, zhè yǒu dào lǐ. hǎo ba, zhù nǐ zài zhè duàn xīn zhēng chéng shàng hǎo yùn!

扎拉: 谢谢！我会告诉你进展。

zhā lā: xiè xiè! wǒ huì gào sù nǐ jìn zhǎn.

CAREER CHANGE

Zara: I think I'm going to quit my job.

T.J.: Really?! Why? I thought you loved your job!

Zara: I used to love it, but I've gotten kind of bored.

T.J.: What do you mean?

Zara: I feel like I do the same thing every day. I want something a little more challenging.

T.J.: I see. That makes sense. Are you going to look for a job in the same field or in a totally different field?

Zara: I don't know. I like accounting but I'm actually thinking of getting into interior design.

T.J.: Really?! Wow, that would be a big change. I think you'd be so good at interior design, though.

Zara: Thanks! As you know, I've always been interested in it as a hobby. But I've been thinking about pursuing it as a career.

T.J.: This is such interesting news! Any ideas about what kind of interior design?

Zara: I'm not sure yet. I'd love to help design restaurants though.

T.J.: Oh, that would be fun. Do you think you'd get bored with interior design like you have with accounting?

Zara: I don't think so. It requires creativity, and you're always designing something different.

T.J.: Yeah, that makes sense. Well, good luck on this new journey!

Zara: Thanks! I'll keep you updated.

91

筹划一个退休派对 （B1） - PLANNING A RETIREMENT PARTY
-
CHÓU HUÀ YĪ GÈ TUÌ XIŪ PÀI DUÌ

特里什: 嘿，嘉利特。我们应该开始筹备比尔的退休派对了。一个月后的今天是他工作的最后一日。

tè lǐ shí: hēi, jiā lì tè. wǒ mén yīng gāi kāi shǐ chóu bèi bǐ ěr de tuì xiū pài duì le. yī gè yuè hòu de jīn tiān shì tā gōng zuò de zuì hòu yī rì.

嘉利特: 是的，让我们讨论下这件事！你现在有空吗？

jiā lì tè: shì de, ràng wǒ mén tǎo lùn xià zhè jiàn shì! nǐ xiàn zài yǒu kòng ma?

特里什: 有的。让我拿上纸和笔，从而可以做些笔记。

tè lǐ shí: yǒu de. ràng wǒ ná shàng zhǐ hé bǐ, cóng ér kě yǐ zuò xiē bǐ jì.

嘉利特: 好的。

jiā lì tè: hǎo de.

特里什: 你有什么想法？我们要在办公室还是在其他地方办派对，比如餐厅？

tè lǐ shí: nǐ yǒu shén me xiǎng fǎ? wǒ mén yào zài bàn gōng shì hái shì zài qí tā dì fāng bàn pài duì, bǐ rú cān tīng?

嘉利特: 我觉得办公室太小了，而且他在这里待了二十五年了。我想这需要一场办公室外的庆祝活动。

jiā lì tè: wǒ jué dé bàn gōng shì tài xiǎo le, ér qiě tā zài zhè lǐ dāi le èr shí wǔ nián le. wǒ xiǎng zhè xū yào yī chǎng bàn gōng shì wài de qìng zhù huó dòng.

特里什: 我同意。我认为这会让每个人都更开心，而且如果比尔的家人愿意，他们也可以来。

tè lǐ shí: wǒ tóng yì. wǒ rèn wéi zhè huì ràng měi gè rén dōu gèng kāi xīn, ér qiě rú guǒ bǐ ěr de jiā rén yuàn yì, tā mén yě kě yǐ lái.

嘉利特: 没错。

jiā lì tè: méi cuò.

特里什: 我听说新开的那家餐厅哈斯很棒，你听说了吗？

tè lǐ shí: wǒ tīng shuō xīn kāi dì nà jiā cān tīng hā sī hěn bàng, nǐ tīng shuō le ma?

嘉利特: 是的，我听说了！我正想去试试呢。

jiā lì tè: shì de, wǒ tīng shuō le! wǒ zhèng xiǎng qù shì shì ne.

特里什: 我也是。他们在后面有个房间，可以预定举办活动。让我们上网查查，看看价格。

tè lǐ shí: wǒ yě shì. tā mén zài hòu miàn yǒu gè fáng jiān, kě yǐ yù dìng jǔ bàn huó dòng. ràng wǒ mén shàng wǎng chá chá, kàn kàn jià gé .

嘉利特: 好的。

jiā lì tè: hǎo de.

特里什: 哦，价格不错。三小时的活动三百美金。

tè lǐ shí: ó, jià gé bù cuò. sān xiǎo shí de huó dòng sān bǎi měi jīn.

嘉利特: 对于这么好的餐厅来说很不错了。

jiā lì tè: duì yú zhè me hǎo de cān tīng lái shuō hěn bù cuò le.

特里什: 是的。嗯......我们应该在哪天办派对？

tè lǐ shí: shì de. ǹ......wǒ mén yīng gāi zài nǎ tiān bàn pài duì?

嘉利特: 周五怎么样？8 月 5 日。

jiā lì tè: zhōu wǔ zěn me yàng? 8 yuè 5 rì.

特里什: 我觉得很棒。

tè lǐ shí: wǒ jué dé hěn bàng.

嘉利特: 太好了！餐厅提供食物吗？

jiā lì tè: tài hǎo le! cān tīng tí gōng shí wù ma?

特里什: 他们可能提供一些饮料和开胃小菜。

tè lǐ shí: tā mén kě néng tí gōng yī xiē yǐn liào hé kāi wèi xiǎo cài.

嘉利特: 好的，我会记下要问餐厅的一些问题。你可以问下大家他们那天能不能来？

jiā lì tè: hǎo de, wǒ huì jì xià yào wèn cān tīng de yī xiē wèn tí. nǐ kě yǐ wèn xià dà jiā tā mén nèi tiān néng bù néng lái?

特里什: 当然！

tè lǐ shí: dāng rán!

PLANNING A RETIREMENT PARTY

Trish: Hey, Garrett. We should start planning Bill's retirement party. His last day is a month from today.

Garrett: Yes, let's talk about it! Do you have a few minutes now?

Trish: Yeah. Let me go get a pen and paper so I can take some notes.

Garrett: Okay.

Trish: So what do you think? Should we have the party at the office or somewhere else, like a restaurant?

Garrett: I think the office is too small. And he's been here twenty-five years. I feel like that calls for an out-of-the-office celebration.

Trish: I agree. I think that would be more enjoyable for everyone. And that way Bill's family can come if they want.

Garrett: Yep.

Trish: I've heard great things around that new restaurant Hearth. Have you heard of it?

Garrett: Yeah, I have! I've been meaning to try it.

Trish: Me too. They have a room in the back that you can reserve for events. Let's look online and see how much it is.

Garrett: Okay.

Trish: Oh, the price isn't that bad. It's $300 for a three-hour event.

Garrett: That sounds good for such a nice restaurant.

Trish: Yeah. Hmm… what day should have the party?

Garrett: What about Friday, August 5?

Trish: I think that's perfect.

Garrett: Great! Does the restaurant provide food?

Trish: They probably provide some drinks and appetizers.

Garrett: All right, I'll write down some questions to ask the restaurant. Do you want to ask everyone if they can make it that day?

Trish: Sure!

92

我的行李箱没有出现（B1）- MY SUITCASE DIDN'T SHOW UP - WǑ DE XÍNG LǏ XIĀNG MÉI YǑU CHŪ XIÀN

丽娜: 嗨，我已经等了三十分钟，而我的行李箱依然没有出现。

lì nà: hāi, wǒ yǐ jīng děng le sān shí fēn zhōng, ér wǒ de xíng lǐ xiāng yī rán méi yǒu chū xiàn.

昆汀: 你的航班号是多少?

kūn tīng: nǐ de háng bān hào shì duō shǎo?

丽娜: LK145.

lì nà: LK145.

昆汀: 好的，让我查一下。嗯……是的，所有行李都应该出来了。你有检查过这间办公室前面的行李吗?

kūn tīng: hǎo de, ràng wǒ chá yī xià. ǹ……shì de, suǒ yǒu xíng lǐ dōu yīng gāi chū lái le. nǐ yǒu jiǎn chá guò zhè jiān bàn gōng shì qián miàn de xíng lǐ ma?

丽娜: 有的。

lì nà: yǒu de.

昆汀: 好吧，我很抱歉给您带来不便。请填写这张行李丢失报告单。你的行李要么被放上了后面一架航班，要么就没有被放上从丹佛过来的航班。

kūn tīng: hǎo ba, wǒ hěn bào qiàn gěi nín dài lái bù biàn. qǐng tián xiě zhè zhāng xíng lǐ diū shī bào gào dān. nǐ de xíng lǐ yào me bèi fàng shàng le hòu miàn yī jià háng bān, yào me jiù méi yǒu bèi fàng shàng cóng dān fú guò lái de háng bān.

丽娜: 呃，我明白了。你觉得需要多少天能送到这里?

lì nà: è, wǒ míng bái le. nǐ jué dé xū yào duō shǎo tiān néng sòng dào zhè lǐ?

昆汀: 最早可能今天晚上就能到，但也可能要明天才到。我想明天晚上之前应该就会到了。

kūn tīng: zuì zǎo kě néng jīn tiān wǎn shàng jiù néng dào, dàn yě kě néng yào míng tiān cái dào. wǒ xiǎng míng tiān wǎn shàng zhī qián yīng gāi jiù huì dào le.

丽娜: 我有一些工作上的重要文件在那个包里。我对此感到不太愉快。

lì nà: wǒ yǒu yī xiē gōng zuò shàng de zhòng yào wén jiàn zài nà gè bāo lǐ. wǒ duì cǐ gǎn dào bù tài yú kuài.

昆汀: 女士,我再一次对造成的不便表示歉意。我们会尽一切可能让您尽快拿到您的包。

kūn tīng: nǚ shì, wǒ zài yī cì duì zào chéng de bù biàn biǎo shì qiàn yì. wǒ mén huì jìn yī qiè kě néng ràng nín jìn kuài ná dào nín de bāo.

丽娜: 谢谢。我需要回机场来提取我的包吗?

lì nà: xiè xiè. wǒ xū yào huí jī chǎng lái tí qǔ wǒ de bāo ma?

昆汀: 如果有人在家的话,我们可以送到你的地址。

kūn tīng: rú guǒ yǒu rén zài jiā de huà, wǒ mén kě yǐ sòng dào nǐ de dì zhǐ.

丽娜: 我今晚会在家,明天我丈夫会在家。

lì nà: wǒ jīn wǎn huì zài jiā, míng tiān wǒ zhàng fū huì zài jiā.

昆汀: 很好。如果没人在家,我们会把行李带回机场,你可以来这里取。或者我们可以隔天再送一次。

kūn tīng: hěn hǎo. rú guǒ méi rén zài jiā, wǒ mén huì bǎ xíng lǐ dài huí jī chǎng, nǐ kě yǐ lái zhè lǐ qǔ. huò zhě wǒ mén kě yǐ gé tiān zài sòng yī cì.

丽娜: 应该会有人在家。

lì nà: yīng gāi huì yǒu rén zài jiā.

昆汀: 听起来不错。我再次为行李迟到向您表示歉意。祝你一天愉快。

kūn tīng: tīng qǐ lái bù cuò. wǒ zài cì wèi xíng lǐ chí dào xiàng nín biǎo shì qiàn yì. zhù nǐ yī tiān yú kuài.

丽娜: 谢谢。你也是。

lì nà: xiè xiè. nǐ yě shì.

MY SUITCASE DIDN'T SHOW UP

Rina: Hi. I've been waiting for thirty minutes and my suitcase still hasn't come out.

Quentin: What was your flight number?

Rina: LK145.

Quentin: OKAY, let me look that up. Hmm… yes, all of the bags should be out. Have you checked the luggage in front of this office?

Rina: Yes.

Quentin: Okay, I apologize for the inconvenience. Please fill out this missing bag report. Your bag was either put on a later flight, or it never made it on the flight from Denver.

Rina: Ugh. I see. How many days do you think it'll take to get here?

Quentin: It may get here as early as this evening, but it's possible it could get here tomorrow. I think it should arrive by the end of the day tomorrow.

Rina: I have some important documents for work in that bag. I'm not very happy about this.

Quentin: Again, I'm sorry for the inconvenience, ma'am. We'll do everything we can to get your bag back to you as soon as possible.

Rina: Thanks. Do I have to come back to the airport to pick it up?

Quentin: We can deliver it to your address if someone will be home.

Rina: I'll be home tonight and my husband will be home tomorrow.

Quentin: Perfect. If no one is home, we'll bring it back to the airport and you can pick it up here. Or we can try to deliver it again the next day.

Rina: Someone should be home.

Quentin: Sounds good. Again, I apologize that your bag has been delayed. Have a good day.

Rina: Thanks. Same to you.

93

小费习俗（B1）- TIPPING CUSTOMS

-

XIĂO FÈI XÍ SÚ

雅各布: 我还是无法习惯这里的小费。在丹麦我们很少给小费。

yǎ gè bù: wǒ hái shì wú fǎ xí guàn zhè lǐ de xiǎo fèi. zài dān mài wǒ mén hěn shǎo gěi xiǎo fèi.

艾拉: 真的吗？

ài lā: zhēn de ma?

雅各布: 是的。在丹麦，服务费是包含在账单里面的。你可以给小费，但不是必须这么做。

yǎ gè bù: shì de. zài dān mài, fú wù fèi shì bāo hán zài zhàng dān lǐ miàn de. nǐ kě yǐ gěi xiǎo fèi, dàn bù shì b ìxū zhè me zuò.

艾拉: 哦，我明白了。我希望这里小费能包含在账单里，就像消费税一样。我不擅长算数，计算小费要花上我很长时间！

ài lā: ó, wǒ míng bái le. wǒ xī wàng zhè lǐ xiǎo fèi néng bāo hán zài zhàng dān lǐ, jiù xiàng xiāo fèi shuì yī yàng. wǒ bù shàn cháng suàn shù, jì suàn xiǎo fèi yào huā shàng wǒ hěn cháng shí jiān!

雅各布: 哈哈，真的吗？你可以用手机上的计算器。

yǎ gè bù: hā hā, zhēn de ma? nǐ kě yǐ yòng shǒu jī shàng de jì suàn qì.

艾拉: 我知道。有时候很容易，但当你要和三四个人分摊时就难了。

ài lā: wǒ zhī dào. yǒu shí hòu hěn róng yì, dàn dāng nǐ yào hé sān sì gè rén fēn tān shí jiù nán le.

雅各布: 确实。

yǎ gè bù: què shí.

艾拉: 小费在欧洲常见吗？

ài lā: xiǎo fèi zài ōu zhōu cháng jiàn ma?

雅各布: 取决于你在哪里，以及得到的是哪类服务。大多数情况下是非强制的。如果你个确定应该给多少小费，可以给百分之十左右。但如果服务很差劲，你不需要给任何小费。

289

yǎ gè bù: qǔ jué yú nǐ zài nǎ lǐ, yǐ jí dé dào de shì nǎ lèi fúwù. dà duō shù qíng kuàng xià shì fēi qiáng zhì de. rú guǒ nǐ bù què dìng yīng gāi gěi duō shǎo xiǎo fèi, kě yǐ gěi bǎi fēn zhī shí zuǒ yòu. dàn rú guǒ fú wù hěn chà jìn, nǐ bù xū yào gěi rèn hé xiǎo fèi.

艾拉: 那听上去容易多了。

ài lā: nà tīng shàng qù róng yì duō le.

雅各布: 是的，而且在冰岛和瑞士，你根本不需要给小费。

yǎ gè bù: shì de, ér qiě zài bīng dǎo hé ruì shì, nǐ gēn běn bù xū yào gěi xiǎo fèi.

艾拉: 很高兴能知道。

ài lā: hěn gāo xìng néng zhī dào.

雅各布: 在德国，你应该在支付账单时告诉侍者收你多少钱。所以如果账单是二十欧元，而你想给两欧元小费，你就给他比方说二十五欧元，并且告诉他"二十二欧元"。然后他会找回三欧元给你。

yǎ gè bù: zài dé guó, nǐ yīng gāi zài zhī fù zhàng dān shí gào sù shì zhě shōu nǐ duō shǎo qián. suǒ yǐ rú guǒ zhàng dān shì èr shí ōu yuán, ér nǐ xiǎng gěi liǎng ōu yuán xiǎo fèi, nǐ jiù gěi tā bǐ fāng shuō èr shí wǔ ōu yuán, bìng qiě gào sù tā "èr shí èr ōu yuán". rán hòu tā huì zhǎo huí sān ōu yuán gěi nǐ.

艾拉: 我明白了。哇，你对小费知道很多！

ài lā: wǒ míng bái le. wà, nǐ duì xiǎo fèi zhī dào hěn duō!

雅各布: 哈哈。好吧，我算是旅行了很多。

yǎ gè bù: hā hā. hǎo ba, wǒ suàn shì lǚ xíng le hěn duō.

艾拉: 幸运的家伙！

ài lā: xìng yùn de jiā huo!

TIPPING CUSTOMS

Jakob: I still can't get used to tipping here. We rarely tip in Denmark.

Ella: Really?

Jakob: Yeah. In Denmark service charges are included in the bill. You can tip, but you don't have to.

Ella: Oh, I see. I wish tipping was included in the bill here, like sales tax. I'm not good at math and it takes me forever to calculate the tip!

Jakob: Ha ha, really? You can just use the calculator on your phone.

Ella: I know. Sometimes it's easy, but it's harder when you're splitting the bill with three or four people.

Jakob: True.

Ella: Is tipping common in Europe?

Jakob: It depends on where you are and what kind of service you're getting. It's mostly optional. If you're not sure how much to tip, you should tip around 10 percent. But if the service is bad, you don't have to tip anything.

Ella: That sounds much easier.

Jakob: Yeah, and in Iceland and Switzerland you don't need to tip at all.

Ella: That's good to know.

Jakob: And in Germany you should tell the server how much to charge you when you're paying the bill. So if your bill is twenty euros and you want to tip two euros, you hand him, say, twenty-five euros, and you tell him "twenty-two euros." Then, he will give you three euros back.

Ella: I see. Wow, you know a lot about tipping!

Jakob: Ha ha. Well, I've kind of traveled a lot.

Ella: Lucky guy!

94

艺术馆之旅（B1）- TRIP TO THE ART MUSEUM

-

YÌ SHÙ GUǍN ZHĪ LǙ

丽莎: 我们到这里了！我非常兴奋能来看这个展览。我一直喜欢十八世纪的日本绘画。

lì shā: wǒ mén dào zhè lǐ le! wǒ fēi cháng xīng fèn néng kàn zhè gè zhǎn lǎn. wǒ yī zhí xǐ huān shí bā shì jì de rì běn huì huà.

马克: 你怎么发现日本艺术的？

mǎ kè: nǐ zěn me fā xiàn rì běn yì shù de?

丽莎: 我大学时选了一门艺术史的课程，从那时起就被日本艺术吸引了，尤其是十八世纪的日本艺术。有一种艺术形式称为浮世绘，非常棒。

lì shā: wǒ dà xué shí xuǎn le yī mén yì shù shǐ de kè chéng, cóng nà shí qǐ jiù bèi rì běn yì shù xī yǐn le, yóu qí shì shí bā shì jì de rì běn yì shù. yǒu yī zhǒng yì shù xíng shì chēng wèi fú shì huì, fēi cháng bàng.

马克: 有趣。嗯，或许你可以教我这个。

mǎ kè: yǒu qù. ǹ, huò xǔ nǐ kě yǐ jiāo wǒ zhè gè.

丽莎: 我很愿意！

lì shā: wǒ hěn yuàn yì!

马克: 这里是展览入口。

mǎ kè: zhè lǐ shì zhǎn lǎn rù kǒu.

丽莎: 耶！

lì shā: yè!

马克: 哦，看这里的这副画。颜色太棒了。

mǎ kè: ò, kàn zhè lǐ de zhè fù huà. yán sè tài bàng le.

丽莎: 是的，我喜欢浮世绘明亮的颜色。

lì shā: shì de, wǒ xǐ huān fú shì huì míng liàng de yán sè.

马克: 为什么所有画看上去都那么像？

mǎ kè: wèi shén me suǒ yǒu huà kàn shàng qù dōu nà me xiàng?

丽莎: 这是当时的风格。

lì shā: zhè shì dāng shí de fēng gé.

马克: 而且有这么多关羽艺伎的画。

mǎ kè: ér qiě yǒu zhè me duō guān yǔ yì jì de huà.

丽莎: 是的，那是个很受欢迎的主题。

lì shā: shì de, nà shì gè hěn shòu huān yíng de zhǔ tí.

马克: 风景画也真的很棒。

mǎ kè: fēng jǐng huà yě zhēn de hěn bàng.

丽莎: 谁说不是呢？我喜欢那个时期的风景画。你喜欢哪一类艺术？

lì shā: shuí shuō bù shì ne? wǒ xǐ huān nà gè shí qí de fēng jǐng huà. nǐ xǐ huān nǎ yī lèi yì shù?

马克: 嗯，我不知道。我从来没有真正想过这件事。我喜欢摄影。

mǎ kè: ǹ, wǒ bù zhī dào. wǒ cóng lái méi yǒu zhēn zhèng xiǎng guò zhè jiàn shì. wǒ xǐ huān shè yǐng.

丽莎: 真的吗？什么样的摄影？

lì shā: zhēn de ma? shén me yàng de shè yǐng?

马克: 黑白照片，肖像……

mǎ kè: hēi bái zhào piàn, xiào xiàng……

丽莎: 有趣。你拍照吗？

lì shā: yǒu qù. nǐ pāi zhào ma?

马克: 有时候！我拍的不是很好。其实我想要上门课，最终我想投资买一台好相机。

mǎ kè: yǒu shí hòu! wǒ pāi de bù shì hěn hǎo. qí shí wǒ xiǎng yào shàng mén kè, zuì zhōng wǒ xiǎng tóu zī mǎi yī tái hǎo xiàng jī.

丽莎: 那很棒！你应该这么做。

lì shā: nà hěn bàng! nǐ yīng gāi zhè me zuò.

马克: 我正在考虑。

mǎ kè: wǒ zhèng zài kǎo lǜ.

丽莎: 我们现在要去看二层的展览吗？

lì shā: wǒ mén xiànzài yào qù kàn èr céng de zhǎn lǎn ma?

马克: 当然！

mǎ kè: dāng rán!

TRIP TO THE ART MUSEUM

Lisa: We're here! I'm excited to see this exhibit. I've always liked eighteenth-century Japanese paintings.

Mark: How did you discover Japanese art?

Lisa: I took an art history class in college and I've been drawn to Japanese art ever since, especially from the eighteenth century. There's a style called Ukiyo-e that's very cool.

Mark: Interesting. Well, maybe you can teach me about it!

Lisa: I'd love to!

Mark: Here is the entrance to the exhibit.

Lisa: Yay!

Mark: Oh, look at this painting here. The colors are awesome.

Lisa: Yeah, I love the bright colors of Ukiyo-e paintings.

Mark: Why do all the paintings look so similar?

Lisa: That was the style back then.

Mark: And there are so many paintings of geishas.

Lisa: Yeah, that was a popular subject.

Mark: The landscape paintings are really cool, too.

Lisa: Aren't they? I love the landscapes from that period. So what kind of art do you like?

Mark: Umm, I don't know. I've never really thought about it. I like photography.

Lisa: Really? What kind of photography?

Mark: Black and white photos, portraits...

Lisa: Interesting. Do you take pictures?

Mark: Sometimes! I'm not very good. I'd like to take a class, actually, and eventually I want to invest in a nice camera.

Lisa: That would be great! You should.

Mark: I'm thinking about it.

Lisa: Should we go see the exhibit on the second floor now?

Mark: Sure!

95

停电 （B1） - POWER OUTAGE
-
TÍNG DIÀN

伊丽莎白: 我想刚刚停电了。

yī lì shā bái: wǒ xiǎng gāng gāng tíng diàn le.

正宇: 真的吗？我以为是你关了灯。

zhèng yǔ: zhēn de ma? wǒ yǐ wéi shì nǐ guān le dēng.

伊丽莎白: 不是。打开浴室的灯试试。

yī lì shā bái: bù shì. dǎ kāi yù shì de dēng shì shì.

正宇: 没有反应。

zhèng yǔ: méi yǒu fǎn yìng.

伊丽莎白: 卧室的灯呢？

yī lì shā bái: wò shì de dēng ne?

正宇: 没用，也没有反应。

zhèng yǔ: méi yòng, yě méi yǒu fǎn yìng.

伊丽莎白: 嗯，好吧。

yī lì shā bái: ǹ, hǎo ba.

正宇: 哦，我刚刚收到电力公司的一条短信，说会停电一个小时。

zhèng yǔ: ò, wǒ gāng gāng shōu dào diànlì gōng sī de yī tiáo duǎn xìn, shuō huì tíng diàn yī gè xiǎo shí.

伊丽莎白: 呃，好吧。不是太糟。是时候点燃蜡烛了！

yī lì shā bái: è, hǎo ba. bù shì tài zāo. shì shí hòu diǎn rán là zhú le!

正宇: 幸好我们有许多蜡烛。我们可以有一顿浪漫的晚餐！

zhèng yǔ: xìng hǎo wǒ mén yǒu xǔ duō là zhú. wǒ mén kě yǐ yǒu yī dùn làng màn de wǎn cān!

伊丽莎白: 哈哈，是的，我们可以！哦，约翰刚给我发消息，他说他的房子也停电了。

yī lì shā bái: hā hā, shì de, wǒ mén kě yǐ! ò, yuē hàn gāng gěi wǒ fā xiāo xī, tā shuō tā de fáng zi yě tíng diàn le.

正宇: 哦，真的吗？

zhèng yǔ: ó, zhēn de ma?

伊丽莎白: 是的。我很惊讶，他住在三公里以外！

yī lì shā bái: shì de. wǒ hěn jīng yà, tā zhù zài sān gōng lǐ yǐ wài!

正宇: 我好奇发生了什么。

zhèng yǔ: wǒ hào qí fā shēng le shén me.

伊丽莎白: 我不知道。但晚饭准备好了！让我们在桌上多点些蜡烛，这样可以看到我们在吃什么。

yī lì shā bái: wǒ bù zhī dào. dàn wǎn fàn zhǔn bèi hǎo le! ràng wǒ mén zài zhuō shàng duō diǎn xiē là zhú, zhè yàng kě yǐ kàn dào wǒ mén zài chī shén me.

正宇: 好主意！我们今晚不需要更多惊喜了。

zhèng yǔ: hǎo zhǔ yì! wǒ mén jīn wǎn bù xū yào gèng duō jīng xǐ le.

伊丽莎白: 哦，我刚收到电力公司的一条短信，说停电是因为气球触碰到了输电线。

yī lì shā bái: ò, wǒ gāng shōu dào diàn lì gōng sī de yī tiáo duǎn xìn, shuō tíng diàn shì yīn wéi qì qiú chù pèng dào le shū diàn xiàn.

正宇: 哦，真的吗？

zhèng yǔ: ó, zhēn de ma?

伊丽莎白: 它还说停电会持续至少两个小时。

yī lì shā bái: tā hái shuō tíng diàn huì chí xù zhì shǎo liǎng gè xiǎo shí.

正宇: 哇。我猜我们也要享用一顿浪漫的甜点了！

zhèng yǔ: wà. wǒ cāi wǒ mén yě yào xiǎng yòng yī dùn làng màn de tián diǎn le!

伊丽莎白: 对的，我猜也是！

yī lì shā bái: duì de, wǒ cāi yě shì!

POWER OUTAGE

Elizabeth: I think the power just went out.

Jung-woo: Really? I thought you just turned out the lights.

Elizabeth: No. Try turning on the bathroom light.

Jung-woo: It isn't working.

Elizabeth: What about the bedroom light?

Jung-woo: Nope. That's not working either.

Elizabeth: Hmm, okay.

Jung-woo: Oh, I just got a text from the electric company. It says that the power will be out for an hour.

Elizabeth: Ugh, all right. That's not too bad. It's time to light the candles!

Jung-woo: It's good that we have a lot of candles. We can have a romantic dinner!

Elizabeth: Ha ha. Yes we can! Oh, John just texted me. He said the power is out at his house, too.

Jung-woo: Oh, really?

Elizabeth: Yeah. I'm surprised. He lives three miles away!

Jung-woo: I wonder what happened.

Elizabeth: I don't know. But dinner is ready! Let's put a couple more candles on the table so we can see what we're eating.

Jung-woo: Good idea! We don't need any more surprises tonight.

Elizabeth: Oh, I just got a text from the electric company. It says the power outage was caused by balloons touching the power lines.

Jung-woo: Oh really?

Elizabeth: It also says the power will be out for at least two hours.

Jung-woo: Wow. I guess we will have a romantic dessert too!

Elizabeth: Yep, I guess so!

96

你多经常用社交媒体（B1）- HOW OFTEN DO YOU USE SOCIAL MEDIA? - NǏ DUŌ JĪNG CHÁNG YÒNG SHÈ JIĀO MÉI TǏ

玛蒂娜: 嘿，朱利安。

mǎ dì nà: hēi, zhū lì ān.

朱利安: 嘿，玛蒂娜!

zhū lì ān: hēi, mǎ dì nà!

玛蒂娜: 你在做什么呢?

mǎ dì nà: nǐ zài zuò shén me ne?

朱利安: 就是刷刷我的社交媒体。

zhū lì ān: jiù shì shuā shuā wǒ de shè jiāo méi tǐ.

玛蒂娜: 你多经常用社交媒体?

mǎ dì nà: nǐ duō jīng cháng yòng shè jiāo méi tǐ?

朱利安: 哦，我不知道。也许一天两三个小时? 你呢?

zhū lì ān: ó, wǒ bù zhī dào. yě xǔ yī tiān liǎng sān gè xiǎo shí? nǐ ne?

玛蒂娜: 可能一样。

mǎ dì nà: kě néng yī yàng.

朱利安: 真是如此浪费时间!

zhū lì ān: zhēn shi rú cǐ làng fèi shí jiān!

玛蒂娜: 你这么认为? 有时候我认为是一种浪费时间,但另一些时候我认为这对人真的很宝贵。

mǎ dì nà: nǐ zhè me rèn wéi? yǒu shí hòu wǒ rèn wéi shì yī zhǒng làng fèi shí jiān, dàn lìng yī xiē shí hòu wǒ rèn wéi zhè duì rén zhēn de hěn bǎo guì.

朱利安: 你是什么意思?

zhū lì ān: nǐ shì shén me yì sī?

玛蒂娜: 好吧,我认为社交媒体是与朋友和家人保持联系的一种方便的方式,为我们新闻管道提供了一种途径,还让我们了解其他国家和文化。

mǎ dì nà: hǎo ba, wǒ rèn wéi shè jiāo méi tǐ shì yǔ péng yǒu hé jiā rén bǎo chí lián xì de yī zhǒng fāng biàn de fāng shì, wèi wǒ mén xīn wén guǎn dào tí gōng le yī zhǒng tú jìng, hái ràng wǒ mén liǎo jiě qí tā guó jiā hé wén huà.

朱利安: 是的，我同意它让我们与人们保持联系，并确保我们紧跟当下的事件。但它如何帮助我们了解其他文化？

zhū lì ān: shì de, wǒ tóng yì tā ràng wǒ mén yǔ rén mén bǎo chí lián xì, bìng què bǎo wǒ mén jǐn gēn dāng xià de shì jiàn. dàn tā rú hé bāng zhù wǒ mén liáo jiě qí tā wén huà?

玛蒂娜: 我关注了许多其他国家的旅行摄影家和作家，而我可以通过他们的照片和说明文字了解不同的地方。

mǎ dì nà: wǒ guān zhù le xǔ duō qí tā guó jiā de lǚ xíng shè yǐng jiā hé zuò jiā, ér wǒ kě yǐ tōng guò tā mén de zhào piàn hé shuō míng wén zì liáo jiě bù tóng de dì fāng.

朱利安: 哦，我明白了。是的，这是件好事。我认为社交媒体带来很多益处，但我认为它也可以带来伤害。许多人发布照片，让他们的生活看上去令人艳羡，但没有人的生活是完美的，而看那些照片会让一些人对自己的生活感到难过。

zhū lì ān: ò, wǒ míng bái le. shì de, zhè shì jiàn hǎo shì. wǒ rèn wéi shè jiāo méi tǐ dài lái hěn duō yì chù, dàn wǒ rèn wéi tā yě kě yǐ dài lái shāng hài. xǔ duō rén fā bù zhào piān, ràng tā mén de shēng huó kàn shàng qù lìng rén yàn xiàn, dàn méi yǒu rén de shēng huó shì wán měi de, ér kàn nà xiē zhào piān huì ràng yī xiē rén duì zì jǐ de shēng huó gǎn dào nán guò.

玛蒂娜: 我完全同意这一点。社交媒体毫无疑问让人们变得不自信和嫉妒。和大多数事物一样，适度的社交媒体才是好的！

mǎ dì nà: wǒ wán quán tóng yì zhè yī diǎn. shè jiāo méi tǐ háo wú yí wèn ràng rén mén biàn dé bù zì xìn hé jí dù. hé dà duō shù shì wù yī yàng, shì dù de shè jiāo méi tǐ cái shì hǎo de!

HOW OFTEN DO YOU USE SOCIAL MEDIA?

Martina: Hey, Julian.

Julian: Hey, Martina!

Martina: What are you doing?

Julian: Just scrolling through my social media feeds.

Martina: How often do you use social media?

Julian: Oh, I don't know. Maybe two or three hours a day? What about you?

Martina: Probably about the same.

Julian: It's such a waste of time!

Martina: You think? Sometimes I think it's a waste of time, but other times I think it's really valuable to people.

Julian: What do you mean?

Martina: Well, I think social media is a convenient way to keep in touch with friends and family, it gives us a way to follow the news, and it enables us to learn about other countries and cultures.

Julian: Yeah, I agree that it helps us stay connected with people and make sure we're up-to-date on current events. But how does it help us learn about other cultures?

Martina: I follow a lot of travel photographers and writers from other countries, so I can learn about different places from their photos and captions.

Julian: Oh, I see. Yeah, that's a good thing. I think social media has a lot of benefits, but I think it can also be harmful. Many people post photos that make their lives look amazing, but no one has a perfect life. And seeing those photos can make some people feel bad about their own lives.

Martina: I totally agree with that. Social media can definitely make people insecure and jealous. Like most things, social media is good in moderation!

97

准备面试（B1）- PREPARING FOR A JOB INTERVIEW
-
ZHǓN BÈI MIÀN SHÌ

艾丽: 我下周有一场面试，我非常紧张！

ài lì: wǒ xià zhōu yǒu yī chǎng miàn shì, wǒ fēi cháng jǐn zhāng!

纳坦: 哦，真的吗？面试什么？

nà tǎn: ó, zhēn de ma? miàn shì shén me?

艾丽: 面试一个服装店的经理职位。

ài lì: miàn shì yī gè fú zhuāng diàn de jīng lǐ zhí wèi.

纳坦: 哇哦，经理！你真行。你在零售行业工作这么长时间了，无疑是时候迈向下一步了！

nà tǎn: wà ò, jīng lǐ! nǐ zhēn xíng. nǐ zài líng shòu háng yè gōng zuò zhè me cháng shí jiān le, wú yí shì shí hòu mài xiàng xià yī bù le!

艾丽: 是的，我这么觉得。我已经准备好迎接新挑战了，还有更高的薪水。

ài lì: shì de, wǒ zhè me jué dé. wǒ yǐ jīng zhǔn bèi hǎo yíng jiē xīn tiǎo zhàn le, hái yǒu gèng gāo de xīn shuǐ.

纳坦: 哈哈，那也不错！你是怎么找到这个工作的？

nà tǎn: hā hā, nà yě bù cuò! nǐ shì zěn me zhǎo dào zhè ge gōng zuò de?

艾丽: 在网上。我只找了几星期的工作。我发现了这个上周发布的工作，并给他们发去了我的简历和求职信。他们两周之后就回复我了。

ài lì: zài wǎng shàng. wǒ zhǐ zhǎo le jǐ xīng qī de gōng zuò. wǒ fā xiàn le zhè gè shàng zhōu fā bù de gōng zuò, bìng gěi tā mén fā qù le wǒ de jiǎn lì hé qiú zhí xìn. tā mén liǎng zhōu zhī hòu jiù huí fù wǒ le.

纳坦: 那相当快！那确实有令人印象深刻的简历。

nà tǎn: nà xiāng dāng kuài! nà què shí yǒu lìng rén yìn xiàng shēn kè de jiǎn lì.

艾丽: 呃，谢谢。找工作很努力！

ài lì: è, xiè xiè. wǒ gōng zuò hěn nǔ lì!

纳坦： 那么你认为他们会问你什么呢？

nà tǎn: nà me nǐ rèn wéi tā mén huì wèn nǐ shén me ne?

艾丽： 可能会问我做客户服务工作的经历，工作中遇到的困难，以及我是如何克服它们的。他们可能给我几个场景，让我告诉他们我会怎么做。我已经练习过所有这些回答。

ài lì: kě néng huì wèn wǒ zuò kè hù fú wù gōng zuò de jīng lì, gōng zuò zhōng yù dào de kùn nán, yǐ jí wǒ shì rú hé kè fú tā mén de. tā mén kě néng gěi wǒ jǐ gè chǎng jǐng, ràng wǒ gào sù tā mén wǒ huì zěn me zuò. wǒ yǐ jīng liàn xí guò suǒ yǒu zhè xiē huí dá.

纳坦： 那很好。我认为你会表现很棒。

nà tǎn: nà hěn hǎo. wǒ rèn wéi nǐ huì biǎo xiàn hěn bàng.

艾丽： 我不知道。我面试时真的很紧张。

ài lì: wǒ bù zhī dào. wǒ miàn shì shí zhēn de hěn jǐn zhāng.

纳坦： 那很正常，你只需要相信自己！想象你已经得到那份工作了。

nà tǎn: nà hěn zhèng cháng, nǐ zhǐ xū yào xiāng xìn zì jǐ! xiǎng xiàng nǐ yǐ jīng dé dào nà fèn gōng zuò le.

艾丽： 呵呵，好吧，我会这么做的！

ài lì: hē hē, hǎo ba, wǒ huì zhè me zuò de!

纳坦： 告诉我面试进展如何！

nà tǎn: gào sù wǒ miàn shì jìn zhǎn rú hé!

艾丽： 我会的！

ài lì: wǒ huì de!

PREPARING FOR A JOB INTERVIEW

Allie: I have a job interview next week and I'm so nervous!

Nathan: Oh really? What's the interview for?

Allie: It's for a manager position at a clothing store.

Nathan: Oh wow, manager! Good for you. You've been working in retail for so long; it's definitely time for the next step!

Allie: Yeah, I think so. I'm ready for a new challenge. And a higher salary.

Nathan: Ha ha, that would be nice too! So how did you find out about this job?

Allie: Online. I've only been looking at jobs for a couple weeks. I found this job posting last week and sent them my resume and cover letter. They got back to me two days later.

Nathan: That's pretty quick! You do have an impressive resume.

Allie: Aww, thanks. I've worked hard!

Nathan: So what do you think they're going to ask you?

Allie: Probably about my experience working in customer service, difficulties I've encountered on the job and how I've overcome them. They may give me a couple scenarios and then have me tell them what I would do. I've been practicing all of those answers.

Nathan: That's good. I think you'll do great.

Allie: I don't know. I get really nervous in interviews.

Nathan: That's normal. You just have to believe in yourself! Imagine that you already have the job.

Allie: He-he, okay. I'll do that!

Nathan: Let me know how the interview goes!

Allie: I will!

98

去干洗店（B1）- TRIP TO THE DRY CLEANERS - QÙ GĀN XǏ DIÀN

爱丽丝: 早上好，你过的怎么样？

ài lì sī: zǎo shàng hǎo, nǐ guò de zěn me yàng?

硕文: 我很好，谢谢。你过的怎么样？

shuò wén: wǒ hěn hǎo, xiè xiè. nǐ guò de zěn me yàng?

爱丽丝: 我很好，谢谢你的问候。

ài lì sī: wǒ hěn hǎo, xiè xiè nǐ de wèn hòu.

硕文: 我想干洗这些。

shuò wén: wǒ xiǎng gān xǐ zhè xiē.

爱丽丝: 好的。能告诉我你的电话号码吗？这样我就可以在系统里查找你的账户。

ài lì sī: hǎo de. néng gào sù wǒ nǐ de diàn huà hào mǎ ma? zhè yàng wǒ jiù kě yǐ zài xì tǒng lǐ chá zhǎo nǐ de zhàng hù.

硕文: 这是我第一次来。

shuò wén: zhè shì wǒ dì yī cì lái.

爱丽丝: 我知道了。能告诉我你的电话号码和姓名吗？

ài lì sī: wǒ zhī dào le. néng gào sù wǒ nǐ de diàn huà hào mǎ hé xìng míng ma?

硕文: 可以。我的名字是硕文，我姓陈。

shuò wén: kě yǐ. wǒ de míng zì shì shuò wén, wǒ xìng chén.

爱丽丝: 你的名字怎么拼？

ài lì sī: nǐ de míng zì zěn me pīn?

硕文: "snake"的"S"，"happy"的"h"，"under"的"u"，"octopus"的"o"，"water"的"w"，"elephant"的"e"，以及"Nebraska"的"n"。

shuò wén: "snake" de "s", "happy" de "h", "under" de "u", "octopus" de "o","water" de "w","elephant" de "e", yǐ jí "nebraska" de "n".

爱丽丝: 谢谢你。

ài lì sī: xiè xiè nǐ.

硕文: 这里有一块红酒渍，你觉得能洗掉吗？

shuò wén: zhè lǐ yǒu yī kuài hóng jiǔ zì, nǐ jué dé néng xǐ diào ma?

爱丽丝: 一如往常，我们会尽最大努力。谢谢你指出来。

ài lì sī: yī rú wǎng cháng, wǒ mén huì jǐn zuì dà nǔ lì. xiè xiè nǐ zhǐ chū lái.

硕文: 在这家干洗店，你们用刺激性化学品吗？

shuò wén: zài zhè jiā gān xǐ diàn, nǐ mén yòng cì jī xìng huà xué pǐn ma?

爱丽丝: 不，这里我们很自豪自己对环境友好。

ài lì sī: bù, zhè lǐ wǒ mén hěn zì háo zì jǐ duì huán jìng yǒu hǎo.

硕文: 这是你们比其他地方贵一些的原因吗？

shuò wén: zhè shì nǐ mén bǐ qí tā dì fāng guì yī xiē de yuán yīn ma?

爱丽丝: 是的，确实如此。我们想要保护环境，也保护我们顾客的健康。

ài lì sī: shì de, què shí rú cǐ. wǒ mén xiǎng yào bǎo hù huán jìng, yě bǎo hù wǒ mén gù kè de jiàn kāng.

硕文: 我明白。这很好。

shuò wén: wǒ míng bái. zhè hěn hǎo.

爱丽丝: 这是你的收据。周五下午一点之后就好了。

ài lì sī: zhè shì nǐ de shōu jù. zhōu wǔ xià wǔ yī diǎn zhī hòu jiù hǎo le.

硕文: 很好，谢谢你！

shuò wén: hěn hǎo, xiè xiè nǐ!

爱丽丝: 谢谢！祝你有愉快的一天。

ài lì sī: xiè xiè! zhù nǐ yǒu yú kuài de yī tiān.

TRIP TO THE DRY CLEANERS

Alice: Good morning. How are you?

Shuo wen: I'm good, thanks. How are you?

Alice: I'm good. Thanks for asking.

Shuo wen: I would like to drop these off.

Alice: Okay. Could you tell me your phone number so I can look up your account in our system?

Shuo wen: This is my first time here.

Alice: I see. Can I have your phone number and your first and last name?

Shuo wen: Yes. My first name is Shuo wen and my last name is Chen.

Alice: How do you spell your first name?

Shuo wen: "S" as in "snake," "h" as in "happy," "u" as in "under," "o" as in "octopus," and then "w" as in "water," "e" as in elephant, and "n" as in "Nebraska."

Alice: Thank you.

Shuo wen: There is a wine stain here. Do you think you can get that out?

Alice: We'll try our best, as always. Thank you for pointing that out.

Shuo wen: And do you guys use harsh chemicals at this dry cleaner?

Alice: No, we pride ourselves on being environmentally friendly here.

Shuo wen: Is that why you're a little more expensive than other places?

Alice: Yes, exactly. We want to protect the environment and our customers' health.

Shuo wen: I see. That's good.

Alice: Here is your receipt. These will be ready on Friday after 1 p.m.

Shuo wen: Great, thank you!

Alice: Thanks! Have a nice day.

99

最喜欢的天气（B1）- FAVORITE KIND OF WEATHER - ZUÌ XǏ HUĀN DE TIĀN QÌ

阿曼达: 太冷了！

ā màn dá: tài lěng le!

罗伯特: 我喜欢。

luō bó tè: wǒ xǐ huān.

阿曼达: 真的吗？你在说什么？冻死了！

ā màn dá: zhēn de ma? nǐ zài shuō shén me? dòng sǐ le!

罗伯特: 对我而言不是。这是我最喜欢的天气。

luō bó tè: duì wǒ ér yán bù shì. zhè shì wǒ zuì xǐ huān de tiān qì.

阿曼达: 你真奇怪。

ā màn dá: nǐ zhēn qí guài.

罗伯特: 你呢？你只喜欢酷热的天气。

luō bó tè: nǐ ne? nǐ zhǐ xǐ huān kù rè de tiān qì.

阿曼达: 哈哈，我喜欢温暖的天气，但不是酷热的天气。

ā màn dá: hā hā, wǒ xǐ huān wēn nuǎn de tiān qì, dàn bù shì kù rè de tiān qì.

罗伯特: 你在夏天那么开心，但对我而言难以忍受。

luō bó tè: nǐ zài xià tiān nà me kāi xīn, dàn duì wǒ ér yán nán yǐ rěn shòu.

阿曼达: 你应该搬到西伯利亚。

ā màn dá: nǐ yīng gāi bān dào xī bó lì yǎ.

罗伯特: 我喜欢那样！除了我可能会感到无聊，而且我不会说俄语。

luō bó tè: wǒ xǐ huān nà yàng! chú le wǒ kě néng huì gǎn dào wú liáo, ér qiě wǒ bù huì shuō é yǔ.

阿曼达: 是的，那可能是个问题。

ā màn dá: shì de, nà kě néng shì gè wèn tí.

罗伯特: 你应该搬去死亡谷。

luō bó tè: nǐ yīng gāi bān qù sǐ wáng gǔ.

阿曼达: 那在哪里?

ā màn dá: nà zài nǎ lǐ?

罗伯特: 在加利福尼亚。

luō bó tè: zài jiā lì fú ní yà.

阿曼达: 听上去不是一个有趣的生活之地。

ā màn dá: tīng shàng qù bù shì yī gè yǒu qù de shēng huó zhī dì.

罗伯特: 不，不是。但那里很热，你会喜欢的。

luō bó tè: bù, bù shì. dàn nà lǐ hěn rè, nǐ huì xǐ huān de.

阿曼达: 听起来还是不太有吸引力。

ā màn dá: tīng qǐ lái hái shì bù tài yǒu xī yǐn lì.

罗伯特: 干热还可以，但我受不了潮湿。

luō bó tè: gān rè hái kě yǐ, dàn wǒ shòu bù liǎo cháo shī.

阿曼达: 是的，我能应付得了一点潮湿，但太潮湿不行。

ā màn dá: shì de, wǒ néng yìng fù dé liǎo yī diǎn cháo shī, dàn tài cháo shī bù xíng.

罗伯特: 你记得我们去年去佛罗里达吗? 太潮湿了。

luō bó tè: nǐ jì dé wǒ mén qù nián qù fó luó lǐ dá ma? tài cháo shī le.

阿曼达: 哦我的天。我从来没遇到过那样的天气!

ā màn dá: ò wǒ de tiān. wǒ cóng lái méi yù dào guò nà yàng de tiān qì!

罗伯特: 我知道! 你甚至都没法在外面待超过几分钟。

luō bó tè: wǒ zhī dào! nǐ shèn zhì dōu méi fǎ zài wài miàn dāi chāo guò jǐ fēn zhōng.

阿曼达: 确实。

ā màn dá: què shí.

罗伯特: 好吧，我很高兴现在只是 12 月。我们还有几个月的冷天。

luō bó tè: hǎo ba, wǒ hěn gāo xìng xiàn zài zhǐ shì 12 yuè. wǒ mén hái yǒu jǐ gè yuè de lěng tiān.

阿曼达: 呃，我等不及要到春天了!

ā màn dá: è, wǒ děng bù jí yào dào chūn tiān le!

FAVORITE KIND OF WEATHER

Amanda: It's so cold!

Robert: I love it.

Amanda: Really? What are you talking about? It's freezing!

Robert: Not for me. This is my favorite kind of weather.

Amanda: You're weird.

Robert: What about you? You only like scorching weather.

Amanda: Ha ha, I like warm weather but not *scorching* weather.

Robert: You're so happy in the summer, but for me it's unbearable.

Amanda: You should move to Siberia.

Robert: I would love that! Except I'd probably get bored. And I don't speak Russian.

Amanda: Yeah, that might be a problem.

Robert: You should move to Death Valley.

Amanda: Where is that?

Robert: In California.

Amanda: That doesn't sound like a fun place to live.

Robert: No, it doesn't. But it's hot there, so you'd like it.

Amanda: It still doesn't sound very appealing.

Robert: Dry heat is okay, but I can't stand humidity.

Amanda: Yeah, I can handle a little humidity, but not a lot.

Robert: Do you remember when we went to Florida last year? It was so humid.

Amanda: Oh my gosh. I've never experienced anything like that!

Robert: I know! You couldn't even stay outside for more than a few minutes.

Amanda: Exactly.

Robert: Well, I'm glad it's only December. We get a couple more months of cold weather.

Amanda: Ugh, I can't wait for it to be spring!

100

洗衣服（B1）- DOING LAUNDRY

-

XǏ YĪ FÚ

阿贾伊: 你去上大学之前我们得教你怎么洗衣服！我真不能相信，你都十七岁了，还没有学过怎么正确地洗衣服。

ā jiǎ yī: nǐ qù shàng dà xué zhī qián wǒ mén děi jiāo nǐ zěn me xǐ yī fú! wǒ zhēn bù néng xiāng xìn, nǐ dōu shí qī suì le, hái méi yǒu xué guò zěn me zhèng què de xǐ yī fú.

妮莎: 我知道怎么洗衣服。

nī shā: wǒ zhī dào zěn me xǐ yī fú.

阿贾伊: 是的，但是不好！你已经毁了太多衣服了！

ā jiǎ yī: shì de, dàn shì bù hǎo! nǐ yǐ jīng huǐ le tài duō yī fú le!

妮莎: 只有一点。

nī shā: zhǐ yǒu yī diǎn.

阿贾伊: 对，我的一点衣服！还记得我那件衬衫吗？进洗衣机时是白色的，出来就成了粉红色。

ā jiǎ yī: duì, wǒ de yī diǎn yī fú! hái jì dé wǒ nà jiàn chèn shān ma? jìn xǐ yī jī shí shì bái sè de, chū lái jiù chéng le fěn hóng sè.

妮莎: 粉红色看起来很棒！

nī shā: fěn hóng sè kàn qǐ lái hěn bàng!

阿贾伊: 我不想穿粉红色的衬衫！

ā jiǎ yī: wǒ bù xiǎng chuān fěn hóng sè de chèn shān!

妮莎: 好吧，我很抱歉。

nī shā: hǎo ba, wǒ hěn bào qiàn.

阿贾伊: 没关系，我已经从那次创伤中缓过来了。但我不想你在大学再毁掉更多衣服。

ā jiǎ yī: méi guan xi, wǒ yǐ jīng cóng nà cì chuāng shāng zhōng huǎn guò lái le. dàn wǒ bù xiǎng nǐ zài dà xué zài huǐ diào gèng duō yī fú.

妮莎: 我也不想。好吧，我们的洗衣课是什么时候？

nī shā: wǒ yě bù xiǎng. hǎo ba, wǒ mén de xǐ yī kè shì shén me shí hòu?

阿贾伊: 你现在有空吗?

ā jiǎ yī: nǐ xiàn zài yǒu kòng ma?

妮莎: 当然。

nī shā: dāng rán.

阿贾伊: 好的。首先你需要区分深色衣服和浅色衣服。

ā jiǎ yī: hǎo de. shǒu xiān nǐ xū yào qū fēn shēn sè yī fú hé qiǎn sè yī fú.

妮莎: 什么是"浅色",什么是"深色"?

nī shā: shén me shì "qiǎn sè", shén me shì "shēn sè"?

阿贾伊: 浅色有白色、米黄色、灰色、浅蓝色……诸如此类。深色有黑色、棕色、深灰,还有亮色。

ā jiǎ yī: qiǎn sè yǒu bái sè, mǐ huáng sè, huī sè, qiǎn lán sè……zhū rú cǐ lèi. shēn sè yǒu hēi sè, zōng sè, shēn huī, hái yǒu liàng sè.

妮莎: 我知道了。水应该多热?

nī shā: wǒ zhī dào le. shuǐ yīng gāi duō rè?

阿贾伊: 深色衣服我建议用冷水。对于浅色衣服,你可以用温水或者热水。

ā jiǎ yī: shēn sè yī fú wǒ jiàn yì yòng lěng shuǐ. duì yú qiǎn sè yī fú, nǐ kě yǐ yòng wēn shuǐ huò zhě rè shuǐ.

妮莎: 我应该洗多久?

nī shā: wǒ yīng gāi xǐ duō jiǔ?

阿贾伊: 好的,首先你选择水温,然后按这个按钮。然后你选择洗涤类型。我通常选择"常规"。接下来按"开始"按钮,就这么简单。

ā jiǎ yī: hǎo de, shǒu xiān nǐ xuǎn zé shuǐ wēn, rán hòu àn zhè ge àn niǔ. rán hòu nǐ xuǎn zé xǐ dí lèi xíng. wǒ tōng cháng xuǎn zé "cháng guī". jiē xià lái àn "kāi shǐ" àn niǔ, jiù zhè me jiǎn dān.

妮莎: 哦,那很简单。我想没问题。

nī shā: ó, nà hěn jiǎn dān. wǒ xiǎng méi wèn tí.

阿贾伊: 我也认为你可以!如果你去了大学,你可以洗自己的衣服!

ā jiǎ yī: wǒ yě rèn wéi nǐ kě yǐ! rú guǒ nǐ qù le dà xué, nǐ kě yǐ xǐ zì jǐ de yī fú!

妮莎: 哈哈,谢谢你相信我,爸爸!

nī shā: hā hā, xiè xiè nǐ xiāng xìn wǒ, bà bà!

DOING LAUNDRY

Ajay: We need to teach you how to do laundry before you go away to college! I can't believe you're already seventeen and you haven't learned how to do laundry properly.

Nisha: I know how to do laundry.

Ajay: Yes, but not well! You've ruined so many clothes!

Nisha: Only a few things.

Ajay: Yeah, a few of *my* things! Remember my shirt that went into the washing machine white and came out pink?

Nisha: It looked good pink!

Ajay: I didn't want a pink shirt!

Nisha: Okay. I'm sorry about that.

Ajay: It's fine. I've recovered from that trauma. But I don't want you to ruin any more clothes in college.

Nisha: Me neither. All right, so when is our laundry lesson?

Ajay: Do you have some time now?

Nisha: Sure.

Ajay: Okay. So, first you need to separate the dark clothes from the light clothes.

Nisha: What is "light" and what is "dark"?

Ajay: Light colors are white, beige, grey, light blue... things like that. Dark clothes are black, brown, dark grey, and bright colors.

Nisha: I see. How hot should the water be?

Ajay: For dark clothes, I recommend cold water. For light colors, you can use warm or hot water.

Nisha: And how long do I wash them for?

Ajay: Well, first you choose the water temperature and push this button. Then you choose the type of wash. I usually go with "regular." Then you push the "start" button. It's that easy.

Nisha: Oh, that is easy. I think I can do that.

Ajay: I think you can too! If you get into college, you can wash your own clothes!

Nisha: Ha ha. Thanks for believing in me, Dad!

101

去年的感恩节 (B1) - LAST YEAR'S THANKSGIVING

-

QÙ NIÁN DE GǍN ĒN JIÉ

凯特琳: 嘿, 格兰特。今年感恩节你要做什么?

kǎi tè lín: hēi, gé lán tè. jīn nián gǎn ēn jié nǐ yào zuò shén me?

格兰特: 我会去我堂兄弟家。我父母、祖父母、姑妈叔叔, 以及我的三个堂兄弟, 都会到那里。

gé lán tè: wǒ huì qù wǒ táng xiōng dì jiā. wǒ fù mǔ, zǔ fù mǔ, gū mā shū shū, yǐ jí wǒ de sān gè táng xiōng dì, dōu huì dào nà lǐ.

凯特琳: 哦, 哇! 那是一个相当大的聚会。

kǎi tè lín: ó, wà! nà shì yī gè xiāng dāng dà de jù huì.

格兰特: 是的! 你感恩节做什么?

gé lán tè: shì de! nǐ gǎn ēn jié zuò shén me?

凯特琳: 我感恩节时必须工作! 我太不高兴了!

kǎi tè lín: wǒ gǎn ēn jié shí bì xū gōng zuò! wǒ tài bù gāo xìng le!

格兰特: 哦不! 那太糟糕了!

gé lán tè: ò bù! nà tài zāo gāo le!

凯特琳: 是的, 这是在餐饮行业工作的缺点之一。但我会得到更多报酬, 所以那还不错。

kǎi tè lín: shì de, zhè shì zài cān yǐn háng yè gōng zuò de quē diǎn zhī yī. dàn wǒ huì dé dào gèng duō bào chóu, suǒ yǐ nà hái bù cuò.

格兰特: 我猜那多少弥补一点。你在感恩节一般做什么?

gé lán tè: wǒ cāi nà duō shǎo mí bǔ yī diǎn. nǐ zài gǎn ēn jié yī bān zuò shén me?

凯特琳: 我们通常去我父母家吃晚饭。

kǎi tè lín: wǒ mén tōng cháng qù wǒ fù mǔ jiā chī wǎn fàn.

格兰特: 你们通常吃什么?

gé lán tè: nǐ mén tōng cháng chī shén me?

凯特琳: 填馅火鸡还有南瓜饼——所有常见的感恩节食物。一般很美味，我们家有很多大厨。

kǎi tè lín: tián xiàn huǒ jī hái yǒu nán guā bǐng——suǒ yǒu cháng jiàn de gǎn ēn jié shí wù. yī bān hěn měi wèi, wǒ mén jiā yǒu hěn duō dà chú.

格兰特: 哦，太棒了!

gé lán tè: ò, tài bàng le!

凯特琳: 是的。去年我做了一些相当棒的土豆泥，我都为自己感到自豪! 我不是一个好厨师。

kǎi tè lín: shì de. qù nián wǒ zuò le yī xiē xiāng dāng bàng de tǔ dòu ní, wǒ dū wèi zì jǐ gǎn dào zì háo! wǒ bù shì yī gè hǎo chú shī.

格兰特: 我也不是! 但我喜欢吃。

gé lán tè: wǒ yě bù shì! dàn wǒ xǐ huān chī.

凯特琳: 我也是! 我们家通常也一起打牌。这算是我们的感恩节传统。去年我们晚饭后玩了三个小时!

kǎi tè lín: wǒ yě shì! wǒ mén jiā tōng cháng yě yī qǐ dǎ pái. zhè suàn shì wǒ mén de gǎn ēn jié chuán tǒng. qù nián wǒ mén wǎn fàn hòu wán le sān gè xiǎo shí!

格兰特: 哇哦! 我真惊呀你们晚饭后没有睡觉! 我经常感恩节晚饭后就昏睡过去了。

gé lán tè: wà ò! wǒ zhēn jīng yà nǐ mén wǎn fàn hòu méi yǒu shuì jiào! wǒ jīng cháng gǎn ēn jié wǎn fàn hòu jiù hūn shuì guò qù le.

凯特琳: 我知道，我也很惊讶! 我们对这个游戏太感兴趣了!

kǎi tè lín: wǒ zhī dào, wǒ yě hěn jīng yà! wǒ mén duì zhè ge yóu xì tài gǎn xìng qù le!

格兰特: 哇，那很棒。好吧，我希望明年你可以和家人一起过感恩节。

gé lán tè: wà, nà hěn bàng. hǎo ba, wǒ xī wàng míng nián nǐ kě yǐ hé jiā rén yī qǐ guò gǎn ēn jié.

凯特琳: 我也希望。

kǎi tè lín: wǒ yě xī wàng.

LAST YEAR'S THANKSGIVING

Caitlin: Hey, Grant. What are you doing for Thanksgiving this year?

Grant: I'm going to my cousin's house. My parents, grandparents, my aunt and uncle, and three of my cousins will be there.

Caitlin: Oh, wow! That's a pretty big gathering.

Grant: Yeah it is! What are you doing for Thanksgiving?

Caitlin: I have to work on Thanksgiving! I'm so bummed!

Grant: Oh no! That's terrible!

Caitlin: Yeah, that's one of the downsides of working in the restaurant industry. But I get paid more, so that's good.

Grant: That kind of makes up for it, I guess. What do you usually do for Thanksgiving?

Caitlin: We usually go to my parents' house and have dinner.

Grant: What do you guys usually eat?

Caitlin: Turkey and stuffing and pumpkin pie—all the usual Thanksgiving food. It's always delicious; we have a lot of great cooks in my family.

Grant: Oh, awesome!

Caitlin: Yeah. I made some pretty good mashed potatoes last year; I was proud of myself! I'm not a good cook.

Grant: Me neither! I love to eat, though.

Caitlin: Me too! My family always plays cards together too. It's kind of a Thanksgiving tradition for us. Last year we played for three hours after dinner!

Grant: Oh wow! I'm surprised you guys didn't fall asleep after dinner! I always pass out after dinner on Thanksgiving.

Caitlin: I know. I'm surprised too! We were so into the game!

Grant: Aww, that's cool. Well, I hope you can spend Thanksgiving with your family next year.

Caitlin: I do too.

102

不舒服 （B1） - NOT FEELING WELL

-

BÚ SHŪ FÚ

艾琳娜: 嘿，格里。我想我今天要待在家。我不太舒服。

ài lín nà: hēi, gé lǐ. wǒ xiǎng wǒ jīn tiān yào dài zài jiā. wǒ bù tài shū fú.

格里: 哦，不是吧！怎么了？

gé lǐ: ó, bù shì ba! zěn me le?

艾琳娜: 我头疼，而且我觉得头晕。感觉我可能要吐了。

ài lín nà: wǒ tóu téng, ér qiě wǒ jué dé tóu yūn. gǎn jué wǒ kě néng yào tù le.

格里: 是因为你吃的东西吗？你可能食物中毒了。

gé lǐ: shì yīn wèi nǐ chī de dōng xī ma? nǐ kě néng shí wù zhòng dú le.

艾琳娜: 我不知道。我早饭吃煎蛋卷，午饭吃披萨，晚饭吃牛排。

ài lín nà: wǒ bù zhī dào. wǒ zǎo fàn chī jiān dàn juǎn, wǔ fàn chī pī sà, wǎn fàn chī niú pái.

格里: 似乎没有什么不一般的。你昨天做什么了？

gé lǐ: sì hū méi yǒu shén me bù yī bān de. nǐ zuó tiān zuò shén me le?

艾琳娜: 嗯，我去了海滩，因为天气太好了，而我想要吸收点阳光。

ài lín nà: ǹ, wǒ qù le hǎi tān, yīn wéi tiān qì tài hǎo le, ér wǒ xiǎng yào xī shōu diǎn yáng guāng.

格里: 也许你在阳光下待的时间太长了。

gé lǐ: yě xǔ nǐ zài yáng guāng xià dāi de shí jiān tài cháng le.

艾琳娜: 但我只在户外待了一个小时。

ài lín nà: dàn wǒ zhǐ zài hù wài dāi le yī gè xiǎo shí.

格里: 你喝水了吗？

gé lǐ: nǐ hē shuǐ le ma?

艾琳娜: 没怎么喝。

ài lín nà: méi zěn me hē.

格里：一整天没喝水？

gé lǐ: yī zhěng tiān méi hē shuǐ?

艾琳娜：没有......

ài lín nà: méi yǒu......

格里：你可能是脱水了。

gé lǐ: nǐ kě néng shì tuō shuǐ le.

艾琳娜：你这么觉得？

ài lín nà: nǐ zhè me jué dé?

格里：有可能。如果你一整天没喝水，而你又在太阳下待了一小时，你会脱水的。

gé lǐ: yǒu kě néng. rú guǒ nǐ yī zhěng tiān méi hē shuǐ, ér nǐ yòu zài tài yáng xià dāi le yī xiǎo shí, nǐ huì tuō shuǐ de.

艾琳娜：我应该做什么？

ài lín nà: wǒ yīng gāi zuò shén me?

格里：待在室内喝水！

gé lǐ: dāi zài shì nèi hē shuǐ!

艾琳娜：好吧。

ài lín nà: hǎo ba.

NOT FEELING WELL

Elina: Hey, Gerry. I think I'm going to stay home today. I'm not feeling well.

Gerry: Oh, no! What's wrong?

Elina: I have a headache and I feel dizzy. I think I might throw up.

Gerry: Was it something you ate? You might have food poisoning.

Elina: I don't know. I had an omelet for breakfast, pizza for lunch, and a steak dinner.

Gerry: That doesn't seem like anything unusual. What did you do yesterday?

Elina: Well, I went to the beach because it was such a nice day and I wanted to soak up some sun.

Gerry: Maybe you stayed out in the sun too long.

Elina: But I was only outside for an hour.

Gerry: Did you drink any water?

Elina: Not really.

Gerry: No water all day?

Elina: No...

Gerry: You're probably dehydrated.

Elina: You think?

Gerry: Maybe. If you don't drink water all day and then you stay in the sun for an hour, you can get dehydrated.

Elina: What should I do?

Gerry: Stay inside and drink water!

Elina: Okay.

103

滑雪旅行（B1）- SNOWBOARDING TRIP

-

HUÁ XUĚ LǙ XÍNG

萨曼莎： 约翰尼，你准备好要第一次滑下山了吗？

sà màn shā: yuē hàn ní, nǐ zhǔn bèi hǎo yào dì yī cì huá xià shān le ma?

约翰尼： 你知道，我不确定这是个好主意。

yuē hàn ní: nǐ zhī dào, wǒ bù què dìng zhè shì gè hǎo zhǔ yì.

萨曼莎： 你会没事的！

sà màn shā: nǐ huì méi shì de!

约翰尼： 所以这就像冲浪，只不过不是在波浪上，而是在雪上，对吗？

yuē hàn ní: suǒ yǐ zhè jiù xiàng chōng làng, zhǐ bù guò bù shì zài bō làng shàng, ér shì zài xuě shàng, duì ma?

萨曼莎： 不全是。有一些真的非常重要的事，你需要首先了解一下。

sà màn shā: bù quán shì. yǒu yī xiē zhēn de fēi cháng zhòng yào de shì, nǐ xū yào shǒu xiān liǎo jiě yī xià.

约翰尼： 你现在和我说这些？

yuē hàn ní: nǐ xiàn zài hé wǒ shuō zhè xiē?

萨曼莎： 至少我是在告诉你！

sà màn shā: zhì shǎo wǒ shì zài gào sù nǐ!

约翰尼： 好吧，那么这些我需要知道的真的非常重要的事是什么？

yuē hàn ní: hǎo ba, nà me zhè xiē wǒ xū yào zhī dào de zhēn de fēi cháng zhòng yào de shì shì shén me?

萨曼莎： 首先，你必须记住你的脚和滑雪板是连在一起的。

sà màn shā: shǒu xiān, nǐ bì xū jì zhù nǐ de jiǎo hé huá xuě bǎn shì lián zài yī qǐ de.

约翰尼： 对。这显而易见。我无法穿着滑雪板走路控制方向。

yuē hàn ní: duì. zhè xiǎn ér yì jiàn. wǒ wú fǎ chuān zhe huá xuě bǎn zǒu lù kòng zhì fāng xiàng.

萨曼莎： 我很高兴你明白。

319

sà màn shā: wǒ hěn gāo xìng nǐ míng bái.

约翰尼: 下一件事是什么？

yuē hàn ní: xià yī jiàn shì shì shén me?

萨曼莎: 你无法真的用滑板的前部来控制方向。你会卡在雪里，然后滚下山。那可不是好玩的事。

sà màn shā: nǐ wú fǎ zhēn de yòng huá bǎn de qián bù lái kòng zhì fāng xiàng. nǐ huì qiǎ zài xuě lǐ, rán hòu gǔn xià shān. nà kě bù shì hǎo wán de shì.

约翰尼: 不，那不好玩！

yuē hàn ní: bù, nà bù hǎo wán!

萨曼莎: 相反，用肩膀引领方向，用滑板的后部来转向。

sà màn shā: xiāng fǎn, yòng jiān bǎng yǐn lǐng fāng xiàng, yòng huá bǎn de hòu bù lái zhuǎn xiàng.

约翰尼: 好的，还有其他的吗？

yuē hàn ní: hǎo de, hái yǒu qí tā de ma?

萨曼莎: 没了！该出发了！

sà màn shā: méi le! gāi chū fā le!

约翰尼: 好吧。我应该先走吗？

yuē hàn ní: hǎo ba. wǒ yīng gāi xiān zǒu ma?

萨曼莎: 当然！我知道你还没有真的了解路线，不过只要跟着标志你就会没事的。我就在你后面。

sà màn shā: dāng rán! wǒ zhī dào nǐ hái méi yǒu zhēn de liǎo jiě lù xiàn, bù guò zhǐ yào gēn zhe biāo zhì nǐ jiù huì méi shì de. wǒ jiù zài nǐ hòu miàn.

约翰尼: 好的，我们走喽！

yuē hàn ní: hǎo de, wǒ mén zǒu lōu!

SNOWBOARDING TRIP

Samantha: So Johnny, are you ready for your first ride down the mountain?

Johnny: You know, I'm not so sure this is a good idea.

Samantha: You'll be fine!

Johnny: So this is just like surfing but instead of waves, it's on snow, right?

Samantha: Not quite. There are a few really important things you need to know first.

Johnny: You're telling me this now?

Samantha: At least I'm telling you!

Johnny: Okay, so what are these few really important things I need to know?

Samantha: First, you have to remember that your feet are connected to your board.

Johnny: Right. That's obvious. I can't walk the board to steer.

Samantha: I'm glad you understand.

Johnny: What's the next thing?

Samantha: You can't really steer with the front of your board. You'll catch an edge and surely tumble down the mountain. That wouldn't be very fun.

Johnny: No, it would not!

Samantha: Instead, lead with your shoulders and use the back end of your board to turn.

Johnny: Okay. Anything else?

Samantha: Nope! Time to go!

Johnny: All right. Should I go first?

Samantha: Sure! I know you don't really know the course yet, but just follow the signs and you should be fine. I will be right behind you.

Johnny: All right, here we go!

104

刷房子（B1）- PAINTING THE HOUSE
-
SHUĀ FÁNG ZI

克拉克: 我们应该把客厅刷成什么颜色？

kè lā kè: wǒ mén yīng gāi bǎ kè tīng shuā chéng shén me yán sè?

瓦伦蒂娜: 我想我们应该刷成明亮有趣的颜色，例如绿色。

wǎ lún dì nà: wǒ xiǎng wǒ mén yīng gāi shuā chéng míng liàng yǒu qù de yán sè, lì rú lǜ sè.

克拉克: 绿色？多深的绿色？

kè lā kè: lǜ sè? duō shēn de lǜ sè?

瓦伦蒂娜: 也许石灰绿？

wǎ lún dì nà: yě xǔ shí huī lǜ?

克拉克: 石灰？！我能接受灰绿色或苔绿色。但我不了解石灰绿。某种灰色怎么样？

kè lā kè: shí huī?! wǒ néng jiē shòu huī lǜ sè huò tái lǜ sè. dàn wǒ bù liáo jiě shí huī lǜ. mǒu zhǒng huī sè zěn me yàng?

瓦伦蒂娜: 灰色？听上去很压抑。

wǎ lún dì nà: huī sè? tīng shàng qù hěn yā yì.

克拉克: 灰色看上去非常干净而现代。这里，我给你看一些照片。

kè lā kè: huī sè kàn shàng qù fēi cháng gān jìng ér xiàn dài. zhè lǐ, wǒ gěi nǐ kàn yī xiē zhào piān.

瓦伦蒂娜: 嗯......看上去不错。灰蓝色怎么样？

wǎ lún dì nà: ǹ......kàn shàng qù bù cuò. huī lán sè zěn me yàng?

克拉克: 也许可以。

kè lā kè: yě xǔ kě yǐ.

瓦伦蒂娜: 看这幅图，类似这样的东西。

wǎ lún dì nà: kàn zhè fú tú, lèi sì zhè yàng de dōng xī.

克拉克: 好，我有点喜欢那个。

kè lā kè: hǎo, wǒ yǒu diǎn xǐ huān nà gè.

322

瓦伦蒂娜: 真的吗?

wǎ lún dì nà: zhēn de ma?

克拉克: 是的。

kè lā kè: shì de.

瓦伦蒂娜: 哇，我们对此达成共识了吗?

wǎ lún dì nà: wa, wǒ mén duì cǐ dá chéng gòng shí le ma?

克拉克: 我认为是！好了，所以我们已经决定了油漆的颜色，我们还需要买些工具。

kè lā kè: wǒ rèn wéi shì! hǎo le, suǒ yǐ wǒ mén yǐ jīng jué dìng le yóu qī de yán sè, wǒ mén hái xū yāo mǎi xiē gōng jù.

瓦伦蒂娜: 是的，我们确实需要。我们需要一个滚动油漆刷和油漆，几把刷子，以及一些油漆工的卷尺。

wǎ lún dì nà: shì de, wǒ mén què shí xū yào. wǒ mén xū yào yī gè gǔn dòng yóu qī shuā hé yóu qī, jǐ bǎ shuā zi, yǐ jí yī xiē yóu qī gōng de juǎn chǐ.

克拉克: 我们也需要一架梯子，对吗?

kè lā kè: wǒ mén yě xū yào yī jià tī zi, duì ma?

瓦伦蒂娜: 是的，亚当借了我们他的梯子。

wǎ lún dì nà: shì de, yà dāng jiè le wǒ mén tā de tī zi.

克拉克: 哦，好的。完美。

kè lā kè: ó, hǎo de. wán měi.

瓦伦蒂娜: 我希望房子看上去好看！

wǎ lún dì nà: wǒ xī wàng fáng zi kàn shàng qù hǎo kàn!

克拉克: 我也是。如果我们刷完了整个房间，而我们不喜欢怎么办?

kè lā kè: wǒ yě shì. rú guǒ wǒ mén shuā wán le zhěng gè fáng jiān, ér wǒ mén bù xǐ huān zěn me bàn?

瓦伦蒂娜: 我猜这是我们不得不冒的风险。

wǎ lún dì nà: wǒ cāi zhè shì wǒ mén bù dé bù mào de fēng xiǎn.

克拉克: 对的。想要去商店买些工具吗?

kè lā kè: duì de. xiǎng yào qù shāng diàn mǎi xiē gōng jù ma?

瓦伦蒂娜: 当然！

wǎ lún dì nà: dāng rán!

PAINTING THE HOUSE

Clark: What color should we paint the living room?

Valentina: I think we should paint it something bright and interesting, like green.

Clark: Green? What shade of green?

Valentina: Maybe a lime green?

Clark: Lime?! I could handle a sage green or a moss green. But I don't know about lime. What about some kind of grey?

Valentina: Grey? That sounds depressing.

Clark: Grey looks really clean and modern. Here, I'll show you pictures.

Valentina: Hmm... that doesn't look that bad. What about a greyish-blue color?

Clark: That might work.

Valentina: Look at this picture. Something like this.

Clark: Yeah, I kind of like that.

Valentina: Really?

Clark: Yeah.

Valentina: Wow, do we agree on this?

Clark: I think so! All right, so we've decided on the paint color. We need to buy some supplies too.

Valentina: Yes, we do. We need a paint roller and trays and a couple brushes. And some painter's tape.

Clark: We need a ladder too, right?

Valentina: Yeah, Adam is lending us his ladder.

Clark: Oh, okay. Perfect.

Valentina: I hope the room will look good!

Clark: Me too. What if we paint the whole room and then we don't like it?

Valentina: I guess that's a risk we have to take.

Clark: Yep. Want to go to the store and get the supplies?

Valentina: Sure!

105

一次美丽的落日（B1）- A BEAUTIFUL SUNSET
-
YĪ CÌ MĚI LÌ DE LUÒ RÌ

苏珊娜： 我们今天出去散步吧。这么漂亮的天气，而我们已经在屋里关了一整天了。

sū shān nà: wǒ mén jīn tiān chū qù sàn bù ba. zhè me piào liàng de tiān qì, ér wǒ mén yǐ jīng zài wū lǐ guān le yī zhěng tiān le.

保罗： 好主意。我们应该去布莱克森海滩的悬崖。我们可以在那里追落日。

bǎo luó: hǎo zhǔ yì. wǒ mén yīng gāi qù bù lái kè sēn hǎi tān de xuán yá. wǒ mén kě yǐ zài nà lǐ zhuī luò rì.

苏珊娜： 好的！但我们应该赶快出发。太阳四十分钟后就要落山了。

sū shān nà: hǎo de! dàn wǒ mén yīng gāi gǎn kuài chū fā. tài yáng sì shí fēn zhōng hòu jiù yào luò shān le.

保罗： 好的，走吧！

bǎo luó: hǎo de, zǒu ba!

(在路上……)

(zài lù shàng……)

苏珊娜： 你见过的最美的落日是什么？

sū shān nà: nǐ jiàn guò de zuì měi de luò rì shì shén me?

保罗： 嗯……我在泰国见过一些非常漂亮的夕阳。

bǎo luó: ǹ……wǒ zài tài guó jiàn guò yī xiē fēi cháng piào liàng de xī yáng.

苏珊娜： 哦，真的吗？为什么漂亮？

sū shān nà: ó, zhēn de ma? wèi shén me piào liàng?

保罗： 天空中有很多令人赞叹的颜色——橘红、粉色、紫色——当然，当你在泰国的海滩上时，一切都变得漂亮多了！

bǎo luó: tiān kōng zhōng yǒu hěn duō lìng rén zàn tàn de yán sè——jú hóng, fěn sè, zǐ sè——dāng rán, dāng nǐ zài tài guó de hǎi tān shàng shí, yī qiè dōu biàn dé piào liàng duō le!

苏珊娜： 是的，我肯定。我希望自己有一天能去泰国！

苏珊娜: shì de, wǒ kěn dìng. wǒ xī wàng zì jǐ yǒu yī tiān néng qù tài guó!

保罗: 我真的很想回去。那里有太多美丽的地方，而且人们也非常友善。当然，还有食物也很棒。而且非常便宜！

bǎo luó: wǒ zhēn de hěn xiǎng huí qù. nà lǐ yǒu tài duō měi lì de dì fāng, ér qiě rén mén yě fēi cháng yǒu shàn. dāng rán, hái yǒu shí wù yě hěn bàng. ér qiě fēi cháng pián yí!

苏珊娜: 我要开始存钱了。

sū shān nà: wǒ yào kāi shǐ cún qián le.

保罗: 哈哈，好吧！

bǎo luó: hā hā, hǎo ba!

苏珊娜: 我们到这儿了！我们及时赶到了！太阳将在十分钟后落山。让我们找个好位置来欣赏。

sū shān nà: wǒ mén dào zhè er le! wǒ mén jí shí gǎn dào le! tài yáng jiāng zài shí fēn zhōng hòu luò shān. ràng wǒ mén zhǎo gè hǎo wèi zhì lái xīn shǎng.

保罗: 那块岩石怎么样？

bǎo luó: nà kuài yán shí zěn me yàng?

苏珊娜: 哦，好的，我们走吧。

sū shān nà: ó, hǎo de, wǒ mén zǒu ba.

保罗: 哇，太美了。

bǎo luó: wà, tài měi le.

苏珊娜: 和泰国一样美吗？

sū shān nà: hé tài guó yī yàng měi ma?

保罗: 差不多！这真是个好主意，苏珊娜。我们应该更经常这样做。

bǎo luó: chà bù duō! zhè zhēn shì gè hǎo zhǔ yì, sū shān nà. wǒ mén yīng gāi gèng jīng cháng zhè yàng zuò.

苏珊娜: 我同意。我们每月至少来这里看一次落日。

sū shān nà: wǒ tóng yì. wǒ mén měi yuè zhì shǎo lái zhè lǐ kàn yī cì luò rì.

保罗: 好的！

bǎo luó: hǎo de!

A BEAUTIFUL SUNSET

Susana: Let's go for a walk today. It's such a beautiful day and we've been cooped up inside all day.

Paul: Good idea. We should go to the cliffs at Blackson Beach. We can catch the sunset there.

Susana: Okay! But we should leave soon. The sun is going to set in forty minutes.

Paul: Okay, let's go!

(On the way…)

Susana: So, what's the most beautiful sunset you've ever seen?

Paul: Hmm… I saw some really beautiful sunsets in Thailand.

Susana: Oh really? Why were they beautiful?

Paul: There were so many amazing colors in the sky—orange, pink, purple—and of course everything is a lot more beautiful when you're on a beach in Thailand!

Susana: Yeah, I bet. I hope I can go to Thailand someday!

Paul: I really want to go back. There were so many beautiful places and the people were so nice. And, of course, the food was amazing. And so cheap!

Susana: I'm going to start saving money.

Paul: Haha, okay!

Susana: We're here! We made it in time! The sun is going to set in ten minutes. Let's find a good spot to watch it.

Paul: What about that rock over there?

Susana: Oh, yes, let's go.

Paul: Wow, it's so beautiful.

Susana: As beautiful as Thailand?

Paul: Almost! This was a good idea, Susana. We should do this more often.

Susana: I agree. Let's come here to watch the sunset at least once a month!

Paul: Okay!

MORE BOOKS BY LINGO MASTERY

Have you been trying to learn Chinese (Mandarin) and simply can't find the way to expand your vocabulary?

Do your teachers recommend you boring textbooks and complicated stories that you don't really understand?

Are you looking for a way to learn the language quicker without taking shortcuts?

If you answered *"Yes!"* to at least one of those previous questions, then this book is for you! We've compiled the **2000 Most Common Words in Chinese**, a list of terms that will expand your vocabulary to levels previously unseen.

Did you know that — according to an important study — learning the top two thousand (2000) most frequently used words will enable you to understand up to **84%** of all non-fiction and **86.1%** of fiction literature and **92.7%** of oral speech? Those are *amazing* stats, and this book will take you even further than those numbers!

In this book:

- A detailed introduction with tips and tricks on how to improve your learning
- A list of **2000** of the most common words in Chinese and their translations
- An example sentence for each word – in both Chinese *and* English
- Finally, a conclusion to make sure you've learned and supply you with a final list of tips

Don't look any further, we've got what you need right here!

In fact, we're ready to turn you into a Chinese speaker... are you ready to become one?

So, you've decided to learn Chinese. Now what?

One of the toughest languages to learn, it's never been easy to find reading material in Chinese... However, we've created a book that will change all of that.

Language learning isn't just about lessons or practice – it's about *consistency*. You may have found the best teacher in town or the most incredible learning app around, but if you don't put all of that knowledge to practice, you'll soon forget everything you've obtained. This is why being engaged with interesting reading material can be so essential for somebody wishing to learn a new language.

Therefore, in this book we have compiled 20 easy-to-read, compelling and fun stories that will allow you to expand your vocabulary and give you the tools to improve your grasp of the wonderful Chinese (Mandarin) tongue.

How **Chinese Short Stories For Beginners** works:

- Each chapter possesses a funny, interesting and/or thought-provoking story based on real-life situations, allowing you to learn a bit more about the Chinese culture.
- Having trouble understanding Chinese characters? No problem – apart from the English translation below each paragraph, we've also provided you with the Pinyin romanization of the Chinese language, so that you never have trouble reading Chinese again!
- The summaries follow a synopsis in Chinese and in English of what you just read, both to review the lesson and for you to see if you understood what the tale was about. Use them if you're having trouble.
- At the end of those summaries, you'll be provided with a list of the most relevant vocabulary involved in the lesson, as well as slang and sayings that you may not have understood at first glance! Again, Pinyin romanization is included to make things super easy for you!

- Finally, you'll be provided with a set of tricky questions in Chinese, allowing you the chance to prove that you learned something in the story. Whether it's true or false, or if you're doing the single answer questions, don't worry if you don't know the answer to any — we will provide them immediately after, but no cheating!

We want you to feel comfortable while learning the tongue; after all, no language should be a barrier for you to travel around the world and expand your social circles!

So look no further! Pick up your copy of **Chinese Short Stories for Beginners** and level up your Chinese, *right now*!

CONCLUSION

What a ride, huh? One hundred and five conversations in Chinese, written for your learning and improvement of your grasp of the language! We hope that they've served to help give you a better understanding of conversational Chinese and to provide you with a massive amount of learning material that most professors *won't* be providing you anytime soon!

We have one last round of tips for you, reader, now that you're done with the book and may suddenly be wondering what comes next:

1- **Study!** Nobody learns a new language overnight, and just skimming through this book once won't be enough for you to acquire the tools you've looked for, especially once you've transitioned to letting go of pinyin and going forward with the Chinese characters! Re-read it, understand it and finally dominate it, and only then will you be truly learning.

2- **Rehearse!** Find a partner and rehearse or recreate the conversations that you see here. It'll work for your pronunciation and shake that shyness you may have!

3- **Create!** Take these conversations and make your own for other situations! There's always something you can produce on your own, and it'll help you improve your grasp of the tongue!

4- **Don't give up!** Giving up is for losers. Keep working and make your effort worth it. Results will come, trust us!

So, there we have it, readers, we've finally reached the end. We hope you enjoyed the book and continue to come back for more. We're certainly working hard to produce more books for you to improve your Chinese. Take care and see you soon!

Good luck and don't quit! Success is always just a few steps away!

Thanks for reading!

Made in the USA
Las Vegas, NV
31 December 2023